Micha-El Goehre

STRASSENKÖTER

Micha-El Goehre

STRASSENKÖTER

Ein »Jungmusik«-Roman

SATYR
VERLAG

MICHA-EL GOEHRE

(Jahrgang 1975) stammt aus Ostwestfalen und lebt mittlerweile in Essen. Er liest vor (auf Lesebühnen, bei Poetry Slams), schreibt und moderiert. Er hat diverse Bücher veröffentlicht, bei Saytr erschien zuletzt seine Geschichtensammlung »Wenn das Leben kein Ponyhof ist, warum liegt dann Stroh in der Ecke?«.

1. Auflage Januar 2017

© Satyr Verlag Volker Surmann, Berlin 2017
www.satyr-verlag.de

Die Covercollage basiert auf Illustrationen von Endai Hüdl und Markus Freise.
Gestaltungskonzept der »Jungsmusik«-Trilogie: Endai Hüdl
Autorenfoto Backcover: Katja Blondin
Druck: CPI Books, Clausen & Bosse, Leck
Printed in Germany

Die Deutsche Nationalbibliothek verzeichnet diese Publikation in der Deutschen Nationalbibliografie; detaillierte bibliografische Daten sind im Internet abrufbar über: http://dnb.d-nb.de

Die Marke »Satyr Verlag« ist eingetragen auf den Verlagsgründer Peter Maassen.

ISBN: 978-3-944035-66-6

Für Euch.

Und in Gedenken an Ian Fraser Kilmister.

PROLOG

G uten Morgen, Süßer«, haucht ihre Stimme in mein Ohr.
»Bnarf«, antworte ich und öffne meine verklebten Lider.
Sonnenlicht sticht in meine Augen und torpediert mein verkatertes Hirn mit Schmerz.

»Au, Scheiße ...«

Sie kichert. Es macht ihr anscheinend Spaß, dass ich leide. Ich reibe mir die Augen, was meine verschleierte Sicht aufklart, den Kopfschmerzen aber keinen Abbruch tut.

Ich sehe sie an. Sie liegt neben mir, ekelhaft wach und gut gelaunt. Sie liegt auf dem Bauch und sieht mich an. Ihr Lächeln ist eine Wucht. Sie ist wirklich unheimlich hübsch.

Und nackt.

Und hübsch.

Und nackt.

Die Sache hat nur einen gewaltigen Haken: Sie ist nicht Lucy.

»Oh, VERFLUCHTE KACKE!«

Vergesst Kaffee, vergesst Energydrinks, vergesst Kokain. Neben der falschen Frau im Ehebett aufzuwachen, ist reines Ritalin, direkt ins Gehirn injiziert. Erwähnte ich schon, dass sie nackt ist? Und ich ebenfalls?

Ich würde gerne behaupten, dass der Schock auch den Kater und die Kopfschmerzen vertrieben hat, aber Pustekuchen. Ich bin zwar hellwach, aber das verstärkt nur die Gewissheit, dass ich mich fühle wie ausgekotzte Pudelkacke.

Was zum Teufel habe ich gemacht? Egal, was es war, auf der Scheiße-bauen-Skala zwischen 1 und Torben ist diese Nummer ein klarer Torben hoch 10.

»Na, du bist ja nett«, sagt die sehr Nackte und sehr Hübsche neben mir, und dann »Ups!«, als sie zur Tür sieht. Ich folge ihrem Blick, und in mir lässt jemand ein zehn Tonnen schweres Gewicht ins Bodenlose fallen.

Es ist nicht das Schlimmste, dass ich mal wieder epochale Scheiße gebaut habe.

Es ist auch nicht das Schlimmste, dass ich nicht mehr so genau zusammenkriege, was gestern abgegangen ist oder wieso.

Oder dass ich neben einer Frau aufwache, die ich nicht kenne. Und die nackt ist.

Das Schlimmste ist der Blick von Lucy, wie sie in der Tür steht und mich ansieht. Da ist keine Wut, keine Frage, kein Vorwurf im Blick. Da ist nur maßlose Enttäuschung.

Ich habe meine Frau enttäuscht auf die beschissenste Art, die man sich denken kann.

Sie sagt nichts. Ich auch nicht, einfach weil ich nichts sagen könnte. Kein Wort will mir einfallen, wie ich das hier erklären kann.

»Öhm, ich geh dann mal lieber«, sagt die nackte Unbekannte, zieht sich rasch an und huscht aus dem Zimmer und der Wohnung.

»Lucy ...«, sage ich, um irgendwas zu sagen und diese Stille zu brechen, aber es bleibt beim Versuch.

Ohne ein Wort wendet sie sich ab und geht.

Und so fängt es an: Es ist vorbei.

I

SYMPHONY OF DESTRUCTION

Den Rest lasse ich abholen«, sagt Lucy und schultert ihre Sporttasche, in die sie ihre nötigsten Klamotten gestopft hat. Ich sitze auf dem Fußboden im Wohnungsflur, nur mit einer Unterhose bekleidet, und weiß nicht, was ich sagen soll. Lucy will erst einmal zu ihren Eltern ziehen. Ihr Blick spricht Bände aus dem Arschlochlexikon, und ich kann ihr kaum in die Augen sehen. Stattdessen knete ich meine Hände und starre auf den Boden. Meine Frau geht zur Tür.

»Lucy, warte, können wir nicht drüber reden?«, jammere ich.

Sie sieht mich nicht an, sondern hebt nur ihre Hand und hält Zeigefinger und Daumen einen Mikrometer voneinander entfernt. Aha, so dünn ist also das Eis, auf dem ich mich gerade bewege. Ist nur fair.

Sie geht und knallt die Wohnungstür mit Schmackes hinter sich zu, dann ist sie weg. Ich sitze im Flur. Ich bin dreißig Jahre alt und habe es geschafft, dass mich meine Frau verlässt. Grandios. Andere brauchen dafür viel länger. Scheiße.

Lemmy kommt traurig angewackelt und legt sich zu mir. Ich kraule die Bulldogge im Nacken, und sie jault leise.

»Mann, das war ja mal so richtig für'n Arsch«, sagt Sven. Er setzt sich neben mich auf den Boden.

»Das kannst du wohl laut sagen«, antworte ich.

»MANN, DAS WAR JA MAL SO RICHTIG FÜR'N ARSCH!«, brüllt er.

»Nicht! Witzig!«

»'tschuldi.«

Dafür, dass er tot ist, kann Sven ganz schön nerven.

»Und? Was mache ich jetzt?«, frage ich ihn, und mir ist es etwas peinlich, dass meine Stimme klingt, als würde ich gleich losheulen. Mir ist zwar gerade sehr danach, aber man muss sich auch beherrschen können.

»Kaffee«, sagt er, steht auf und geht in die Küche. Ich will erst motzen, dass er sich seine Späße sparen kann, aber irgendwie hat er auch recht. Ich wuchte mich hoch, ziehe mir ein *Megadeth*-Shirt über und folge Sven. Er sitzt am Küchentisch und schlürft seinen Geisterkaffee, von dem er schwört, dass er besser schmeckt als alles, was man im Diesseits so aufbrühen kann.

Ich lasse es drauf ankommen und schmeiß die Kaffeemaschine an, die sich röchelnd an die Zubereitung macht. Zu essen mache ich mir nichts, ich habe keinen Hunger. Ich hab das Gefühl, ich habe gar nichts mehr.

Als ich mich mit meiner Tasse zu Sven setze, sieht er mich erwartungsvoll an.

»Und?«, fragt er. »Was hast du diesmal angestellt?«

Ich gucke auf die Tischplatte. Ganz schön zerkratzt. Ist mir noch nie aufgefallen. »Hab mit 'ner anderen gevögelt«, nuschele ich.

Sven guckt mich an. Er kann ganz schön böse gucken, wenn er will. »Wer war es?«

»Keine Ahnung, hab ich gestern kennengelernt.«

»Nein, ich meine, wer hat dir so absolut kolossal ins Gehirn geschissen? Sag mal, bist du noch ganz dicht? Nach all dem Zirkus, bis Lucy und du endlich zusammen wart, gehst du fremd?«

»Jaaa ...«

»Mann, ich wusste ja, dass du bescheuert bist, aber damit hast du ein ganz neues Level erreicht. Leck mich fett!«

»Ich wollte das ja auch gar nicht ...«

Er runzelt die Stirn. »Jetzt sag mir bitte nicht, du hast die Alte mit nach Hause gebracht, in euer Ehebett gelegt, und da hat sie dich dann umgehauen und vergewaltigt.«

»Nein, natürlich nicht.«

»Hätte ich dir auch nicht abgekauft.«

Ich atme tief durch und sortiere meine Gedanken. »Keine Ahnung, wie das passiert ist. Lucy und ich haben uns gestern gezofft. Sie ist abgedampft, ich bin abgedampft, und bin dann in den *Lokschuppen* und habe mich übel abgeschossen. Und das Nächste, was ich weiß, ist, wie ich neben einer nackten Trulla aufwache und Lucy in der Tür steht.«

»Sehr mysteriös«, sagt Sven mit seiner Sherlock-Holmes-Stimme.

»Ach, fick dich.«

Er seufzt. Ein guter Freund, ob tot oder lebendig, weiß, wann man aufhört, Wunden zu salzen. »Und? Was machst du jetzt?«

»Ich hab keine scheiß Ahnung.«

Ich sehe mich um: Die Wohnung wirkt auf einmal sehr groß und einschüchternd.

Diesmal habe ich richtig üblen Bockmist fabriziert. Früher war das Schlimmste in solchen Fällen, dass ich eine geknallt bekam, Teller flogen oder, in einem besonders krassen Fall, eine E-Gitarre, die mich beinahe enthauptet hätte. Gewisse Partys und Konzerte galt es dann für eine Weile zu meiden, bis sich die Wogen geglättet hatten, hier und da tauchten plötzlich Gerüchte über sexuelle Perversionen, Geschlechtskrankheiten oder einen unfassbar kurzen Lümmel auf. Was ein interessantes Licht auf betrogene Frauen wirft: Noch keine hat das Gerücht in Umlauf gebracht, ich wäre ein ganz furchtbarer Einparker, hätte einen besonders kleinen Zeh oder wäre eine Niete im Kochen. Nö, es muss immer um etwas gehen, das einen für eventuelle zukünftige Sexualkontakte untragbar macht. Aber all das war Kinderkacke, und irgendwann war wieder Ruhe. Aber wenn es jetzt vorbei ist, dann ist es das auf eine … *erwachsene* Art. Ich werde ausziehen müssen. Einen Anwalt nehmen. Meine komplette Lebensplanung überdenken. Das ist was Großes. Was Böses. Was echt Großes, richtig Böses. Ich rappele mich auf.

»Schätze, erst mal Death Metal hören und Kaffee trinken«, sage ich.

»Super Plan«, ätzt Sven. Ich zucke ratlos mit den Schultern. Mir fällt wirklich nichts anderes ein. In puncto Ehefrau betrügen fehlen mir eindeutig Erfahrungswerte. Hätte ich auch komplett drauf verzichten können. Ich mache meine Anlage an. *Unsere* Anlage. Eine ordentliche Ladung *Bolt Thrower* hilft hoffentlich beim Abschalten. Oder *Pantera*. Oder *Immortal*.

Alles, nur keine Liebeslieder.

***

Abschalten ist nicht. Nicht zu Hause, nicht auf der Arbeit. Alle zehn Minuten checke ich meine Mails, ob Lucy sich gemeldet hat. Alle fünf Minuten glotze ich auf mein Handy. Nichts. Totale Funkstille seitens der Nochehefrau. Auf dem Weg nach Hause dudelt mein Taschentelefon endlich los. Als ich rangehen will, lasse ich das Ding vor Nervosität fast fallen. Ich gehe ran.

»Lucy?«

»SAG MAL, WER HAT DIR DENN INS GEHIRN GE-KACKT?«

Doch nicht Lucy.

»Hallo, Katharina«, sage ich und kann meine Enttäuschung nur schwer verbergen.

»HALLO AM ARSCH!« Sie will weiterbrüllen, allerdings überschlägt sich ihre Stimme wie der Wagen eines unvorsichtigen Nascar-Fahrers, was Matze im Hintergrund die Möglichkeit gibt, mäßigend auf seine tobende Mitbewohnerin einzuwirken, mit der er zwar ein Kind hat, die er aber nicht, nie, never, auf keinen Fall heiraten wird. Er ist schlauer als ich.

»Lass ihn doch mal seinen Standpunkt erzählen«, höre ich ihn beschwichtigen. So, wie es klingt, ist er parallel damit beschäftigt, hinter seiner Brut herzuhetzen. Der Kleine kann schon 1A laufen und hat inzwischen ein Verhältnis zu anderer Leute Eigentum entwickelt, das mit den Worten »Gehört mir nicht, kann ich kaputt machen« treffend umschrieben wäre. Ich höre, wie irgendetwas mit einem lauten Knacken zu Bruch geht.

»Also?«, schnaubt Katharina durch den Hörer. Ich stöhne eine Spur zu genervt.

»IchhabfremdgebumstesistmeineSchuldichbineinArsch«, sage ich.

Schweigen am anderen Ende.

Dass ich zugeben kann, an der Misere schuld zu sein, scheint Katharina zu verblüffen. Im Hintergrund hört man Schreien und Weinen. Leider ist es Matze, der weint, während sein Sohnemann schreit, vermutlich weil er nicht noch etwas kaputt machen darf.

»Und was willst du jetzt machen?«, fragt sie.

»Ich! hab! keine! Ahnung!«, zische ich.

»Ganz ehrlich, Torben. Wir haben wegen eurem Beziehungsscheiß schon Einiges mitgemacht. Sieh verflucht noch mal zu, dass du das in Ordnung bringst.«

»Ich versuch's ja.«

»Nicht versuchen. Machen!«

»Ja, is' klar.«

Sie legt auf. Scheiße, der Aspekt ist mir noch gar nicht in den Sinn gekommen. Ich werde nicht nur Lucy verlieren. Ich verliere so ziemlich alles: die Wohnung, meine Freunde, weil die natürlich zu Lucy halten, was ja auch völlig richtig ist, schließlich habe ich es in den Sand gesetzt, meine Party- und Konzertlocations ...

Ich sehe runter zu Lemmy, der mich erwartungsvoll anschaut. »Du solltest dir lieber ganz schnell 'n neues Herrchen suchen«, sage ich, und er legt den Kopf schief und fiept fragend. Na ja, solange er von mir zu fressen kriegt, ist ihm egal, ob ich noch ein soziales Umfeld habe. Genau genommen wäre es ihm egal, ob ich noch alle Gliedmaßen, mein Augenlicht, Gehör oder die Fähigkeit zu sprechen besitze, solange ich ihn noch füttern könnte. Er stupst mich an und jault traurig. Na ja, vielleicht wäre es ihm doch nicht gleich. Ich kraule ihn hinter den Ohren.

Das Telefon klingelt erneut. Ich gehe ran.

»BIST DU JETZT TOTAL BESCHEUERT?«, tönt es.

»Hallo, Lara«, sage ich.

Das könnte ein sehr langer Tag werden.

***

Wenigstens Matze zeigt sich einigermaßen solidarisch und kommt später am Abend vorbei, damit ich eine Schulter zum Ausweinen habe. Wir machen das natürlich auf Männerart. Wir gucken Wrestling, trinken Bier und halten ansonsten die Schnauze. Nur ab und zu schielt er zu mir rüber, was mir irgendwann auf den Sack geht.

»Was ist?«, frage ich genervt.

Er zuckt mit den Schultern. »Nix. Ich will nur wissen, wie es dir damit geht.«

»Womit?«

»Na, dass es zwischen dir und Lucy aus ist.«

»Aus ist hier noch gar nichts. Sie ist stinksauer, aber das renkt sich wieder ein«, sage ich, glaube mir aber selbst kein Wort und nehme wütend einen Schluck Bier, wovon ich einen erklecklichen Teil postwendend auf mein T-Shirt sabbere. Nicht mal mehr trinken kann ich.

»Ich mein ja nur«, murmelt Matze kleinlaut. »Kannst dich ruhig bei mir aussprechen.«

Ich sehe ihn entgeistert an, dann reiße ich die Arme hoch. »Scheiße, bin ich jetzt neuerdings nur noch mit Frauen befreundet, oder was geht hier ab?«

»Mach mal halblang ...«

Mir reicht's. Den ganzen Tag schon habe ich das Gefühl, dass die Zimmerdecke abgesackt ist. Ich nehme meine Jacke.

»Komm!«, sage ich.

»Wohin?«

»Ins *Loch*. Ich muss raus hier, sonst krieg ich akut Amok.«

»Na gut.« Matze zuckt mit den Schultern und wirkt nicht unbedingt, als müsste ich ihn weiter überreden.

Vor der Haustür empfängt uns milder Frühsommer, genau das richtige Wetter, um sich in eine dunkle Kellerkneipe zu verziehen, laute Mucke zu hören und sich aufs Übelste zu besaufen. Ich will in spätestens zwei Stunden komatös sein und hoffe auf einen epochalen Filmriss am nächsten Tag, der mich die ganze Scheiße vergessen lässt. Es ist nicht weit bis zum *Loch*, unser Wegbier kriegen wir trotzdem mühelos geleert, ich aus Frust, Matze, weil er endlich mal kindfrei hat und die rare Zeit möglichst effektiv nutzen möchte.

Als wir über die Straße zum Eingang der Kneipe gehen, sehen wir 08/15, den Chef des Hauses, traurig in seinem Rollstuhl hocken und auf die Tür vom *Loch* starren.

»08/15, was ist los?«, trällert Matze fröhlich los. »Ist Rollstuhlbereifung schon wieder teurer geworden?« Er gackert laut los über seinen Mario-Barth-Literaturpreis-verdächtigen Spitzenwitz, aber 08/15 starrt ihn nur finster an.

»Arsch lecken«, grummelt er. »Die haben mir die Bude dichtgemacht.«

Schlagartig hört Matze auf zu lachen. »Was bitte?«

08/15 lacht bitter. »Ja, da vergeht dir das Lachen, was? Nix mehr mit *Loch*, Leute. Das Ordnungsamt hat mir die Lizenz entzogen und die Hütte versiegelt.«

»Was? Wie konnte das denn passieren?«

08/15 windet sich in seinem Stuhl. »Na ja, wir hatten doch neulich dieses kleine Hochwasser ...«

Das »kleine Hochwasser« war eine satte und sehr unangenehme Komplettüberflutung, nachdem der Wirt rotzbesoffen den Laden zugemacht hatte, ohne vorher noch mal seine Runde zu machen. So hatte er leider übersehen, dass irgendein Asi, sämt-

15

liche sanitäre Etikette missachtend, eins der Pissoirs bis zum Rand vollgeschissen und den Spülknopf festgeklemmt hatte.

Seither hingen in der ganzen Kneipe Duftbäume, und es roch, als hätte jemand Vanilleschoten gekackt.

»Leider hat das Ordnungsamt davon Wind gekriegt und mir einen Prüfer auf den Hals gehetzt. Bisher hatte ich da immer Schwein, aber diesmal wollten sie es ganz genau wissen. Und Einiges habe ich, sagen wir mal, über die Jahre etwas ... improvisiert ...« Er bricht ab und zeigt auf einen Zettel, der an die Eingangstür geklebt ist. Was ich erst für einen schlecht gemachten Flyer gehalten hatte, ist die amtliche Mitteilung, dass man den »Gastronomiebetrieb *Loch*« geschlossen habe wegen diverser Verstöße, die anschließend aufgelistet werden. Man hat einen zweiten Zettel daruntergeklebt, weil die Liste nicht auf ein DIN-A4-Blatt passte.

»Scheiße«, sage ich, zu einem Drittel bewundernd ob der Masse an Verfehlungen, zu einem Drittel angeekelt wegen diverser Inhalte und zu einem Drittel besorgt, wo ich von nun an meine Abende verbringen soll. Zu Hause kommt nicht mehr infrage.

»Und was machst du jetzt?«

08/15 seufzt. »Was soll ich schon machen? Wenn ich die Mängel alle behebe, bin ich bis Ragnarök verschuldet. Oder ich nehm 'nen Zwanni pro Bier.« Er lacht trocken. »Nee, das war's. Der Laden lief eh immer beschissener. Die Leute haben kaum noch Kohle, dazu kommen das Rauchverbot, immer höhere GEMA-Gebühren und Hastdunichtgesehen. Es wird immer schwieriger als Kneipier. Ich werd wohl stempeln gehen müssen, wenn kein anderer Wirt akuten Bedarf an einem Tresenmann im Rollstuhl hat. Oder ich geh in Rente. Als Invalide darf ich das.«

»Du siehst auch immer das Positive«, sagt Matze sarkastisch.

»Alter«, sage ich. »Du kannst die Hütte nicht dichtmachen. Denk doch auch mal an uns: deine Familie. Wo sollen wir denn hin? Wir haben doch nur dich.«

Das stimmt sogar. Es gibt kaum noch gute Läden in der Stadt. Seit die *Rose* versucht, das studentische Publikum mit 1-Euro- und Trash-Abenden zu ködern, gibt es außer dem *Loch* nur die *Rockbar* und die ist eher auf alternde Möchtegernbiker, Fußball-hools und *Onkelz*-Fans ausgerichtet. Wenn da mal *Deep Purple* läuft, ist das schon das Höchste der Gefühle. Warum darf so ein Laden überhaupt »Rock« im Namen führen, ohne sofort von der Bundeswehr beschossen zu werden? Eindeutig eine Gesetzeslücke.

»Kann man nix machen«, sagt 08/15 traurig.

»Kann man wohl nicht«, sage ich und klopfe ihm auf die Schulter.

Er atmet tief ein und aus. »Ich mach mich dann mal auf den Weg nach Hause.«

»Aber nicht mit'm Föhn baden«, sagt Matze.

»Nee, ich versuch lieber, mich totzusaufen.«

»Hm, kenn ich.« 08/15 tippt sich an die Stirn und rollt davon. Matze und ich gucken uns ratlos an.

»Und was machen wir jetzt?«, frage ich.

»Erst zur Tanke, Treibstoff holen, und dann wieder zu dir?«

»Ja, so viel zu meinem Plan, mal 'n bisschen rauszukommen.«

»Wir können uns ja aufs Dach setzen und auf die Stadt runterpinkeln.«

Ich überlege. Ja, das klingt nach etwas, das mir gerade gefallen könnte.

Ich schaue auf mein Handy. Keine Anrufe. Kacke. Wenn ich mal will, dass da was steht, dann tut sich nichts. Will ich meine Ruhe haben, dann ist Telefonterror angesagt. Scheiß moderne Kommunikation. Na ja, vielleicht wartet Lucy schon zu Hause. Ja klar, und der Weihnachtsmann existiert und schenkt mir zum Namenstag ein Privatkonzert von *Iron Maiden*.

»Lass gehen«, sage ich, und wir machen uns auf den Weg zur Tanke.

»Scheiße, das mit dem *Loch*«, sagt Matze nach einer Weile angenehmen gemeinsamen Fresse-Haltens.

»Ja, 's gibt halt keine Kultur mehr in Deutschland.«

»Aber echt. Ein Laden nach dem anderen wird dichtgemacht, nur wegen ein bisschen Lärm, ein paar Salmonellen oder weil der Wirt sich ein bisschen was mit einer eigenen Schlafmohn-plantage dazuverdient.«

»Oder die Läden verpoppen völlig und spielen dieselbe gleich-geschaltete Scheiße wie im Radio.«

»Was soll nur aus der Jugend werden? Es fehlen doch völlig die Vorbilder. Ozzy, Sid Vicious, Alice Cooper, Dee Snider, das waren noch richtige Idole, richtige Vaterfiguren, die einem zeig-ten, dass man nicht unbedingt Steuerberater, Supermarktleiter oder Vorstand bei der Autopartei werden muss, sondern ein ech-tes Leben führen kann!«

Ich muss kichern. Matze guckt ein bisschen stolz, dass er mich aufgemuntert hat. Soll er ruhig, ich bin froh, dass er mich ablenkt von den ganzen Sorgen – SCHEIDUNG! OBDACHLO-SIGKEIT! GESELLSCHAFTLICHE ÄCHTUNG! NIE WIEDER SEX! –, die mir gerade durch den Kopf schwirren.

Wir biegen auf den Hof der Tanke ein. Benzingeruch brennt in der Nase, ein paar Asis stehen bei ihren motorisierten, völlig übertunten Schwanzvergrößerungen und lassen gehirnampu-tierten Ballermanntechno über den Hof dröhnen, während sie versuchen, sich mit einem Wortschatz, der eher ein Wortspar-schwein ist, zu unterhalten und dabei das Gebunze ihrer An-lagen zu übertönen. Als sie uns sehen, kommen einige blöde Sprüche, und ein paar singen »Du hast die Haare schön«. Satan, wie originell! Ich wäre manchmal gern ein Superheld. CANCER-MAN: Nur mit seinem Blick verpasst er Deppen Hodenkrebs und einen Tumor im Gesicht. Aber ich bin kein Superheld, also beschränke ich mich auf intensives Ignorieren, das ich aus dem Effeff beherrsche. Nur dumm, dass sich die Bordsteinaffen da-von nicht weiter beeindrucken lassen.

»Ey, wissen eure Mütter, dass sich ihre Töchter nachts an Tankstellen rumtreiben?«, brüllt einer.

Alles klar, ganz ruhig bleiben. Weitergehen. Weiter ignorieren. Gar kein Problem.

»Ich weiß nicht, wer hässlicher ist: ihr oder der Köter.«

Lemmy jault leise, ich reibe mir die Schläfe. Einfach bis zehn zählen. Den inneren Mittelpunkt finden. Gleich sind wir hier weg.

»Boah, Alter, ihr Gothics seid solche Schwuchteln!«, setzt einer nach.

Das reicht! Ich drehe auf dem Absatz um: Niemand nennt mich einen Gothic!

»Jetzt gibt's auf die Fresse«, sage ich zu Matze.

»Ach, Scheiße«, stöhnt er und folgt mir.

***

Wir sitzen auf meinem Sofa und gucken eine *Motörhead*-DVD.

»Erinnere mich daran, dass ich nächstes Mal einfach nach Hause gehe, wenn es was auf die Fresse gibt«, meckert Matze und legt sich den Eisbeutel aufs Auge. »Zumindest wenn es was auf unsere Fressen gibt. Scheiße noch eins.«

»Ja, sorry«, nuschele ich. Klare Aussprache und eine stark geschwollene Unterlippe vertragen sich nicht so gut. »Ich hätte die Arschlöcher einfach ignorieren sollen. Aber die haben uns als Gothics bezeichnet. Es gibt Grenzen.«

»Und deswegen musst du dich mit einer fünffachen Übermacht anlegen? Wie blöd kann man eigentlich sein?«

Ich sehe ihn mit meinem nicht zugeschwollenen Auge an. »Wer ist der Vollidiot? Der Vollidiot oder der Vollidiot, der ihm folgt?« Ich lache, was sofortigen Schmerz in meinem verbeulten Brustkorb auslöst.

Matze funkelt mich zornig an. »Mach mal keinen auf Obi Wan. Was wäre ich denn für ein Freund, wenn ich dich die Schläge allein hätte kassieren lassen? Trotzdem: Was hat dich da geritten?«

Ich seufze. »War halt 'n scheiß Tag. Und wenn ich dann noch Wrestling geguckt habe, neige ich dazu zu glauben, dass ich es Undertaker-mäßig drauf hab.«

»Na, super. Du leidest an Realitätsverlust, und ich krieg deswegen den Arsch voll! Vielen Dank auch.«

»Ich hab doch gesagt, dass es mir leid tut. Ich weiß es auf jeden Fall zu schätzen, dass du mir geholfen hast. Im Gegensatz zu gewissen anderen Anwesenden.«

Lemmy liegt vorm Fernseher und tut so, als sei er nicht gemeint. Während sein Herrchen Sandsack für Minderbemittelte spielte, war der beste Freund des Menschen damit beschäftigt, an der Tanke den Eimer mit dem Fensterwischwasser leer zu saufen.

»Der ist vielleicht einfach nur schlauer als wir«, sagt Matze.

»Yeah, das ist mir auch schon durch den Kopf gegangen«, nuschele ich und klopfe Matze auf den Oberschenkel. Er jault auf. »Doch ein Gutes hat die Sache immerhin: Mir ist die Frau weggelaufen, unsere Kneipe hat dichtgemacht, und wir wurden übel zugerichtet. Schlimmer kann's jetzt echt nicht mehr kommen.«

2

OVERKILL

S oll das heißen, ich bin gefeuert?«
    Mein Chef Gerald am anderen Ende der Leitung druckst
herum.

»Ist nichts gegen dich oder deine Arbeit«, sagt er. »Aber du
kriegst ja selber mit, dass die Musikindustrie am Arsch ist. Wir
müssen den Gürtel enger schnallen, und es hat sich gezeigt, dass
wir eine Menge Kohle sparen können, wenn wir unsere Webprä-
senz verkleinern, outsourcen und sich eine Agentur drum kümmert. Sorry, Alter.«

»Aha«, sage ich, weil mir grad nichts Besseres einfällt. Eine
Sekunde überlege ich, ob Lucy dahintersteckt, aber das ist
Schwachsinn, und wenn ich genau drüber nachdenke, habe ich
diesen Anruf schon viel früher erwartet. Ich betreue freiberuflich
die Homepage der Plattenfirma *Atomic Blast*, ein Träumchen von
Job für unsereins: Kontakt zu allen möglichen coolen (und un-
coolen) Bands, Gästelistenplätze auf nahezu jedem Konzert und
Festival, Gratisplatten und nicht zuletzt eine etwas zu gute Bezahlung, um wahr zu sein.

Der kleine Haken an der Sache ist, dass ich dafür meinen Job
in meiner alten Agentur extra gekündigt habe. Da es nicht so
gut ankommt, wenn man kündigt, sich selbstständig macht und
den größten Kunden mitnimmt, kann ich es vergessen, bei meiner alten Firma wieder anzuklopfen. Das heißt: Jetzt bin ich am
Arsch, aber so richtig.

»Ich weiß, das kommt ein bisschen plötzlich«, sagt Gerald.

»Ja«, sage ich, »aber 9/11 kam auch ein bisschen plötzlich.«

Überrumpeltes Husten am anderen Ende der Leitung. Gerald schweigt kurz, dann fragt er: »Hast du irgendwas anderes in petto? Jobmäßig meine ich.«

Ich fühle mich, als hätte ich so langsam überhaupt nichts mehr in petto. »Nicht wirklich.«

»Hm«, macht Gerald. »Pass auf, Torben, ich kann dir nichts versprechen, aber ich habe vielleicht etwas. Lass den Kopf nicht hängen, okay? Ich muss da noch was gegenchecken, aber vielleicht kann ich dir einen Job anbieten. Ich meld mich morgen noch mal, okay?«

»Okay«, sage ich und klinge wie jemand, bei dem man gerade eine unheilbare Krankheit diagnostiziert hat. Oh Mann, so was wäre jetzt noch die Krönung. Bitte, nicht auch noch eine tödliche Krankheit! Das würde ich nicht überleben.

»Dann bis morgen. Ciao«, flötet Gerald und legt auf.

Ich starre auf mein Handy. Gefeuert. Und morgen bietet er mir wahrscheinlich an, auf dem *Rock'n*-Festival Dixi-Klos zu putzen.

Ich hab das Taschentelefon noch in der Hand, da klingelt es erneut. Ich gehe ran. »Hallo?«

Es klingelt noch mal. Es könnte auch die Türschelle sein, denke ich und mache auf.

Lucy.

Lucy ist wieder da! Es ist alles vergeben und vergessen! Sie liebt mich einfach viel zu sehr! Sie kann ohne mich nicht leben! Ich will sie in meine Arme schließen und amtlich zerknuddeln ...
– aber ihr Gesichtsausdruck lässt mich mutmaßen, dass ich in diesem Fall größtmögliche körperliche Schmerzen zu erwarten hätte. Also lasse ich es lieber. Nichts ist vergeben. Und schon gar nichts vergessen.

Sie starrt mich böse an. »Ich wäre ja so reingekommen, aber ich wusste ja nicht, ob du irgendeine Schlampe in der Kiste hast.«

Treffer in die Magengrube.

»Habichnicht«, murmele ich kleinlaut. »Bin allein.«

Sie drückt sich an mir vorbei, wobei sie auffällig betont, keinerlei körperlichen Kontakt mit mir zu wünschen. »Bin gleich wieder weg, ich will nur ein paar Sachen holen, die ich brauche.«

»Ah. Okay.« Ich habe keine Ahnung, was ich dazu sagen soll. Unschlüssig knete ich auf meinen Handflächen herum. »Soll ich dir helfen?«

Sie sieht mich nicht an, sondern macht sich daran, einzelne Bücher aus unserem Wohnzimmerregal zu ziehen. »Nee, lass mal«, sagt sie.

»Soll ich dir einen Kaffee machen?«

»Das kann ich schon alleine«, giftet sie und richtet sich auf. Wütend streicht sie sich Haare aus dem Gesicht. »Hör zu, Torben, das dauert ein Weilchen. Warum verziehst du dich nicht für 'ne Stunde und lässt mich hier in Ruhe machen, okay? Ich möchte dich grad einfach nicht um mich haben.«

Treffer in die Nieren. Ich gehe k. o.

Jetzt werde ich schon aus meiner eigenen Wohnung geworfen. Normalerweise würde ich spätestens hier meine Gorillagene anwerfen, mir mental auf die Brust trommeln und eine patzige Antwort geben. Aber es gibt ein sehr großes Problem dabei: Lucy hat recht. Sie hat jedes Recht, mich wie den letzten Dreck zu behandeln, weil ich mich nun mal auch exakt so verhalten habe.

Ich ziehe meine Jacke über und verlasse wortlos unsere Wohnung. Meine Wohnung. Meine Wohnung, die ich mir ab nächsten Monat nicht mehr leisten kann. Vielleicht sollte ich den Zwangsspaziergang nutzen, um abzuchecken, unter welchen Brücken ich demnächst schlafen werde. Stattdessen beschließe ich, Lara zu besuchen. Von Köln hatte sie glücklicherweise schnell die Nase voll und ist wieder in heimische Gefilde zurückgekehrt und wohnt nur eine Viertelstunde von unserer (von meiner) Wohnung entfernt.

»Ach was«, begrüßt sie mich leicht überrascht, als sie mir öffnet. »Hallo, Arschnase.«

Ich knurre beleidigt. »Darf ich reinkommen?«, frage ich, und sie lässt mich rein.

»Kaffee, Arschnase?«

»Kannst du mal aufhören, mich ›Arschnase‹ zu nennen? Und ja, gern.«

»Du musst nur aufhören, dich wie eine Arschnase zu benehmen, dann ziehe ich es vielleicht in Erwägung, dich nicht bei deinem Sklavennamen zu rufen, Arschnase.«

»Hey!«

»Schon gut.«

Wir hocken uns an den Küchentisch. Eine Weile halten wir die Klappe und genießen Kaffee und *Grand Magus*, die aus Laras iPhone-Dockingstation dringen. Ich hasse diesen Apple-Scheiß. Voll nicht true. Aber ich muss leider gestehen, dass die kleine Röhre meine Anlage zu Hause fast in die Tasche steckt. Aber auch nur fast.

»Also, willst du mir deine Version der Geschichte erzählen?«, unterbricht Lara das Schweigen.

Ich seufze. Lucy wird wohl schon allerorten herumerzählt haben, was passiert ist. Kann ich ihr nicht mal verdenken. Ich dürfte jetzt wohl schon stadtweit als notgeiler Hurenbock bekannt sein. Also bleibe ich lieber in der Defensive.

»Was soll ich sagen? Ich hab Scheiße gebaut, aber so richtig.«

Sie schüttelt den Kopf. »Ganz ehrlich, nach all dem Heckmeck, bis ihr zusammen wart, hätte ich eigentlich gedacht, dass ihr die Grimms-Märchen-Nummer durchzieht und happy seid bis ans Ende eurer Tage. Und dann leistest du dir so einen Klopper!«

»Ich sollte vielleicht mit dem Saufen aufhören.«

»Wäre 'ne Maßnahme. Du scheinst es ja einfach nicht zu vertragen.«

»Na, mal gucken. Wenn ich erst mal auf der Straße sitze, komme ich um Fusel wohl kaum rum.«

Sie zieht eine Augenbraue hoch. »Jetzt mach mal kein Drama. Suchst du dir halt eine kleinere Bude.«

»Das sagt sich so leicht. Meinen Job bin ich nämlich auch los.«

»Ups.«

»Ja, genau. Ups. Momentan ist bei mir alles ziemlich ups. Ach ja, das *Loch* hat übrigens auch dichtgemacht.«

Sie seufzt. »Hab ich schon gehört. Schöne Scheiße.«

»Vielleicht sollte ich mich einfach vor 'nen Zug schmeißen«, brumme ich in meine Kaffeetasse.

»Ja, nee, is' klar, Torben. Das macht es natürlich viel besser, wenn du deine Gedärme in der Landschaft verteilst und einen Zugführer traumatisierst.«

»Ich mach es ja nicht. Aber momentan kackt mir das Leben echt mit Schmackes in die Lunge.«

Lara überlegt kurz. »Du kennst doch das alte Sprichwort: Hinfallen darf jeder mal. Es kommt darauf an, wieder aufzustehen – und dem Typen auf die Fresse zu hauen, der dir ein Bein gestellt hat.«

»Dann müsste ich mir wohl selbst eine pfeffern.«

»Tja.«

Sie steht auf und spült ihre Tasse aus. »Weißt du, vielleicht solltest du dir eine kleine Auszeit nehmen und wegfahren. Einfach mal den Kopf frei kriegen.«

»Ich sollte lieber versuchen, meine Ehe zu retten.«

Sie sieht mich an und schüttelt den Kopf, in etwa so wie Erwachsene auf ein Kind herabgucken, das gerade etwas Saublödes gesagt hat, weil es es einfach nicht besser weiß. »Auf keinen Fall solltest du Lucy jetzt nerven. Lass ihr lieber Zeit, damit sich ihre Wut abkühlen kann.«

Ich runzle die Stirn. »Meinst du, es gibt überhaupt noch eine Chance?«

»Keine Ahnung. Aber warum auch immer, Lucy liebt dich Vollidiot, sonst wäre sie nicht so wütend auf dich. Es kommt jetzt darauf an, ob sie dir verzeihen kann. Auch wenn du es nicht verdient hättest.«

»Ich weiß, ich weiß.«

Sie wuschelt mir über den Kopf, was irgendwie komisch wirkt von jemandem, der zwei Köpfe kleiner ist.

»So oder so«, sagt sie. »Das wird schon wieder.«

Ich seufze und trinke meinen Kaffee aus. »Ich hoffe, du hast recht.«

»Vielleicht solltest du mal deine Eltern besuchen, einen Tag aus der Stadt rauskommen.«

Ich überlege. Gar keine schlechte Idee. Sich mal wieder von Muttern bekochen lassen, ein bisschen im Wald spazieren gehen und meinen Paps um Rat fragen, wie ich das mit Lucy wieder einrenken kann, ist ein guter Plan. Wir haben zwar noch nie so richtig über solche Themen gesprochen, aber soviel ich weiß, hat er auch mindestens einmal richtig Scheiße gebaut, und meine Eltern sind trotzdem noch verheiratet. Irgendeine Medizin muss es also geben, um solche Brüche zu heilen. Eine Art Ehe-Penicillin.

»Ich glaub, das mache ich«, sage ich.

Lara nickt. Keine Ahnung, warum mir ausgerechnet die Jüngste in unserer Clique meist die besten Ratschläge erteilt. Vielleicht hat sie einfach eine sehr alte, weise Seele.

Zu Hause stelle ich fest, dass ich plötzlich viel mehr Schubladen und Fächer im Kleiderschrank für meine Klamotten zur Verfügung habe. So ein Mist. Das war nicht das eilige Zusammenraffen von ein paar Klamotten, um einige Tage woanders sauer zu sein, das ist ein halber Auszug. Ich schaue im Wohnzimmer nach. Einige ihrer Lieblingsbücher und -CDs fehlen. Immerhin hat sie mir nicht ihren Schlüssel auf den Tisch gelegt, und es ist immer noch genug Kleidung und Zeug von ihr da, dass zumindest die Möglichkeit besteht, dass sie zurückkommt. Die Hoffnung stirbt bekanntlich zuletzt, allein schon um den letzten Deppen auf Erden beim Sterben herzhaft auszulachen.

Ich klatsche in die Hände, und ein Miniecho ertönt, eins von der Sorte, die man nur in leeren Zimmern bekommt oder in Räumen, die halb ein- oder ausgeräumt sind. Jetzt fällt mir auf, dass ein paar Fotos fehlen und einige ihrer Lieblingsposter.

»Das ist voll nicht gut«, sage ich in dem Tonfall, der Kinohelden zu eigen ist, kurz bevor ein Panzer oder ein Weltraummonster durch die nächste Wand bricht. Lemmy jault leise.

Ich gehe in die Küche und mache mir einen Beruhigungskaffee. Normalerweise würde ich jetzt zu einem Bier greifen, aber die Sauferei hat mich genau in diesen Schlamassel reingeritten. Die Sauferei und mein Penis. Ich sollte mir beides abgewöhnen. Bringt nur Ärger.

Ich trinke Kaffee, denke nach und kraule Lemmy hinter den Ohren, der glücklich schmatzt und furzt. Wenigstens einer ist hier einfach zufriedenzustellen.

Ich nehme mein Handy und rufe bei meinen Eltern an.

»Lange?«, meldet sich Mutter.

»Ja, hier auch«, sage ich. »Sag jetzt nicht, dass du meine Nummer nicht eingespeichert hast.«

»Öhm, doch, natürlich«, lügt meine Mutter. Ich höre das Geräusch ihrer wachsenden Nase.

»Hm, dann solltest du eigentlich auf dem Display sehen, dass ich es bin. Da sollte so etwas stehen wie ›Torben‹ oder ›Sohn‹ oder ›Das Beste, was mir je passiert ist‹.«

Sie schnauft. »Ja gut, du hast mich erwischt. Ich hab ein neues Handy, und ich hab noch nicht alle Nummern im neuen eingespeichert.«

»Meine ist ja auch nicht so wichtig, gelle?«, ätze ich.

»Ach, red doch keinen Quatsch. Sag mir lieber, was du willst. Brauchst du Geld?«, wechselt meine Mutter abrupt das Thema.

Ich will erst »Ja« sagen, aber das spar ich mir lieber auf, bis ich richtig abgebrannt bin. Noch werde ich ja bezahlt.

»Nee«, sage ich. »Ich würde gerne für ein, zwei Tage zu euch kommen. Geht das?«

»Ach was«, sagt meine Mutter erstaunt. »Wie kommen wir denn zu der Ehre?«

»Ich muss einfach mal ein bisschen raus aus der Tretmühle.«

»Hast du Streit mit Lucy?«

Verdammt, ertappt. »Ich will einfach mal raus aus der Stadt«, weiche ich aus. »Wieso, spielt keine Rolle.«

»Hmm«, macht sie und schafft es, in diesem Ton gleichzeitig Misstrauen, Unglauben und Neugier auszudrücken. »Wir sind die nächsten Tage zu Hause, du kannst kommen, wann du willst. Und du kannst bleiben, so lange du willst.«

»Höchstens zwei Tage«, sage ich. »Ich hab ja schließlich 'ne Menge zu tun.« Zum Beispiel meine Ehe retten, einen neuen Job finden, vielleicht eine neue Wohnung suchen. Kleinigkeiten halt.

»Alles klar«, sagt Mutter. »Ich freu mich auf dich.«

»Okay. Bis dann.«

Ich lege auf. Sofort drängt sich mir die Stille in der Wohnung wieder auf wie dicke, feuchte Luft. Es ist erstaunlich, wie sehr sich Räume verändern können, wenn jemand nicht mehr da ist. Es hilft nichts.

»Ich will sie wieder zurück«, sage ich zu Lemmy, und er legt den Kopf schief. »Ich will meine Frau wiederhaben.«

Er bellt zustimmend. Vielleicht will er auch nur gefüttert werden. So wie immer, wenn er nicht gerade schläft oder irgendetwas begattet.

Ich werde morgen zu Lucy gehen und versuchen, sie dazu zu bringen, mir zu vergeben. Bis dahin muss ich mich ablenken, mir aber auch gleichzeitig einen Schlachtplan zurechtlegen: keine Blumen, kein doofes Verzeih-mir-Geschenk, so was findet sie höchstens lächerlich. Eine einfache, aber aufrichtige Entschuldigung ist viel wichtiger. Und sie vor allem davon überzeugen zu können, dass so etwas nie mehr vorkommt. Und das meine ich tatsächlich so, stelle ich, von mir selbst überrascht, fest. Hauptsache, ich verliere Lucy nicht.

Ich füttere Lemmy und stöbere im Stadtmagazin: Im *JZ* spielen ein paar lokale Metalbands. Nichts Berauschendes, aber immer noch besser, als wenn mir die Decke auf den Kopf fällt.

***

Die Bands sind wirklich nicht so prall. Stocksteife Oberstufenbubis, denen Mutti zu Weihnachten neue Instrumente geschenkt hat. Ich sitze hinten auf einem Barhocker, schlürfe an meinem Bier herum und beobachte das Treiben vor der Bühne. Wie bei Konzerten mit lokalen Bands üblich, ist es einigermaßen voll, allerdings wechseln sich nicht nur die Bands ab, sondern auch die Zuschauer. Zugeguckt wird nur bei der Band, mit der man bekumpelt ist, alle anderen werden hart ignoriert. Auf diese Art kann ein Laden beinahe ausverkauft sein, und trotzdem ist die Stimmung für den Arsch. Verwöhntes Pack. Anstatt mal einer Band eine Chance zu geben, die man vielleicht gut finden könnte, friert man sich lieber draußen den Hintern ab und geht den Anwohnern mit seinem Gegröle auf den Sack und säuft mitgebrachtes Dosenbier, weil das Bier im Laden ja viel zu teuer ist. Ungefähr dreißig Cent teurer. Und wenn dann die Veranstalter keinen Bock mehr haben, ist das Gejaule wieder groß. Manchmal könnte ich kotzen.

Momentan müht sich eine True-Metal-Band auf der kleinen Bühne recht ordentlich ab. Den Namen habe ich schon wieder vergessen, irgendwas mit »Dragon«. Ihre mitgebrachte Fanbase (aka Jahrgangsstufe) hat sehr angestrengt Spaß und kriegt mit Ach und Krach und einigen Lücken zwei bis drei Reihen vor der Bühne gefüllt. Währenddessen stehen draußen vor der Tür gut und gerne hundert Leutchen, die sich beschweren, dass es dort keine Mucke gibt, und die auf »ihre« Band warten wie Kariespatienten beim Zahnarzt.

Es macht mich nicht zu einem besseren Menschen, aber selbst nach über fünfzehn Jahren als Konzertgänger und DJ mag ich es immer noch, mir neue Bands anzugucken und mich einfach mal drauf einzulassen, was da so kommt. Das ist mein Verständnis von »Support the underground«. Klar, es ist eine Menge Schrott dabei. Wenn man ehrlich ist, sollten sich achtzig bis neunzig Prozent der Bands überlegen, ob Modelleisenbahnen oder Entenjagen im Stadtpark nicht ein sinnvolleres Hobby wären, aber manchmal sind auch richtige Perlen dabei. Und ich fände es schade, die zu verpassen. Gut, die Drachenband gehört nicht unbedingt dazu, aber sie bemüht sich, und das honoriere ich gerne. Headbangen gehe ich trotzdem nicht. Ich würde den Altersdurchschnitt im Auditorium signifikant in die Höhe treiben, und das würde mich wieder deprimieren. Die erwachsene und alte Garde des Metal-Stammes ist natürlich nicht anwesend, morgen ist schließlich ein Werktag. Da kann man abends nicht mehr rausgehen, da muss man doch auch Verständnis für haben. (Das sind übrigens genau die Exemplare, die dann samstagabends auf der Tanzfläche hackendicht und lauthals zu *W.A.S.P.* »I'm a wild child« mitbrüllen.)

Lemmy stöbert zwischen den Beinen der Zuhörer umher, um eventuell heruntergefallenes Essen oder Bier zweitzuverwerten oder das eine oder andere Bein durchzurammeln, was deren Besitzer immer nachhaltig irritiert, mich aber stets ungemein aufheitert.

»Gar nicht mal so schlecht«, sagt Sven und zeigt zur Bühne.

Ich zucke mit den Schultern. »Ja, ganz cool. Die müssten nur mal lernen, wie man eigene Songs schreibt. Jedes Lied hört sich an wie eine Coverversion von *Manowar* oder *Hammerfall*.«

»Die sind noch jung.«

»Gerade dann sollte man nicht so tun, als wäre man seit dreißig Jahren dabei. Dieses Alten-Zeiten-Hinterherrennen finde ich echt gruselig. Als ob die Kids keine eigenen Sorgen oder Geschichten hätten.«

»Vielleicht haben sie die tatsächlich nicht«, sagt Sven. »Die müssen sich damit rumschlagen, wie sie das allerneueste Smartphone kriegen oder genug Likes für ihr neues Profilbild. Das ist nicht gerade Stoff für einen Metalsong.«

»Nää«, sage ich. »Guck dir doch mal den ganzen Shit an, der abgeht! Terroranschläge, die Ressourcen gehen zu Ende und die Klimaerwärmung, das wären doch gute Themen für so richtig angepissten Metal. Ich meine, Holland säuft irgendwann ab, und die singen immer noch von bösen Drachen und toughen Kriegern in Ledershorts!«

»Holland in Not, Holland in Not«, singt Sven auf die Melodie von »Breaking the law«, und ich muss lachen.

»Na ja, so ungefähr«, sage ich.

Sven kratzt sich am Kinn. »Wusste gar nicht, dass du so ein politisch interessierter Typ bist«, sagt er.

»Bin ich eigentlich auch nicht. Aber wenn bei mir die Kacke tief fliegt ...«

»Und das tut sie gerade gewaltig!«

»... dann versuche ich, mir immer vor Augen zu halten, dass es anderen noch viel dreckiger geht. Und dass meine Probleme ein Witz dagegen sind, first world problems halt.«

»Du bist eben ein First-world-Langweiler«, sagt Sven und grinst.

»Jep«, sage ich. »Und das finde ich gar nicht mal so schlecht. Ich brauche kein großes Abenteuer. Meine Biografie könnte ruhig heißen: ›Alles in Butter, weitermachen‹.«

»Die würde bestimmt ein Renner. Nicht.«

»Das macht mir nix. Stell dir mal vor, jemand würde echt meine Geschichte aufschreiben, das würde doch kein Schwein lesen wollen. Ich mag es lieber unaufregend, aber dafür mit meinem Arsch im sicheren Heim, das ist meine Devise.«

»Hm. Aber von anderen die Revolution erwarten, das haben wir gerne.«

Ich zucke mit den Schultern. »Ach, Quatsch. Revolution. Die will eh keiner. Aber ein bisschen mehr Bewusstsein für die Dinge, die momentan schieflaufen, fände ich ganz schön. Und ganz ehrlich: Eine Band mit dem Sound von *Maiden* und dem Spirit der *Sex Pistols*, die hätte was. Aber nö, alle gehen immer auf Nummer sicher.«

»Nicht labern, selber besser machen«, sagt Sven.

Ich lache sarkastisch. »Nee, aus mir wird in diesem Leben kein brauchbarer Musiker mehr. Ich kann ›House of the Rising Sun‹ auf der Akustischen spielen, dann ist aber auch Feierabend. Eigentlich scheiße. Ich liebe Mucke, hatte aber nie die Disziplin, mal ein Instrument zu lernen.«

»Es ist nie zu spät anzufangen.«

»Ach, lass mal gut sein. Würde ich mich tatsächlich auf den Arsch setzen, könnte ich mit Mitte dreißig meine erste Band gründen, das will keiner. Oder ich geh gleich in die Blueskneipen und zocke mit Rentnern und Familienvätern. Nein, ich bleib hinter den Kulissen als DJ und Internethansel. Wobei, Letzteres hat sich ja wohl auch erledigt. Und als DJ brauch ich mich eigentlich auch nicht mehr bezeichnen. Einmal im Monat im *Ruby* auflegen, kann man nicht gerade als Lebensgrundlage bezeichnen.«

Sven zuckt mit den Schultern. »Dann mach halt öfter.«

»Das sagst du so. Die Läden, in denen man was damit verdienen könnte, machen alle zu. Und in irgendwelchen Kneipen gegen Freibier den Winamp spielen, muss ich auch nicht haben. Ich werd wohl wieder Homepages für Autohändler und Blumenläden zusammentackern für den Rest meines Lebens.«

Ich trinke einen langen Schluck. Manchmal denkt man Gedanken, die man vorher noch gar nicht hatte und sich als erschreckend richtig erweisen können. Das ist deprimierend.

Sven klopft mir mit seiner ätherischen Hand auf die Schulter. »Könnte schlimmer kommen«, sagt er.

Ich ziehe eine Augenbraue so hoch, dass Mister Spock vor Neid grün würde. »Ach, und wie soll's schlimmer kommen? Ich muss mir einen neuen Job suchen, den ich vermutlich hassen werde, meine Frau habe ich vergrault, und ich muss mir eine neue Wohnung suchen, die wahrscheinlich voll scheiße sein wird. Wie soll's noch schlimmer kommen?«

Sven deutet auf den Hund, den er mir vererbt hat. »Du hast immer noch Lemmy«, sagt er und grinst. Ich sehe Lemmy, dem Trost meiner dunklen Tage, dabei zu, wie er gerade die Kotze eines Teenagers aufleckt.

»Na super«, sage ich.

»Hör mal«, sagt Sven und wird ernster. »Ich kenne dich, und ich kenne Lucy. So leicht gibt die nicht auf. Natürlich ist sie stinksauer, und mit was?«

»Mit Recht.«

»Genau. Aber gib sie noch nicht auf. Ihr seid nicht erst seit zwei Wochen zusammen. Ihr seid verheiratet, und Lucy bedeutet das was. Du solltest auf jeden Fall nicht kampflos aufgeben, okay?«

Ich nicke. »Du hast recht. Ich gehe morgen mal zu ihr.«

»Mach das.«

Ein Jungmetaller mit frisch gewaschener Kutte und zartem Kinnflaum bleibt vor mir stehen. Er sieht aus, als müsste er noch ein paar Jahre in seine Klamotten hineinwachsen. Er hält eine Maß Bier, die ihm jeden Moment aus den Mädchenhänden zu rutschen droht, und wirklich aufrechtes Stehen scheint bei ihm auch nicht mehr so gut zu klappen. Er schielt mich an.

»Sag ma'«, lallt er. »Bissu nich' der Typ mit der Kommumm... Kooolumme? Damals, beim *Hammer'n'Steel*?«

Die Kolumne gibt es jetzt schon lange nicht mehr, aber auf Konzerten und Partys werde ich immer noch drauf angesprochen, und ich kann nicht leugnen, dass ich mich dabei stets etwas gebauchpinselt fühle. Mein kleines bisschen Ruhm.

»Du meinst ›Jungsmusik‹«, antworte ich ihm und muss mir ein stolzes Lächeln verkneifen. »Ja, das war ich.«

Er sieht mich an. »Die wa' immer voll scheiße«, sagt er. Immerhin muss ich mir kein Lächeln mehr verkneifen.

Er schwankt und guckt in sein Glas. »Total scheiße«, unterstreicht er nachdenklich und trinkt.

»Verpiss dich, Fickfresse«, fauche ich. Ich gehöre nicht unbedingt zur kritikfähigen Sorte Mensch. Sven kichert.

Irgendwie scheint der Typ die Beleidigung gar nicht zu registrieren. Er versucht, mich anzusehen, starrt aber etwa zehn Zentimeter an meinem Kopf vorbei. »Noch'n schön' Abend«, sagt er und schwankt davon.

Zehn Minuten später liegt er unter einer Bierbank, schläft selig, und ich versuche Lemmy einen neuen Trick beizubringen, aber er kapiert nicht, was »Fick seine Frisur!« bedeuten soll. Es ist auf niemanden Verlass.

***

»Moin moin«, trällert Gerald durch die Leitung. Ich reib mir die Augen.

»Sag mal, weißt du eigentlich, wie spät es ist? Beziehungsweise wie verdammt früh?«, motze ich. Er hat mich gestern gefeuert, da kann ich mir Höflichkeiten ersparen. Außerdem ist es noch »Vor dem ersten Kaffee«, was die international anerkannte Uhrzeit für miese Laune ist.

»Halb zehn, Schnarchnase.«

»Narf«, grunze ich. Deswegen wollte ich nie irgendeinen regulären Job machen. Vor zehn ist mit mir einfach nichts anzufangen, und ich bin der festen Überzeugung, dass so etwas genetisch bedingt ist. Außerdem darf man Spätaufsteher nicht immer mit Langschläfern gleichsetzen. Ich gehe nie vor drei oder vier Uhr ins Bett, was heißt, dass ich meistens nicht annähernd die siebeneinhalb Stunden des Durchschnittsschläfers erreiche. Böse Vorurteile, damit habe ich ständig zu kämpfen. Nur Lucy hat es geschafft, mich vor Mitternacht ins Bett zu locken, aber da ging es eher selten ums Schlafen.

»Bist du aufnahmefähig?«, fragt Gerald.

»Klar«, nuschele ich und mache mich mit dem Telefon auf den Weg zur Kaffeemaschine. »Schieß los.«

»Also, ich hab dir ja gestern gesagt, dass ich eventuell was für dich hätte. Und ich hab jetzt grünes Licht gekriegt.«

»Aha«, sage ich. Ich schalte die Maschine an, und das wunderbare Grollen und Brodeln aufkochenden Wassers ertönt. Was mag jetzt kommen? Ein Job als Bürobote? Putzkraft im Tonstudio? Normalerweise ist solch ein alternatives Jobangebot nicht unbedingt mit einem Aufstieg verbunden.

»Du kennst doch *Clothelines from Hell*, oder?«

»Klar, die haben auf meiner Hochzeit gespielt«, sage ich. »Mit Frankie bin ich ganz gut befreundet. Ihr bringt doch ihr Debüt raus, oder?«

»Exakt. Und wir schicken sie für zwei Monate auf Tour. Nix Großes, aber wir brauchen einen Tourbetreuer. Manager wäre zu viel gesagt. Einfach einen, der auf die Jungs aufpasst, Fotos macht, dafür sorgt, dass die Band pünktlich an den Venues ankommt, die Gage abgerechnet wird, der den Merchtisch betreut und solchen Pipapo. Hättest du da Bock drauf?«

»Hm. Das klingt ganz interessant, aber ich hab so was noch nie gemacht.«

»Ach, das kriegst du schon hin. Learning by doing, wie der Spanier sagt.« Er lacht sich scheckig über seinen Witz.

»Na ja, zwei Monate sind jetzt auch nicht gerade das, was man einen neuen Job nennt.«

»Es gehen ja auch andere Bands auf Tour. Und je mehr Erfahrung du sammelst, desto größere und längere Tourneen kannst du mitfahren.«

»Aber ich kann nicht einfach alles hier stehen und liegen lassen. Ich hab ja auch Verpflichtungen.« Zum Beispiel meine Ehe retten.

Er seufzt am anderen Ende der Leitung. »Überleg es dir einfach. Wäre auf jeden Fall ein guter Einstieg in eine neue Aufgabe.«

»Ich bin ja auch durchaus dankbar für das Angebot. Aber ich glaub nicht, dass ich dafür der richtige Mann bin.«

»Überleg's dir einfach«, sagt er.

»Ich überleg's mir«, sage ich.

»Aber nicht zu lange. Bye.«

»Tschö.«

Ich lege auf und kippe mir einen Kaffee ein. Tourmanager.

»Das wäre auf jeden Fall mal was anderes«, sage ich zu Lemmy, und er legt den Kopf schief.

Aber es bleibt dabei: Das Wichtigste ist erst einmal, Lucy wieder zu beruhigen und sie zur Rückkehr zu bewegen. Alles andere hat keine Priorität.

»Wenn ich gefrühstückt habe, machen wir zwei Hübschen uns landfein, und dann gehen wir zu Lucy.«

Lemmy wedelt bei der Erwähnung meiner Nochehefrau freudig mit seinem Stummelschwanz und bellt einmal.

»Tja«, sage ich. »Hoffen wir mal, dass sie sich genauso freut.«

***

Es gab schon einige Situationen, in denen ich nervös war. Klassenarbeiten und Prüfungen fand ich immer äußerst abscheulich, und wenn ich gezwungen war, mich für irgendwas zu bewerben und so zu tun, als wäre ich jemand anderes, was anscheinend eine Standardanforderung ist, fand ich das auch nie so klasse. Einmal hatte ich bei den Bundesjugendspielen einen Lauf beim Hochsprung. Immer höher und höher wurde die Latte gelegt, und ich riss einfach nicht. Mit jedem Sprung umringten mich mehr Zuschauer und feuerten mich an, und die Beine wurden immer wackeliger, bis ich den Schulrekord im Hochsprung aufgestellt hatten und das als Sportniete. Aber das war nichts gegen das Gefühl, das ich jetzt in den Knien habe: nämlich gar keins. Am liebsten würde ich mich einfach auf den Boden setzen, aber das käme vielleicht nicht so gut, wenn Lucy die Tür aufmacht.

Ich hab anderthalb Stunden gebraucht, um mir passende Klamotten rauszusuchen. Klamotten, die nicht sagen: »Alles wie immer, ich steck das weg« oder »Bittebittebitte, komm zurück, und lass mich dein Sklave sein« oder »Ich bring mich um und hab mich schon mal passend für meine eigene Beerdigung angezogen, kümmerst du dich bitte um den Hund?«

Ich stehe vor der Tür von Lucys Elternhaus und starre seit etwa fünf Minuten die Türklingel an. Lemmy stupst mir ans Bein, und ich erwache aus meiner Trance. Ich klingele. Brüllend laut erschallt ein unangemessen fröhliches »Dingdong«. Ich atme tief durch. Lucy vom ersten Augenblick an zuzulabern, erscheint mir als gute Taktik. Die Tür geht auf. Lucys Mutter sieht mich an. Au, scheiße! Die eingesogene Luft entweicht aus mir wie aus einem Luftballon, der mit einem Kaktus rummacht.

»Was willst du hier?«, fragt sie.

»Gnnah«, antworte ich. Sie sieht mich gleichzeitig ausdruckslos und kritisch an. Ich nehme mich zusammen und frage: »Ist Lucy da?«

Sie lässt mich einen langen, langen, langen Augenblick schmoren, dann geht sie wortlos ins Hausinnere, ohne mich reinzubitten. Oh scheiße, ich hoffe, Lucys Vater ist nicht zu Hause, das könnte Ärger geben. Richtigen Ärger. Physischen Ärger. Hatte Lucy nicht mal erzählt, dass er eine Knarre hat? Mir bricht der Schweiß aus.

Zum Glück ist es Lucy, die nun zur Tür kommt. Lemmy flippt sofort aus, wedelt mit dem Schwanz und allen anderen Extremitäten und springt Lucy an. Sie bückt sich zu ihm runter und herzt ihn durch, was Lemmy dazu bringt, noch mehr auszurasten. Der Hund ist ein einziger Freudenanfall, aber so ist das mit den Vierbeinern. Ob man eine Stunde weg ist oder einen Tag, sie flippen vor Wiedersehensglück fast aus. Beneidenswert, dieser unbedingte Wille zur Lebensfreude. Hund müsste man sein, vor allem weil Lucy ihn gerade knuddelt und abknutscht und sich freut, ihn zu sehen. Dann richtet sie sich wieder auf, sieht mich an, und das Stimmungsbarometer fällt schneller als ein Fallschirmspringer, der aus Versehen seinen Reiserucksack aufgeschnallt hat.

»Was gibt's?«, fragt sie, und mein Mund wird plötzlich trocken wie ein Martini für James Bond.

»...«, sage ich, und Lucy guckt finster. Ich räuspere mich. »Wir müssen reden«, sage ich, und Lucy guckt finster.

»Dann rede.«

Ich atme tief durch. »Also, ich weiß, ich hab unfassbar Mist gebaut ...«

»DAS KANN MAN WOHL LAUT SAGEN«, ruft Lucys Mutter laut aus dem Hintergrund.

»MAMA, halt dich da bitte raus!«

»Ist doch wahr«, kommt es aus dem Dunkel des Hausflurs. »SCHEISS LUSTMOLCH«, setzt sie hinterher, dann verzieht sich meine erboste Schwiegermutter anscheinend außer Hörweite.

»Wo sie recht hat, hat sie recht«, sagt Lucy ohne eine Spur von Sarkasmus oder Humor.

»Ich weiß«, gebe ich kleinlaut zu.

Sie sieht mich traurig an. »Kannst du mir bitte mal erklären, was dich geritten hat, einfach loszuziehen und dir irgendeine Schlampe aufzureißen, mit ihr zu vögeln, und das auch noch in unserem Bett? In unserem Ehebett?«

Ich schüttele langsam den Kopf. »Ich weiß es nicht. Ich hab 'nen totalen Filmriss, was den Abend angeht, ehrlich! Ich war sauer, ich war saubetrunken ...«

»Du warst VER-HEI-RA-TET!«, faucht sie.

»Ich weiß, dass ich verheiratet bin.« Ich betone das »bin« überdeutlich, weil es mich beunruhigt, dass Lucy die Vergangenheitsform benutzt hat. Sie geht nicht darauf ein.

»Das bedeutet etwas«, sagt sie. »Es bedeutet Treue. Das ist kein formloser Kleine-Jungs-Pakt, den man so oder so auslegen kann. Du hast mir etwas versprochen, und du hast dieses Versprechen gebrochen und alles auf beschissenste Art und Weise in den Dreck getreten. Kapierst du eigentlich, was du angerichtet hast?«

»Ja, und ich verspreche dir bei allem, was mir heilig ist ...«

»Du bist Atheist.«

»... ich ... äh. Ich verspreche dir bei meinem Leben, dass so eine Scheiße nie wieder vorkommen wird. Ich liebe dich, und wenn ich dafür mit dem Saufen aufhören muss, damit mein Verstand nicht wieder aussetzt, dann mache ich das. Scheiße, ich würde mich kastrieren lassen, damit so etwas nicht noch mal passiert.«

»Du solltest es schaffen, nicht mit anderen Weibern rumzubumsen, ohne dir gleich die Eier abschneiden zu lassen.«

Ich reibe mir die Schläfen. »Hör zu, Lucy. Ich liebe dich, und ich will nicht, dass wir uns streiten. Ich will dich nicht verlieren. Wir sind ein Ehepaar, wir sollten das hinkriegen.«

Sie sieht traurig zu Boden. »Da bin ich mir nicht mehr so sicher.«

»Dass wir das hinkriegen?«

»Nein. Dass wir ein Ehepaar sind.« Sie sieht mich an. »Ich glaube, ich möchte die Scheidung.«

Mir wird kalt. Sie knetet ihre Hände, die ich so gerne einfach packen und festhalten möchte, aber ich glaube, das sollte ich besser lassen. Dann sehe ich, dass sie ihren Ring nicht mehr trägt. Ich muss schlucken.

»Lucy ...« Ich finde keine Worte, sondern sehe sie nur hilflos an. Es ist, als hätte man mir sämtliche Kraft aus dem Körper gesaugt. So fühle ich mich sonst nur nach einer hart durchzechten Nacht. Wir stehen beide da: zwei junge Menschen, die völlig hilflos sind und zwischen denen dieses unfassbare und ekelhaft erwachsene Wort für völliges Versagen schwebt: Scheidung. Das geht nicht, ich bin erst dreißig, ich kann nicht schon geschieden sein. Das ist was für alte Leute, für Eltern und Diven und Playboys. Ich kann mich nicht scheiden lassen, no way. Das ist unmöglich.

»Lucy ...«, versuche ich einen weiteren Anlauf, aber ich versacke erneut in Sprachlosigkeit.

»Es gibt nichts mehr zu sagen«, flüstert Lucy schwach und ohne mir in die Augen zu sehen. Dann schließt sie die Tür. Ich stehe da.

»Es tut mir doch leid ...«

Lemmy legt seinen Kopf an mein Bein, und ich bin so kraftlos, dass mich seine tröstende Geste beinahe umschubst. Ich sollte gehen, aber ich kann nicht, mir fehlt jegliche Energie. Ich stehe da mit offenem Mund und starre die Tür an. Scheidung. Ich. Torben, geschiedener Vollarsch. Das geht doch nicht. Das passt nicht zusammen.

Keine Ahnung, wie lange ich dort stehe, leise hoffend, die Tür würde sich wieder öffnen und Lucy würde mir unter Küssen und Tränen Absolution erteilen, die ich sogar als Atheist freudig annehmen würde, aber irgendwann wanke ich dann doch fort. Auf der Straße vor ihrem Haus sehe ich zu Lemmy runter, der meinen Blick neugierig erwidert.

»Scheidung«, sage ich zu ihm, dann drehe ich mich zur Seite und kotze den Asphalt voll.

***

Paralysiert sitze ich auf meiner Couch. Auf unserer Couch. Wir haben sie zusammen gekauft, ich und Lucy. So etwas werden wir wohl nicht mehr machen. Nie wieder. Weil sie sich von mir scheiden lässt. Ich werde mich dann überall vorstellen mit »Torben Lange, geschieden«. Ich werde dem Finanzamt mitteilen müssen, dass ich geschieden bin, und sie werden zurückschreiben: »Sind Sie sicher? In Ihrem Alter? Mann, da müssen Sie ja tierisch Scheiße gebaut haben, da setzen wir doch mal glatt Ihren Steuersatz auf achtzig Prozent hoch. Das haben Sie nun davon. Schönes Restleben als Geschiedener noch, Sucker! MfG, Ihr Finanzamt Mitte.« Ich werde im Einwohnermeldeamt Bescheid geben müssen, dass sich meine Frau von mir scheiden lässt. Vielleicht werde ich der Stadt verwiesen. Man wird mich auf der Straße schief angucken, noch schiefer, als wenn ich mein »Jesus was a cunt«-T-Shirt trage, und mich anspucken und mit Steinen und faulen Äpfeln bewerfen.

Mucke ballert viehisch laut aus meiner Anlage. Um Beschwerden meiner Nachbarn mache ich mir keine Sorgen, ich werde hier eh nicht mehr lange wohnen. Der MP3-Player steht auf Shuffle, und nach *Machine Head* poltern *Korpiklaani* los: »Vodka, Vodka!«

Keine schlechte Idee. Ich schlurfe zu meinem Schnapsregal, hole mir eine halb geleerte Flasche Absolut und fange an, Wodka-Os zu kippen. Ich schalte den Fernseher ein. Bildungsferne Mitbürger schreien sich wegen irgendwas an, und ihr debiles Gekeife mischt sich mit der Musik zu einem Terror-Mash-up, aber als die Wodkaflasche alle ist, finde ich das schon ganz witzig. Erneuter Gang zum Regal, diesmal angele ich eine Flasche Jack Daniel's hervor, die ich mit Cola mische. Ich beginne, im Wohnzimmer rumzumoshen, poge eine Lampe um, die klirrend zu Bruch geht (wow, wie meine Ehe. Voll symbolisch.), und Lemmy hopst fröhlich bellend um mich herum. Eine Flasche Korn löst Jack ab, und ich beschließe, *Guitar Hero* zu zocken. Als ich dann auch noch eine Flasche mit etwas echt ekligem Grünen mit Waldmeisterersatzgeschmack darin gekippt habe, geht es mir schon deutlich besser. Auf dem Weg zum Klo renne ich ein CD-Regal um, aber ansonsten sind meine Gedanken klar und rein wie ein Gebirgsbach. Ich sitze auf dem Pott und kichere über einen Witz, den ich mir selbst ausgedacht habe, aber schon wieder vergessen habe, sobald ich die Spülung drücke, als mir mit absoluter Gewissheit klar wird, dass ich jetzt sofort meine Sachen packen und zu meinen Eltern fahren muss. Zwei, drei Tage bei Muttern, und mir wird's wieder Bombe gehen, Lucy wird zu mir zurückkommen, das ist völlig logisch.

Ich suche meine Sporttasche raus und fange an, Klamotten reinzustopfen, da wird mir bewusst, dass ich nach dem Kacken gar nicht gespült habe. Gehe also ins Bad und gucke ins Klo, aber da ist nur klares Wasser und weißes Porzellan zu sehen. Hab ich wohl doch gespült, denke ich und muss wieder kichern. Oder war ich überhaupt nicht auf dem Klo? Sicherheitshalber setze ich mich noch mal hin, danach packe ich weiter meine Sachen, die sich irgendwie dagegen zu sträuben scheinen, von mir in die Tasche gesteckt zu werden. Ich schließe schwungvoll den Reißverschluss. Leider etwas zu schwungvoll, sodass ich es schaffe, mir selbst eine zu klatschen. Theatralisch lasse ich mich wie ein getroffener Boxer fallen, wälze mich auf dem Boden und rufe: »Adrian! Adrian!«

Lemmy nimmt die Gelegenheit wahr und leckt mir schwanzwedelnd durchs Gesicht. Ich streichle ihn grob. »Ausfluuug«, lalle ich, und er bellt freudig. Er versteht nicht viel, aber das kapiert er sofort. Ich überlege, ob es eine coole Aktion wäre, auf dem Weg zum Bahnhof Lemmy unter dem Arm zu tragen und die Tasche an der Leine hinter mir herzuziehen, nur um zu gucken, wie die Leute so gucken, entscheide mich aus Tierschutzgründen aber dagegen. Ich schnappe mir meine letzte Flasche Bier als Wegzehrung.

Am Bahnhof gelingt es mir beim fünften Versuch, die richtige Karte zu kaufen, dann klettere ich mit Lemmy in einen ranzigen Regionalexpress. Ich überlege, meine Eltern anzurufen und auf meine Ankunft vorzubereiten, entscheide mich aber dagegen. Meine Eltern lieben mich, die freuen sich immer, wenn sie ihr Sohnemann besucht. *Die* sind ja auch nicht geschieden. Anstatt zu telefonieren, konzentriere ich mich lieber darauf, nicht einzuschlafen, um meine Haltestelle nicht zu verpassen. In dieser Konzentrationsphase schlafe ich ein, also muss ich wieder drei Stationen in die Gegenrichtung zurückfahren. Ich schlafe erneut ein und fahre fünf Stationen. Im nächsten Anlauf lande ich am richtigen Bahnhof und finde sogar zum Haus meiner Eltern. Ich will die Überraschung perfekt machen, also lasse ich mich mit meinem Schlüssel selbst rein.

Als ich ins Wohnzimmer trete, sitzen meine Eltern eng umschlungen auf dem Sofa. Sag ich doch, die sind nicht geschieden! Das ist noch ein richtiges Ehepaar. Sie sehen mich an, als ich reinkomme, Mama ist ganz erstaunt.

»Torben ...«, sagt sie. Irgendwie sieht sie nicht erfreut aus, sondern eher besorgt. Vater sagt gar nichts. Als er mich ansieht, guckt er wie ein trauriger Basset. Ich will witzig sein, also frage ich: »Was'n los? Is' Omma tot?«

Mama macht mir hinter Vaters Rücken mit eindeutigen Gesten deutlich, dass sie ihrem Lieblingssohn stante pede die Kehle durchschneiden würde, sollte er nicht augenblicklich die Klappe halten. Mein Vater fängt an zu heulen, und mir ist von einem Moment auf den anderen überhaupt nicht mehr nach lustig zumute.

»Oh, Kacke.«

***

Ich bin dreißig Jahre alt, meine Frau will sich von mir scheiden lassen, und ich verbringe eindeutig zu viel Zeit auf Beerdigungen. Wenn man das unter »erwachsen werden« versteht, verzichte ich dankend.

Immerhin ist das Wetter diesmal angemessen trist. Bei Svens Beerdigung letztes Jahr hatte man ständig das Bedürfnis, das Grab mit Wasser zu füllen und mit einer Arschbombe reinzuspringen. Heute hingegen ist es bewölkt und grau. Genau die richtige Atmosphäre, auch wenn vermutlich nicht jedem so zumute ist und der ein oder andere nur gekommen ist, um zu gucken, dass man Oma auch wirklich tief genug vergräbt.

Sie war nicht sonderlich beliebt. Könnte man Energie aus Galle gewinnen, wäre meine Oma eine für Europa unverzichtbare Ressource gewesen. Sie war der fleischgewordene Black Metal, denn sie hat jeden gehasst, außer ihren Sohnemann vielleicht, also meinen Vater. Aber jeder andere bekam sein Fett weg. Ich vermute, ihre Hausmitbewohner waren permanent kurz davor, sämtliche moralischen Grundsätze beiseitezuschieben, sie mit einem Putzlappen totzuschlagen und dabei zu brüllen: »NA, IST DAS JETZT SAUBER GENUG? HEUTE IST PUTZTAG, TRA-LALA.« Oder, ihr eine Bohrmaschine in die Ohren rammend, zu rufen: »IST DAS JETZT LEISE GENUG, JA? KÖNNEN SIE NOCH IRGENDWELCHE AFFENSEXGERÄUSCHE HÖ-REN?« Es hätte auch niemanden gewundert, wenn jemand aus ihrem Haus irre kichernd eine schwere Mülltonne an die Stra-ße gezogen hätte, aus der noch blutige Körperteile ragen, dabei brabbelnd: »Oh, keine Sorge, ich bringe den Müll raus, das mach ich doch gerne, jajaja.«

Es gibt Menschen, die können das Beste aus anderen heraus-kitzeln: gute Lehrer, Motivationstrainer, Künstler. Die wecken den Tiger in dir. Omma weckte den Mörder. Sie hätte eine su-per Karriere beim Boxen machen können. Der Kerl will nicht kämpfen? – Kein Problem, sperr ihn die letzten fünf Minuten vor dem Kampf mit Omma ein. Danach zerkloppt er seinen Geg-ner schon in der ersten Runde in seine Einzelteile.

Ich habe mal eine Dokumentation über Warane gesehen: stets schlecht gelaunte alte Mistbacken. Danach hatte ich die Theorie, dass Omma zur Hälfte genetisch ein Waran ist. Zur anderen ein Schredder.

Aber gut, nun ist sie tot. Und wie quakt der Lateiner: De mor-tuis nihil nisi bene. Über die Toten soll man nicht herziehen, die können sich nicht verteidigen. Und es will ja auch niemand eine Zombieapokalypse heraufbeschwören.

Ich sehe Lucy an, die neben mir steht. Ein weiteres Mal ist sie an meiner Seite, wenn jemand begraben wird. Ich hatte lange mein Handy angestarrt und mich gefragt, ob ich sie anrufen kann und darf. Aber meine Eltern und Lucy sind immer super miteinan-der ausgekommen, und ich wollte vor allem meinem Vater nicht noch mehr Sorgen aufbürden, während er um seine Mutter trauert, und ihm nebenbei erzählen, dass sein Sohn es verbockt hat und geschieden wird (mit dreißig! DREISSIG!!!). Also hab ich sie angerufen, und nach fünf Versuchen ist sie rangegangen, und ich hörte schon, wie sie tief Luft holte, um mich zusammenzufalten, dass ich sie nicht telefonterrorisieren solle, da funkte ich ihr mit einem schnellen »Meine Oma ist tot« dazwischen. So hatte ich Gelegenheit, ihr die Neuigkeiten zu berichten und sie zu bitten, mich zu begleiten, um fürs Erste den Anschein zu wahren.

Lucy überlegte lange, während ich ihr beim Atmen zuhörte. Dann sagte sie: »Okay, aber ich tue das für deine Eltern, nicht für dich. Ich hab die beiden nämlich sehr gerne, und ich kann verstehen, dass sie erst mal das eine verdauen müssen, bevor sie von dir die nächste Hiobsbotschaft serviert kriegen.«

»Danke. Ich weiß das zu schätzen.«

»Die beiden wissen wenigstens, was eine Ehe bedeutet«, knallte sie mir noch einen Tiefschlag rein, dann legte sie auf.

Es ist gar nicht so einfach, auf einer Trauerfeier Zweisamkeit zu heucheln. Es wird eine gewisse Traurigkeit vorausgesetzt, und die bedeutet, dass sich Partner trösten, dass sie Zusammenhalt demonstrieren. Echt nicht leicht, wenn sich einer von beiden nichts sehnlicher wünscht, als den anderen ins Grab zu schubsen, bevor es zugeschaufelt wird.

Händchen halten ist nicht drin, das hat Lucy gleich klargemacht, und Küssen schon gar nicht. Umarmen ist okay, aber nicht zu fest. Also lege ich ihr hin und wieder locker den Arm um die Schultern, was ich unmoralischerweise sehr genieße. Sie hat dann ihre Hand an meinem Rücken, und wenn ich zu intim werde, kneift sie mir fies in die Seite. Ich muss dann versuchen, dem Pastor nicht in seinen Trauersermon zu quieken, weil es einerseits scheiße wehtut und andererseits höllisch kitzelt.

Der Pfarrer schwadroniert irgendeine vorgefertigte Standardrede runter, in der er hervorhebt, wie wichtig Oma für die Gemeinde war und wie gut sie mit jedermann auskam. Das nehmen einige Anwesende zum Anlass, zu kichern oder die Augen zu verdrehen, entweder weil sie sich unbeobachtet wähnen oder einfach null Manieren haben. Hier und da wird getuschelt, und Gehässigkeit trieft aus manchen Mündern. Nein, Omma war wirklich nicht nett zu ihren Mitmenschen.

»Deine Oma war echt hardcore unbeliebt«, raunt mir Lucy mit einem Hauch Verblüffung ins Ohr.

»Na ja, die Leute kannten ja nur ihre fiese Seite«, flüstere ich.

»Ach, gab es noch eine andere?«

»Ich hab sie tatsächlich noch etwas anders kennengelernt.«

<flashback> Omma war zu Besuch gewesen, und ich musste sie wieder zum Bahnhof chauffieren. Es gab keinen besonderen Anlass für sie, zu uns zum Essen zu kommen, außer vielleicht um nach ihrem Sohn zu sehen und meine Mutter und meine Frisur mieszumachen. Eigentlich hätte ich diesen Hassfilm, den sie fuhr, gut finden müssen, schließlich ist Misanthropie schon ziemlich Metal, zumindest Black oder Death. Aber wenn man es nicht selbst ist, der sich so durch das Leben, Talkshows und die Einkaufspassagen der Republik hasst, kann es ganz schön nerven. Zumal ich immer merkte, wie sehr es meine Mutter traf, wenn Omma sie fertigmachte. Ich bin zwar nicht unbedingt ein Familienmensch, aber wenn einer meine Mutter anmacht, dann ist Achterbahn. Trueness hin oder her, da werde ich zum Gangstarapper. Da die gute alte Drohung »Fickst du meine Mutter, ficke ich deine Mutter« in Ommas Fall mit Nekrophilie gleichzusetzen gewesen wäre, überlegte ich schon eine ganze Weile, wie ich Omma mal so richtig einschenken konnte. Aber die üblichen Optionen wie Dixi-Klo umschmeißen, ins Bier pinkeln oder ein durchgedrehtes Frettchen im Schlafsack verstecken, waren in ihrem Fall leider nicht drin. Alte Leute sind echt kompliziert. Also hielt ich lieber die Klappe und konzentrierte mich aufs Fahren.

Leider hielt Omma nichts von diesem Plan und begnügte sich nicht damit, konzentriert beizufahren. Permanent schnalzte sie verächtlich mit der Zunge, wenn sie in anderen Autos oder auf dem Gehweg Menschen entdeckte, deren Gesichter ihr nicht passten. Das waren in ihrem Fall Punker (»Igitt«), Gammler (»Igitt, igitt«), Ausländer (»Schmarotzer«), Langhaarige (»Bombenleger«), Glatzköpfe (»Bestimmt Krebs. Oder AIDS«), Aktentaschenträger (»Solche ziehen den alten Leuten das letzte bisschen Geld aus der Tasche«), Leute mit Käppis, Mützen oder Kopftüchern, Hundehalter (»Lassen ihre Köter alles vollscheißen«), potenzielle Hundehalter, Studenten (»Faules Pack«), Handwerker (»Abzocker«), Leute, die irgendwie nach Zeugen Jehovas aussahen, Leute, die irgendwie atheistisch aussahen, Fahrradfahrer ohne Helm (»Unverantwortlich«), Fahrradfahrer mit Helm (»Sieht das dämlich aus«), alle, die irgendwie homosexuell aussahen (»Unnatürlich«), Familien mit Kindern (»Wie die Karnickel«), Pärchen (»Denken auch nur an das eine«), Frauen in Röcken (»Nutte«) und Frauen in Hosen (»Frigide Emanze«). So ging es die ganze Zeit, und ich fadete sie langsam, aber sicher aus, um nicht einfach auszurasten. Da musste man ganz buddhistisch sein, den eigenen Mittelpunkt finden und die ganze Aufmerksamkeit auf etwas anderes richten, in meinem Fall den Straßenverkehr, damit ich meiner Großmutter nicht noch aus Versehen den Gefallen tat, einen Fahrradfahrer mit oder ohne Helm umzunieten. Da sie permanent ihre Hasstiraden leise vor sich hin brabbelte, ging ich eh davon aus, dass sie mehr mit sich selbst sprach und keinerlei Wert auf meine Aufmerksamkeit oder Zustimmung legte. Doch dann wurde sie etwas lauter, und mein Unterbewusstsein, die blöde Sau, registrierte, was sie dann sagte: »Deine Mutter ist ja auch so eine.« Sofort fuhr mein Hirn wieder komplett hoch, und ich erwachte aus meiner Meditation. Hektisch sah ich mich um, was denn meine Mutter für so eine ist, aber ich sah nur völlig normale, akzeptable Frauen auf dem Gehweg. Vielleicht ging eine von ihnen falsch oder hatte einen Blick, der Omma nicht passte. Die setzte nach: »Keine Ahnung, was mein Sohn an der findet. Er hätte es echt besser treffen können.«

Ich hatte Glück, dass hinter uns alles frei war, denn ich stieg voll in die Eisen, und unangeschnallt wäre es das mit unseren Nasen gewesen. Wir wurden in die Gurte geworfen und dann wieder in die Sitze zurückgezogen. Entgeistert starrte mich die alte Frau neben mir an. Vermutlich hätte sie sich bei der Aktion am Gurt ihre morschen Rippen brechen können, aber das war mir gerade kackegal.

»Was sollte das?«, brabbelte sie geschockt, aber ich funkelte sie nur wütend an. Dann beugte ich mich etwas zu ihr rüber.

»Raus!«, sagte ich.

»Was?«

»Ich sagte: Raus aus dem Wagen! Ich hab die Schnauze voll.«

Sie sah sich um. »Aber ... ich bin doch noch längst nicht zu Hause. Wie soll ich denn von hier wegkommen?«

»Das ist mir völlig egal. Ich kann dein beschissenes Anhassen von allem und jedem einfach nicht mehr ertragen. Und ich mag Hass ganz gerne, aber deine Songs sind einfach nur scheiße.«

»Wie redest du denn mit deiner Großmutter?«

»WIE REDEST DU ÜBER MEINE MUTTER?«

Sie schnappte nach Luft und wich so weit vor mir zurück, wie es der enge Fahrgastraum erlaubte. Mit aufgerissenen Augen sah sie mich an, und ihr Mund mit den künstlichen Zähnen klappte wortlos auf und zu. Sie sah aus wie ein sehr alter Fisch, den man ans Ufer gezogen hatte. Sie wusste, dass sie den Bogen überspannt hatte, und sie hatte ernsthaft Schiss, dass ich ihr eine knalle. Ich würde das nie tun, aber ich gebe zu, kurz vor dieser Grenze gestanden zu haben. Jahrelang angesammelter Zorn platzte aus mir heraus wie aus einem *Slayer*-Album.

»Wer gibt dir eigentlich das Recht, über jeden, aber auch wirklich jeden herzuziehen? Was glaubst du, wie sich deine Mitmenschen fühlen, wenn du ihnen permanent nur erzählst, wie wertlos sie sind? Du bist echt der letzte Dreck. Du machst alle nur nieder und tust so, als wärst du perfekt, als wärst du der einzige lebenswerte Mensch. Merkst du eigentlich nicht, dass dich keiner mehr abkann? Dass alle nur darauf warten, dass du mal den Löffel abgibst? Ich wette, nicht mal dein heiß geliebter Sohn gibt noch irgendwas auf dich und ist froh, wenn du weg bist. Dein Enkel ist es bestimmt. Ganz ehrlich, ich hab mal vergammelten Fisch gefressen, der war nicht halb so zum Kotzen wie du!«

Ich bin nicht besonders gut darin, Menschen ausführlich anzuschreien, zumindest wenn ich nüchtern bin. Mir fiel nichts mehr ein, aber ich durfte nicht nachlassen, also glotzte ich sie an und schnaubte wütend, so als hätte ich noch einiges mehr loszuwerden, für das ich nur einfach viel zu zornig war.

Sie stellte ihre Schnappatmung ein, und ihr Gesicht rutschte einen Moment lang in diesen verächtlichen, selbstgefälligen Ausdruck, den ich an ihr kannte und hasste. Aber nur einen Moment lang, dann passierte etwas sehr, sehr Seltsames. Ihre Augenbrauen, ihre Wangen, ihre Augen, ihre Mundwinkel, alles in ihrem Gesicht kippte irgendwie, und sie schien um zehn Zentimeter in ihrem Sitz zu schrumpfen. Dann begann sie zu weinen, und ich verlor jede Konzentration darauf, zornig zu sein. Verblüfft sah ich sie an. Ich kam mir vor, als hätte ich gerade Dschingis Khan zum Heulen gebracht, und seltsamerweise war das kein gutes Gefühl. Es war sogar ein ziemlich beschissenes Gefühl. Vermutlich lag es daran, dass dieser Dschingis Khan ein alte Frau war. Einen Moment wusste ich absolut nicht, was ich tun sollte, dann wurde es noch ein bisschen schräger.

»... tut mir leid ...«, schluchzte Omma hervor.

»Was?« Ich war vollkommen sicher, dass ich mich verhört hatte. Das musste aus dem Radio gekommen sein oder von außerhalb des Wagens.

»Es tut mir leid«, hörte ich aber erneut, und zwar aus dem Mund meiner Großmutter. Genauso gut hätte es auf der Stelle 37-Euro-Scheine und Einhornkotze regnen können, das hätte ich eher geglaubt. Omma war in sich zusammengesunken und weinte unter Zuckungen. Plötzlich fühlte ich mich sehr, sehr schlecht. Ich reichte ihr ein Taschentuch. Sie sagte tatsächlich »Danke«, als sie es entgegennahm. Ich fasste das alles nicht. Langsam beruhigte sich das alte Mädchen. Sie sah mich nicht an, sondern starrte nur in den Fußraum vor sich.

»Ich weiß auch nicht, wie ich so geworden bin. Das war ich nicht immer. Aber es ist so viel passiert ...« Dann zog sie etwas energischer Rotz hoch, richtete sich etwas auf und sah mich an. »Es tut mir wirklich leid, Torben.«

Ich wich ihrem Blick aus. »Und mir tut es leid, dass ich dich so angeschrien hab. Das war nicht richtig.«

Sie schüttelte den Kopf. »Doch, das war es. Weißt du, aus mir wird bestimmt keine fröhliche Frau mehr, die jeden umarmt, der Zug ist abgefahren. Ich bin zu alt, um mich noch mal zu ändern. Aber ich hab gar nicht gemerkt, wie sehr ich mich ins Nörgeln vertieft habe. Das passiert. Es war gut, dass du mir mal den Kopf gewaschen hast.«

»Oh. Okay.« Ich sah sie an.

Sie putzte sich die Nase. »Aber du solltest wissen, dass man nicht ohne Gründe so wird. Ich hatte es auch nicht immer leicht.« Sie knüllte ihr Taschentuch zusammen und knetete es zwischen ihren faltigen Händen. »Vielleicht wäre es ganz gut, wenn du mal mehr über mich wissen würdest.«

»Ja, vielleicht wäre es das.«

Sie brachte ein schwaches Lächeln zustande. »Wenn du noch etwas Zeit übrig hättest, dann könnten wir uns in ein Café setzen, und ich erzähle dir etwas über mich.«

»Hm«, sagte ich und schaute unschlüssig durch die Windschutzscheibe. Ein paar Tropfen zerplatzten auf dem Glas. Es begann zu regnen.

»Ich zahle«, sagte sie.

»Na gut«, sagte ich.

Wir fuhren zehn Minuten, dann fanden wir ein Café, das meiner Großmutter zusagte. Es sah aus wie aus den Fünfzigerjahren übrig geblieben, roch nach alten Menschen und servierte neben Bohnenkaffee vor allem Backwaren, die aus purem Cholesterin zu bestehen schienen. Es war so absolut antihip, dass ich mich sofort wohlfühlte.

Eine Weile aßen wir schweigsam Torte, dann erzählte mir Omma von ihrem Leben. Von der Kindheit im Krieg, von einem Vater, der nur von der Front zurückkehrte, um sie und ihre Mutter zu schlagen, sich zu betrinken und schlussendlich mit einer Bedienung aus seiner Stammkneipe durchzubrennen, mit der er sich in einem VW-Käfer um einen Baum wickelte, als meine Großmutter vierzehn war. Alt genug, um in die Lehre bei einer Bäckerei zu gehen. Schule war überbewertet. Ihre Ausbildung hatte verdächtige Ähnlichkeiten mit Sklaverei, und am Ende wurde sie nicht mal übernommen und vor die Tür gejagt. Da war ihre Mutter schon tot, und sie musste sich alleine durchschlagen, als Näherin und Putzfrau. Als sie meinen Großvater kennenlernte, schien sich alles zum Besseren zu wenden. Sie heirateten und bekamen drei Kinder, von denen das letzte tot zur Welt kam. Danach konnte sie nicht mehr schwanger werden. Sie waren eine Weile in bescheidenem Maße glücklich und bauten sich ein einfaches Haus, aber damit begann neuer Ärger, denn ihr Nachbar erwies sich als hundertprozentiges Arschloch. Er schikanierte die komplette Nachbarschaft und führte sich wie ein Gauleiter auf, der er wohl auch mal war. Alte Gewohnheiten wird man nicht so schnell los. Er und mein Großvater gerieten ob eines überhängenden Astes in Streit. Mein Opa war nicht besonders kräftig und hätte nie eine Schlägerei angefangen, aber der Nachbar war da anders gepolt und schubste ihn eine Steintreppe hinunter. Es hätte glimpflich ausgehen können, ging es aber nicht. Er schlug mit dem Kopf auf und war danach geistig und körperlich nicht mehr der Alte. Nun musste sich Oma um zwei Kinder und einen Ehemann kümmern, der auf dem geistigen Stand eines Teenagers war und immer mehr in Agonie und Wutanfälle verfiel. Es war fast eine Erlösung, als er starb.

Oma hatte ein strenges Regiment führen müssen, und mein Vater und seine Schwester konnten es kaum erwarten, so früh wie möglich auszuziehen und ein eigenes Leben zu beginnen. Der Kontakt brach nicht ab, wurde aber schnell auf das Nötigste reduziert. Kurz darauf verlor Oma das Haus, weil sie sich den Unterhalt nicht leisten konnte, und zog in eine kleine Wohnung in einem riesigen Hochhaus. Ihr blieben nur drei Freundinnen. Die erste starb an Krebs, als Oma einundfünfzig war, die zweite wurde ein Jahr später eines Abends von einem Auto angefahren. Omas Freundin Erika lag etwa eine Stunde im Straßengraben, blutete, jammerte und starb. Der Fahrer wurde nie gefunden. Die dritte Freundin fiel drei Jahre später beim Fensterputzen aus dem Fenster. Und so hatte sich Omma immer mehr in sich zurückgezogen, und die Verbitterung hat irgendwann die Oberhand gewonnen. So einfach ist das manchmal. </flashback>

»Wow. Donnerwetter«, sagt Lucy.

»Ja«, sage ich.

»Und dann?«

Ich zucke mit den Schultern. »Als sie fertig erzählt hatte, war es schon dunkel. Ich hab sie nach Hause gebracht. Bevor sie ausgestiegen ist, habe ich mich noch mal entschuldigt, aber sie meinte nur, es wäre schön, wenn ich sie nicht hassen würde.«

»Das ist traurig.«

»Ja«, sage ich. »Aber immerhin weiß einer, warum sie so war. Ich glaube, das ist auch schon was wert.«

»Stimmt«, sagt Lucy. Sie betrachtet das frische Grab. Die anderen Trauergäste verkrümeln sich längst Richtung After-Graveparty. »Du kannst jetzt trotzdem die Hand von meinem Arsch nehmen, bevor ich sie dir breche.«

»Oh, sorry. Macht der Gewohnheit.«

***

So sieht das also aus, wenn ich versuche, mich von meinen Problemen abzulenken und wieder gut draufzukommen: Ich komme vom Leichenschmaus meiner Oma alleine zurück in meine leere Wohnung, ich bin rotzbesoffen, und mir ist kotzübel vom fettigsten Essen des Jahrhunderts und unzähligen »Conjäckchen«, die mir von Ommas »Freundinnen« aufgedrängt wurden und die ich bereitwillig runtergekippt habe, nachdem Lucy sich eiligst verabschiedet hatte. Gichtige und faltige Finger grabbelten den ganzen Abend an mir und vor allem meinen Haaren herum, und je später der Abend, desto anzüglicher wurden die Geschichten aus dem Krieg, der anscheinend bis circa 1966 getobt hat, die mir aus Dritte-Zähne-Mündern zugeraunt wurden. Wer Teenager für unkontrolliert brünftig hält, hat noch nie eine After-Burial-Party mit einem Haufen betagter Witwen mitgemacht. Je zudringlicher sie wurden, desto mehr ekligen Branntwein habe ich gekippt und desto egaler wurde mir das pornöse Gefummel und Getuschel. Irgendwann hat mich Vater zum Glück befreit und nach Hause gefahren.

Lemmy schleicht an mir vorbei, lässt sich einfach in irgendeiner Ecke fallen und bleibt schnaufend auf der Seite liegen. Er ist genauso vollgefressen wie ich und vielleicht sogar noch besoffener. Ich gehe ins Schlafzimmer und bleibe am Fußende meines Bettes stehen. Unseres Bettes. Unseres Ehebettes.

»Scheiße.«

Ich reibe mir über die Stirn und die Augen. Jetzt bloß nicht zu heulen anfangen. Besoffen werde ich immer so gefühlsduselig. Ich mache die Augen wieder auf. Das Bett rotiert vor mir wie die neueste und gemütlichste Attraktion auf der Sommerkirmes. Mein Magen tanzt Pogo. Ich schnappe mir eine Decke und ein Kissen und schlurfe wieder zurück in den Flur.

»Ich penn heut auffem Klo«, informiere ich Lemmy überflüssigerweise, aber der schnarcht schon. Na super, ich fange schon an, mit meinem Hund zu reden. Bald habe ich die ganze Wohnung voll mit alkoholkranken, sexsüchtigen Bulldoggen mit

Monsterblähungen und alle nennen mich nur noch den »Crazy-Dog-Guy«.

Seufzend versuche ich, es mir im Bad einigermaßen gemütlich einzurichten, sodass ich einerseits schlafen kann, andererseits mein Kopf in einer optimalen Position für nächtliche Übelkeitsanfälle liegt.

Ich verbringe die Nacht auf dem Klo.

Schlafen tu ich nicht.

3

HEARTS ON FIRE

So sehen also Scheidungspapiere aus, denke ich. Unschlüssig halte ich die Sammlung von Blättern in der Hand, die das Ende meiner Ehe einleiten sollen. Was macht man damit? Ignorieren? An die Wand schmeißen? Bei einer dramatischen Heulattacke als Schnäuztuch verwenden? Verbrennen? Oder ganz abgefahren: Ausfüllen? Ich entscheide mich fürs Beiseitelegen.

Ich krieg nicht gerne Post. Meistens ist es was Blödes und Teures oder Werbung. Briefe schreibt eh keiner mehr, und Postkarten werden, glaube ich, schon auf der Liste der bedrohten Arten geführt. Man sollte seinen Briefkasten einfach zubetonieren, da landet eh nichts Gutes mehr drin. Und als mir der große DIN-A4-Umschlag mit dem Absender »Kanzlei Petrozza + Such« entgegenpurzelte, konnte das nur bedeuten, dass mich irgendjemand wegen fortgeschrittener Blödheit verklagen will oder Lucy es mit der Trennung wirklich durchziehen will. Ich wünschte, jemand würde mich einfach nur in den Knast schicken, weil ich verboten dumm bin.

Ich sitze an meinem Küchentisch und starre zum Fenster hinaus. Ich öffne meine andere Post. Werbung, Rechnung, Werbung, Werbung, eine Erinnerung unseres Vermieters, dass die Miete überfällig ist ... Scheiße, da hat sich Lucy immer drum gekümmert. Ich logge mich bei meiner Bank ein, damit ich das sofort vor den Füßen weg habe. Mein Kontostand blinkt mir entgegen. Ich habe überzogen. Ich bin blank.

»Verfluchte Axt«, ächze ich.

Lemmy sitzt vor dem Backofen und leckt hingebungsvoll die Klappe ab. Ich sehe ihm eine Weile dabei zu. »Bald gibt's nur noch Billigfutter, und was du so jagen kannst«, sage ich, aber er lässt sich nicht weiter stören. Seine Gemütsruhe hätte ich gerne.

Ich ordne die Rechnungen nach Dringlichkeit und überschlage, was ich diesen Monat noch so verdiene (sehr wenig) und was mir zum Leben bleibt (nichts). Mathe ist ein Arschloch, und die Zahl unter dem Strich ist viel zu hoch, zumal sie mit einem Minuszeichen davor dekoriert ist. So wird das nichts. Entweder ich gehe morgen zum Amt und beantrage ALG II, oder ich bin in zwei Wochen obdachlos und in drei verhungert. Immerhin könnte sich Lemmy dann noch ein oder zwei Tage von mir ernähren.

Die andere Option ist, den Job von Gerald anzunehmen und zu versuchen, einen Vorschuss auszuhandeln. Das Problem ist, dass ich keinen Bock habe, Kindermädchen für ein paar verwöhnte Möchtegernrockstars zu spielen.

Im Grunde habe ich mich immer als jemand gesehen, der lieber selbst im Rampenlicht steht. Leider müsste man dafür irgendein rampenlichttaugliches Talent haben. Musiker kam nicht infrage, das habe ich durch einige sehr kläglich gescheiterte Experimente gelernt. Ich liebe Musik, aber ich hab leider absolut keine Ader dafür, selbst welche zu machen. Schauspieler hätt' ich cool gefunden. Seit unserem kleinen Zombiefilm habe ich ein wenig Kunstblut geleckt, aber man sollte schon eine Schauspielschule besucht haben, dafür bin ich mittlerweile zu alt. Wahrscheinlich auch zu untalentiert. Die würden mich wahrscheinlich nur nehmen, wenn ich mich als Hausmeister bewürbe.

Stattdessen bin ich DJ geworden, in einem gewissen Maße steht man da auch auf einer Bühne, aber letzten Endes bin ich nur ein besserer Winamp-Player. Und als Metal-DJ sind die Möglichkeiten für Fame und Fans erheblich eingegrenzt. Und mit meiner Schreiberei stehe ich höchstens im Licht meiner Schreibtischlampe. Es sei denn, ich versuche mich als Comedian oder bei diesen strunzlangweiligen Poetry Slams, aber das ist echt nichts für mich.

Vielleicht habe ich inzwischen tatsächlich MKS, das Musikkritikersyndrom. Wenn man selbst künstlerisch nichts auf die Kette kriegt, dann agiert man halt aus der zweiten Reihe, als Journalist, Roadie, Manager oder Mädchen für alles, und holt sich seine Bestätigung dadurch, dass man herumerzählt, mit was für tollen, berühmten Typen man zu tun hat, und vielleicht springt hier und da auch ein Fick mit einem Groupie raus, das es nicht ins Backstage geschafft hat. Traurig, aber so wie es aussieht, gehöre ich zu dieser Gattung. Immerhin hat man in den meisten Fällen ein sichereres Einkommen als die Künstler. Merke: Berühmt hat nicht unbedingt was mit reich zu tun.

Ein sicheres Einkommen, egal wie schmal, wäre jetzt genau das Richtige. Scheiß aufs Rampenlicht. Für den klassischen Rockstartod bin ich inzwischen eh zu alt. Immerhin habe ich morgen meine Metalparty. Ein bisschen Auflegen wird meinem ramponierten Ego guttun. Es wird zwar immer viel gemotzt, wenn den besoffenen Headbangern ein Song nicht passt, aber es gibt auch genug Schulterklopfer und Daumen-hoch-Recker, die meine schwarze Seele streicheln.

Einen Job kann ich mir auch noch Montag besorgen.

***

»Wäre vielleicht ganz gut für dich, mal rauszukommen«, meint Matze. Wir sitzen auf seinem Sofa und gucken Dinosaurierfilme. »Immerhin fliegt dir hier zu Hause grad gepflegt die Scheiße um die Ohren. Und wer weiß, vielleicht kriegt sich Lucy wieder ein, wenn du ein bisschen auf Abstand gehst.«

»Mit Abstand hat das nix zu tun!«, keift Katharina aus dem Kinderzimmer. Sie ist immer noch pissig auf mich.

»Ist definitiv ein Argument«, sage ich zu Matze. »Es geht mir schon ziemlich auf den Zeiger, dass ich hier für alle und jeden das Arschloch bin.«

»Stimmt ja auch!«, tönt es durch den Flur.

»Ja, ja!«, brülle ich zurück. Eine Reaktion bleibt zum Glück aus.

Matze nippt an seinem Bier. »Ich stelle mir das eigentlich ganz cool vor, mit einer Band on the road zu sein. Vielleicht wäre das auch was, worüber du später schreiben könntest. Vielleicht sogar ein ganzes Buch.«

Ich schnaufe verächtlich. »Jaja, klar.«

»Was denn? Könnte doch sein.«

»Ach komm, man kennt doch die Tourgeschichten. Das war früher vielleicht ganz spannend, wenn The Who oder Guns 'n' Roses unterwegs waren, alles zerlegt und wie blöd Drogen genommen haben. Aber heutzutage und mit so einer kleinen Pissband ist das nur warten, warten, warten und lahmen Businesskram erledigen. Das will keiner lesen, glaub's mir.«

Matze grinst. »Was mich immer wieder an dir begeistert, ist dein grenzenloser Optimismus, Torben.«

»Lecken Sie mich mal kreuzweise, der Herr.«

»Weißt du«, sagt er. »Die Rockgeschichte ist voll mit Bands, auf die niemand einen Pfifferling gesetzt hat und die dann richtig groß geworden sind.«

»Sie ist aber auch noch deutlich voller mit Bands, auf die niemand einen Pfifferling gesetzt hat und von denen man nie wieder was gehört hat. Das gilt übrigens auch für eine satte Zahl Combos, die gehypt wurden wie blöd.« Ich erinnere mich an den Abend vor meiner Hochzeit, als ich das Promokonzert einer Band miterleben musste, die sich für Gottes Geschenk an alle Metalheads hielt. Letzten Monat wurde ihr Wikipedia-Eintrag wegen mangelnder Relevanz gelöscht.

Matze stöhnt genervt. »Klar, aber das ist wie Lotto spielen. Die Chance zu gewinnen ist astronomisch niedrig, trotzdem gewinnt fast jede Woche irgendein Arschloch den Jackpot. Du solltest der

Sache 'ne Chance geben. Frankie und seine Leute sind gut. Die haben Bock und geile Songs. Du könntest ihr erster Manager sein! Der Mann, dem sie vertrauen, und später kannst du alle schmutzigen Geheimnisse ausplaudern, hast einen Bestseller und eine eigene Talkshow.«

»Du spinnst.«

»Alles ist möglich«, sagt er achselzuckend.

Ich lehne mich zurück und schließe die Augen. »Ich werde das bei meiner Entscheidungsfindung bedenken.«

»Mach das«, sagt Matze.

»Arschnase!«, brüllt Katharina.

***

Ich lasse die Schlösser meiner Plattenkoffer aufschnappen und mache die Deckel auf. Mehr oder weniger ordentlich stehen sie in Reih und Glied: meine Kinder, mein Schatz, meine CDs – mein Handwerkszeug für den Abend. Ich lasse meine Hand darübergleiten, das mache ich immer. Eine alberne Angewohnheit sicherlich, aber für mich gehört es dazu, ebenso wie das Einstellen des Discolichts und das Hochfahren der Soundanlage. Ein paar Scheiben ziehe ich jetzt schon mal hervor, Stücke, die ich mir fest vorgenommen habe heute zu spielen, sei es, weil sie neu sind, ich sie schon ewig nicht mehr aufgelegt habe oder einfach weil ich Bock drauf habe. Den Rest lasse ich auf mich zukommen, ich plane da nichts. Ich entscheide danach, wie der Abend so läuft. Bei Scheißwetter sind die Gäste gerne mal durchnässt und verfroren, da lasse ich es langsam angehen, im Frühling hingegen haben die Leute mehr Power, da kann man die Rocksau durch den Stall jagen. Ist gerade ein Death-Metal-Festival in der Gegend, kann man sich rabiates Geknüppel sparen und mehr melodische Sachen spielen, haben hingegen alte Recken wie *AC/DC*, *Metallica* oder *Black Sabbath* ein Konzert, sinkt der Altersdurchschnitt dramatisch, und man kann viel neue Bands spielen. Die hören sich zwar meist genauso an wie die alten Bands, aber egal.

Zum Aufwärmen gibt es erst mal ein paar Longtracks und ein Bier mit Cola. Ich schnacke ein bisschen mit den Leuten an der Theke, lasse mir von Ben, dem Chef des Abends, bestätigen, dass er von der Sache mit mir und Lucy gehört hat und dass so was »voll scheiße« ist und »ganz schön nervt«. Das Gleiche habe er damals bei seinen Eltern miterlebt, berichtet er mir, und ich fühle mich durch seine Worte kein bisschen besser, dafür aber ziemlich alt. Zum Glück kommen die ersten Gäste, und ich verzieh mich auf die kleine Bühne vom *Ruby* hinter mein Mischpult und tue so, als ob ich was tue für mein Geld. Nicht dass es viel Geld wäre. Aber wenigstens kann ich bei der »Arbeit« Bier trinken. Würde ich an einer, sagen wir mal, Stanzmaschine stehen oder als Wartungstechniker bei der NASA arbeiten, wäre das vermutlich nicht ganz so gern gesehen.

Erstaunlicherweise wird es ziemlich schnell ziemlich voll. Das ist selten geworden. Die Leute gehen kaum noch raus auf Partys, keine Ahnung, warum. Ob es an Rauchverboten liegt, zu wenig Geld, zu vielen Konzertangeboten? Soziale Isolation? Man weiß es nicht. Umso dankbarer bin ich, wenn die Hütte doch mal voll ist. Vielleicht wollen sich ja alle mal den bald frisch Geschiedenen angucken. Mir soll's recht sein. Hauptsache, alle sind da.

Das Rätsel löst sich, als nach und nach immer mehr Wünsche reinkommen, gewisse Songs Punkt Mitternacht zu spielen. Anscheinend treffen heute gleich drei Geburtstagsgesellschaften aufeinander. Alles Leute, deren Bude zu klein ist, um zu Hause zu feiern. Find ich gut. Die Stimmung ist entsprechend ausgelassen, und die Party läuft noch keine zwei Stunden, als die ersten auf den Tischen tanzen beziehungsweise headbangen, ein besonders Wagemutiger auf eine der Discoboxen kraxelt, um sofort von Ben heruntergebrüllt zu werden, und ein extrem Zuversichtlicher versucht, einen Heizkörper aus der Wand zu reißen, um darauf Air-Guitar zu spielen. Nach drei Stunden hat bei *Finntrolls*

»Trollhammaren« ein Großteil der Tanzflächenbelegschaft obenrum blankgezogen. Zu meinem Leidwesen ist dieser Großteil zu hundert Prozent blasshäutig, verschwitzt, männlich und ausgestattet mit von Biertitten gekrönten Wampen, dem Ergebnis einer auf Bierkonsum basierten Diät. Nicht schön, aber trotzdem muss man einfach hinsehen, wie bei einem schlimmen Autounfall, einem absurd großen Geschwür oder einer Volksmusiksendung – die pure Lust am Grauen, egal, ob man die Woche danach irgendwann mal ruhig schlafen kann oder nicht. Eher nicht.

Von der Tanzfläche weht eine Geruchsmischung aus Nebelmaschinenfluid, Bier und Schweiß herüber, kein schöner Geruch, aber das ist der Duft einer guten Metalparty, der mich ähnlich befriedigt wie Dieselgestank einen Trucker. Ich schnuppere noch mal genauer hin. In den Geruch mischt sich eine Note Rauch. Na super, irgendein Idiot quarzt, und es ist zu voll, um den Penner ausfindig zu machen. Mich stört es eigentlich nicht, aber nach der Einführung eines rigiden Rauchverbots muss man immer damit rechnen, das sich ein Stasiknecht vom Ordnungsamt unter das Volk mischt, und wenn der einen Raucher entdeckt, muss der Laden dafür geradestehen. Und das ist teuer. So teuer, dass die Party ein Ende finden könnte. Also müssen wir als Personal unsere »Macht doch, was ihr wollt«-Einstellung ad acta legen und NSA spielen: Nicotine Search Agency. Während ich *Kreator* von der Leine lasse, spähe ich weiter, aber ich kann nichts entdecken. Was soll's? Ich hab Spaß, die Leute haben Spaß. Ein Raucher macht noch keinen Winter. Ich hole mir lieber noch ein neues Bier, dann schmeiße ich »Hello from the Gutter« in den Player, was meine Lieblingsstammgäste Gonzo und Daumen zum Ausrasten bringt. Gonzo spielt Air-Guitar und Daumen Bierbank-Guitar. Ich setze die Falsche an und verschlucke mich fast, weil ich husten muss. Verdammt, es stinkt immer noch. Ich sehe mich um. Der Raucher muss doch irgendwo in meiner Nähe stehen. Ich schnuppere wie ein Spürhund. Jetzt könnte ich Lemmy gebrauchen, aber der ist draußen und klaut eingeschlafenen Gästen ihr

Bier oder vögelt ihre Hosenbeine. Zumal ich mir nicht sicher bin, ob der Köter in irgendeiner Weise hilfreich wäre. Ich sauge tief Luft in meine Nüstern.

»Scheiße, verdammt«, entfährt es mir. Das riecht nicht nach Zigarette, das ist fieser. Ich beuge mich über das Mischpult und den Laptop für die Lichtanlage. Dann schnuppere ich an der Endstufe unterm Pult. Da riecht nichts, außer jahrzehntealter Staub und Schmier. Durchgebrannt ist also nichts. Der Gestank wird fieser. Ich drehe mich um. Am Hinterrand der Bühne steigen kleine Rauchwölkchen empor. Vorsichtig gehe ich näher ran. Durch den Spalt zwischen Wand und Bühnenboden kann ich Flackern erkennen.

»Oh, Kacke noch eins!« Unter der Bühne brennt es. Und ich dachte, es wird so heiß, weil die Party so abgeht. Stattdessen stehe ich auf einer verdammten Herdplatte.

Eine kleine Flamme schlägt hervor und züngelt an einem der wenig dekorativen schwarzen Vorhänge. Die sind zwar ordnungsgemäß aus feuerfestem Stoff, aber das gilt nicht für den Dreck und Staub, der sich darin festgesetzt hat. Wie ein organisch leuchtendes Geflecht schlängeln sich dünne Feuerfäden über den Stoff nach oben und schlagen über auf die Lichttraverse, auf der sich über die Jahre ein Film aus Öl und Nebelfluid gebildet hat. Hm, den wollte ich doch mal abwaschen, fällt mir ein. Das Zeug entzündet sich sofort, und ich sehe das Flackern an der Decke entlangkriechen.

»FUCK!!!«, brülle ich und haue auf den Notschalter neben dem Mischpult. Eigentlich hatte ich immer gedacht, das Ding wäre bloßer Fake und nirgendwo angeschlossen, aber sofort geht das Saallicht an, und die Musik erstirbt. Stattdessen erklingt ein fieser Warnton.

»BITTE SOFORT ALLE RUHIG UND GEORDNET DEN SAAL VERLASSEN, LEUTE. DAS IST KEIN JOKE!«, rufe ich. Einen Moment ist es still und heiß, und alle starren mich an. Dann reißen einige ihr Bier hoch und brüllen: »TORBEN! JA-

WOLL!« Andere plärren, dass ich die scheiß Musik wieder anmachen soll.

»ECHT JETZT, VERFLUCHT! DIE HÜTTE BRENNT!«, versuche ich einen zweiten Anlauf. Wie zur Bestätigung schlagen größere Flammen unter der Bühne empor und lassen keine Missverständnisse aufkommen. Ben kommt in den Saal gerannt und reißt die Notausgänge auf.

»Krieg ich noch 'n Bier?«, ruft Gonzo, aber Daumen packt ihn nur, wirft ihn sich über die Schulter und geht mit ihm raus. »Was is' mit mei'm Bier«, höre ich Gonzo noch enttäuscht nölen.

Die Decke fängt an zu brennen. Wow, das wird jetzt echt ernst! Wie schnell das geht. Ohne weiteren Protest verlassen alle den Saal. Die meisten ziehen noch in aller Seelenruhe ihre Kutten an, so viel Zeit muss sein. Das Feuer ist anderer Ansicht und drückt auf die Tube. Ich packe meine Koffer unter meine Arme. Meine Kinder lasse ich nicht zurück. Auf der Tanzfläche steht ein Typ, den ich vage als »Thrasher-Toni« kenne.

»Ey, machste mal wieder die Mucke an«, motzt er.

»Alter«, brülle ich ihn an. »Der scheiß Laden brennt.«

»Deswegen brauchste noch lange nicht *Overkill* abzuwürgen!«

»Mann, sieh bloß zu, dass du rauskommst.«

»Ja, ja, is' ja schon gut«, sagt er und schlurft zum Notausgang. Als ich ihm folge, brennt es nicht nur auf der Bühne, sondern auch in meinen Augen und meiner Nase, und es sticht in der Lunge. Die Sprinkleranlage geht los, aber die erinnert mit ihrem Wasserdruck eher an die Dusche in einem Landschulheim. Die wird nicht viel retten.

Draußen schnappe ich mir ein herumstehendes Bier und wasche mir damit die Augen aus. Von wegen, dass irgendwelche heldenhaften Typen in brennende Häuser rennen und alle rausholen! Zackoflex bleibt dir die Luft weg, und du siehst nichts mehr.

Blinzelnd gucke ich mir die Bescherung an. Das Gebäude vom *Ruby* wird von zig selbst gebauten Kabelschächten durchzogen. Durch die frisst sich das Feuer anscheinend munter seinen Weg, denn inzwischen schlagen Flammen aus allen Fenstern. In der Ferne höre ich Sirenen, aber ich glaube nicht, dass die Feuerwehr noch was retten kann.

Ben steht neben mir. Er hat Tränen in den Augen. Ich weiß nicht, ob vom Rauch oder weil ihn seine Gefühle überwältigen. »Scheiße, scheiße, scheiße«, wiederholt er die ganze Zeit. Ich weiß nicht, was ich sagen soll, also klopfe ich ihm bloß tröstend auf die Schulter. Sehr eloquent, Herr Lange. Vom Parkplatz kommen ein paar der Gäste mit Bierkästen, die sie aus ihren Autos geholt haben, und verteilen die Flaschen unter den Anwesenden. Ein paar ganz Witzige singen »Hearts on fire, hearts on fire, burning, burning with desire«.

Ich seufze.

Die Feuerwehr kommt an, baut schnell ihr Equipment auf und scheucht uns vom Gelände. Noch einmal sehe ich zurück auf den Club, in dem ich seit über zehn Jahren aufgelegt habe. Irgendetwas darin gibt laut knallend den Geist auf. Das war's also mit dem *Ruby*.

Jemand reicht mir ein Bier. Ein Raunen geht durch die Menge, als das Dach laut ächzend einsackt und einen Funkensturm in den Nachthimmel schießt.

Ich stelle meine Koffer ab, nehme das Bier und setze mich auf die Koffer. Ich trinke einen Schluck, dann hole ich mein Handy raus und wähle.

Es tutet ein paar Mal, dann höre ich Geralds müde Stimme.

»Ja?«

»Hi, Gerald. Hier ist Torben.«

»Hey, Torben. Was kann ich für dich tun zu so später Stunde?«, fragt er halb freundlich, halb vorwurfsvoll.

Ich atme einmal durch und sehe zu den Flammen rüber.

»Steht dein Angebot noch?«

»Klar, Mann.«

»Gut. Dann nehme ich den Job.«

4

WE ARE THE ROADCREW

<F lashback> Wir feiern Svens siebzehnten Geburtstag bei einem guten Freund von uns. Den Namen habe ich völlig vergessen. War vielleicht doch kein so guter Freund. Wir liegen mit ausgebreiteten Armen auf dem Rücken im sturmbudenfreien Wohnzimmer auf dem Teppich und versuchen, psychedelische Muster in der Deckenmaserung zu erkennen. Die Abwesenheit der Eltern von Dingsbums-wie-war-gleich-sein-Name haben wir genutzt, um uns standesgemäß zuzukiffen. Dingsbums hat neulich gehört, dass man Muskatnuss mit in die Tüte geben muss, dann knallt es doppelt gut. Er hatte allerdings nur sehr fein gemahlenen Muskat im Streuer da. Aber wir sind forsche Forscher, also haben wir das Zeug auf den Tabak und das Weed gepfeffert; nun liegen wir da, und meine Zunge fühlt sich an, als hätte ich Saharasand und Wollmäuse gelutscht, und von einer doppelten, geschweige denn einfachen Wirkung kann auch keine Rede sein. Ich merke gar nichts.

»Ich merke gar nichts«, sage ich.

»Ich hab 'nen Ständer«, sagt Sven.

»Das liegt aber nicht am Joint«, sage ich.

»Bestimmt nicht«, stöhnt Dingsbums. »Die Scheiße hat überhaupt nichts bewirkt. Außer dass ich die nächsten Tage von diesem verfluchten Muskatpulver knirschende Zähne haben werde. Kacke. Tut mir leid, Jungs.«

»Von wem hast du das Gras?«, fragt Sven.

»Schultheiss.«

»Dem alten Säufer?! Dann isses auch kein Wunder! Der bescheißt ständig. Der hat ein paar Idioten aus der Acht getrocknete Kuhfladenbrocken vertickt. Es gab in der Geschichte der Menschheit vermutlich keine Klassenfahrt, auf der mehr gekotzt wurde.«

»Der Penner!«, ärgert sich Dingsbums.

»Und nu?«, frage ich. Wir richten uns ächzend wie die alten Männer auf.

»Plan B«, sagt Dingsbums. (Olaf? Christian? Napoleon?)

»Schnapsschrank?«, fragt Sven.

»Schnapsschrank«, sagt Dingsbums. »Dann kriege ich zwar Ärger und Taschengeldsperre, aber besser als nix. So macht Feiern ja auch keinen Spaß.«

Dingsbums' Vater ist ein Trinker der alten Schule: Weinbrand, Korn und selbst angesetzte Obstler. Allesamt ungenießbar, aber wir kippen tapfer ein bisschen von jeder Sorte runter. Teenagerjahre sind toll. Ein paar Schlucke Schnaps, und schon steigt die Stimmung. Man ist genügsam, wenn man nicht gerade in den ungünstigeren Vierteln der Stadt aufwächst und Komasaufen als einziges Hobby betreibt. Aber in der Regel verträgt man nichts, und das ist hochgradig effizient. Wir beschließen, dass Pfirsichobstler und Korn am wenigsten ekelhaft schmecken, und nehmen die beiden Flaschen mit nach oben. Mit alkoholbefeuertem Mut beseelt, betreten wir das Heiligtum von Dingsbums' Vater: das Musikzimmer.

Daddy ist ein verhinderter Rockstar mit zu viel Geld. Er probt vielleicht einmal pro Monat mit ein paar Kumpels. Dann zocken sie Blues oder alte Rock'n'Roll-Schinken und hauen sich dafür begeistert gegenseitig auf die Ärsche, aber ausgestattet ist das Zimmer wie *Metallicas* Hobbykeller. Es ist alles da: Drums, Klampfen, Mikros, Verstärker. Sogar ein kleines Pult zum Aufnehmen, das allerdings reichlich angestaubt ist.

Sven stürmt sofort hinter das Drumkit und beginnt, unkoordiniert darauf einzudreschen. Dingsbums überlegt erst einzuschreiten, aber immerhin hat Sven Geburtstag.

»Lasst uns jammen!«, ruft er stattdessen und schnappt sich einen Bass. Ich habe seit drei Jahren Gitarrenunterricht, bei dem ich etwa fünf Mal zugehört habe, und nehme mir eine Axt. Wir stöpseln ein, leise brummend erwachen die Verstärker zum Leben. Wir lassen noch mal die Flasche Korn kreisen, dann noch mal, dann den Obstler, danach ist es Zeit für Rock'n'fuckin'Roll.

»Lasst es uns erst mal mit ›Paranoid‹ probieren«, schlägt Dingsbums vor. »Das kriegt eigentlich jeder hin.«

»Is' gebongt«, sagt Sven, reckt den Daumen nach oben und haut sich dabei fast einen Drumstick ins Auge. Ich nicke zustimmend.

»Okay, ich zähl ein«, sagt Dingsbums und dreht den Volume-Regler an seinem Bass auf. Das ist es also, denke ich. So beginnen die großen Geschichten des Rock. Ein paar Kumpels, die spontan losjammen, erst ein paar Coverversionen zocken, dann eigene Songs, und hast du nicht gesehen steht man auf der Bühne: Plattenvertrag, Videos, Groupies, Grammys, Drogen und die große Welttournee. Sehnsüchtig blicke ich auf das Tourplakat von *Led Zeppelin*, das hinter dem Schlagzeug an der Wand hängt, natürlich gerahmt.

»Wan, tuh, ßri, vor«, zählt Dingsbums an, und wir legen los.

Scheiße, sind wir laut! Scheiße, sind wir gut. Es rockt und groovt wie Hulle. Eigentlich kenne ich die Griffe von »Paranoid« gar nicht, aber jeder Langhaarige hat die Riffs in den Genen. Ich greife traumwandlerisch sicher die Akkorde, mein Plektrum tanzt über die Seiten, ich bin im siebten Heavy-Metal-Himmel. Es fühlt sich an wie ein ewiger Rausch, aber in Wahrheit sind es gerade mal zwei Minuten, bis wir den Song mit einer satten Feedbackorgie beenden. Ozzy wäre stolz auf uns.

Ich schwitze und grinse glücklich.

Sven fällt lachend vom Drumhocker.

Dingsbums stellt seinen Bass weg und schüttelt den Kopf.

»Das, meine Herren«, sagt er, »war der mit Abstand übelste Haufen akustischer Scheiße, der jemals erzeugt wurde.«

»Boah, war das kacke!«, röchelt Sven und kriegt sich nicht mehr ein.

Meine Schultern sacken ab. Deprimiert kippe ich einen weiteren Schluck Brennspiritus mit Pfirsicharoma und schaue noch mal auf das Plakat. Ich bin wohl doch nicht zum Rockstar geboren. Ich werde nie auf Tour gehen. </flashback>

Ich gehe auf Tour!

»Krasser Scheiß«, sage ich. »Ich gehe auf Tour. So richtig on the road.«

»Du meinst, *wir* gehen auf Tour«, meckert Sven.

»Ja klar«, sage ich und starre weiter auf das Deckblatt der Mappe mit dem Tourrider, also den Instruktionen für Veranstalter, Techniker und so weiter. Zwanzig Städtenamen sind aufgelistet. Das ist die Tour. Das wird so cool.

»Ich hab alles, wir können los«, sagt Sven. Ich sehe ihn an. Sein Gepäck besteht aus einem Sixpack Bier und einer Zahnbürste. Ich runzele die Stirn.

»Wozu braucht ein Geist eine Zahnbürste?«

Er zuckt mit den Schultern. »Auch im Jenseits ist eine ordentlich Mundhygiene unerlässlich. Nicht zuletzt wegen der Ladys. Die stehen auf frischen Atem.«

»Verschone mich bitte mit deinem postmortalen Liebesleben.«

»Du hast damit angefangen.«

»Schon recht. Aber entspann dich, es geht eh erst in ein paar Tagen los.«

Ich gehe die Liste durch. Größtenteils kleine Käffer, einmal Hamburg, einmal Berlin, aber auch da Schuppen, von denen ich noch nie was gehört habe. Drei kleinere Festivals und ein größeres, das sogar vom Fernsehen mitgeschnitten wird und das von der Plattenfirma als vorläufiger Höhepunkt und große Chance angesehen wird. Der Rest der Tour ist scheißegal, hat mir Gerald eingeschärft, aber an dem Tag muss die Band hundertpro auf Zack sein und abliefern. – Mein Job. Wie so vieles. Mit dem romantischen Bild wilder Backstagepartys wird das alles für mich wohl nicht viel zu tun haben. Ich muss vorher dafür sorgen, dass alles klappt, dann muss ich mich während und nach der Show um den Merchandise-Tisch kümmern und anschließend verhindern, dass sich die Musiker zu sehr die Lampen ausschießen. Dann noch das Tourblog schreiben, möglichst viel fotografieren und filmen für die sozialen Medien und Interviews koordinieren und dabei aufpassen, dass keiner der Jungs zu großen Blödsinn erzählt. Mit anderen Worten: Ich bin eine Nanny für langhaarige Kleinkinder mit einem vierwöchigen Freibierabo. Aber was soll's. Es ist definitiv mal was anderes. Und was anderes ist gut, egal wie scheiße es auch werden wird.

Ich lege die Mappe beiseite. Es wird Zeit, sich mit den Hauptdarstellern der Tour anzufreunden. Ich schwinge mich auf meinen Drahtesel und radle zum Proberaum von *Clothelines from Hell*, dem aufsteigenden Stern am Metalhimmel. Das sollte ich mir die nächsten Tage als Mantra immer wieder vorsagen, schließlich werde ich Lokal- und Musikjournalisten, Medienpartnern, Veranstaltern und nicht zuletzt den zukünftigen Fans die Band als den neuen heißesten Scheiß anpreisen müssen. Momentan residiert der heißeste Scheiß in einem alten Hochbunker, in dem das städtische Jugendamt ein paar Proberäume eingerichtet hat. Frankie erwartet mich schon, als ich mit klapperndem Schutzblech auf den Bunkerhof einbiege.

»Hey, Torben! Starkes Bike. Den Rolls-Royce kriegt wahrscheinlich Lucy, wenn eure Scheidung durch ist, was?«, sagt er und grinst verschlagen.

»Jaja, du mich auch«, grummele ich gespielt beleidigt.

Wir reichen uns die Hand, und er klopft mir jovial auf die Schultern. »Ich zieh dich nur auf«, sagt er überflüssigerweise. »Schön, dass du vorbeikommst.«

»Na ja, wir müssen auch noch einiges besprechen. Freitag geht's schon los.«

Er nickt, und in seinen Augen glimmt ein erwartungsfreudiges Flackern auf. Seit ich Frankie kenne, und das ist schon eine Weile, hatte er immer irgendeine Band am Start. Die meisten davon hatten die Lebenserwartung eines Igels auf einer sechsspurigen Autobahn zur Rushhour, aber er ist mit bewundernswerter Sturheit immer am Ball geblieben und hat sich von den zahlreichen Niederlagen nie unterkriegen lassen. Und jetzt ist es so weit. Sie haben ein Album im Kasten, das nächste Woche erscheint, sie haben ein starkes Label, das sie unterstützt, und es geht auf ihre erste Tour. Ich kann nicht im Ansatz erahnen, was in Frankie wohl gerade vorgeht. Vermutlich würde er sich aus lauter Vorfreude am liebsten einkacken.

Er führt mich in das düstere Innere des Bunkers. »Komm rein, ich stell dir die Jungs vor.«

Seit die Band bei unserer Hochzeit gespielt hat, rotierte das Personalkarussell noch einmal kräftig. Nachdem klar war, dass sie einen Plattenvertrag bekommen würden, wurde es dem einen oder anderen doch etwas zu viel. Es ist erstaunlich, wie viele Musiker Muffensausen kriegen, wenn man ihnen eine echte Chance bietet. Einerseits kann ich es verstehen, immerhin bedeutet es, dass aus einem Hobby ein Beruf werden könnte, von dem man ab einem gewissen Punkt leben können muss, weil ein normaler Job nebenher nicht mehr zu stemmen ist. Sich voll und ganz von der Gunst des Publikums abhängig zu machen, ist nicht jedermanns Sache. Andererseits kenne ich genug Leute, die sich für solch eine Chance sofort einen Arm abschrauben würden (auch wenn sie dann zur Band nur noch Mundharmonika beisteuern könnten).

Wir passieren diverse Stahltüren, hinter denen mal besser, mal schlechter, aber fast immer sehr laut geprobt wird. Die Hütte ist aufgrund des Ambientes besonders bei Metalbands beliebt. Nur hinter einer Tür klingt es eindeutig nach Indie. Die betreffende Band hat es wohl für eine gute Idee gehalten, eine Luftschutzsirene als Sängerin zu engagieren. Bei den Tönen läuft mir ein Schauer über den Rücken. Ich sehe Frankie an und ziehe vielsagend eine Augenbraue hoch. Er kneift nur die Lippen zusammen und zuckt mit den Schultern. Man kann sich seine Nachbarn halt nicht aussuchen, soll das wohl heißen. Zum Glück sind die Wände sehr dick.

Die *Clothelines* haben den größten Raum im Bunker, eine Ehre, die sie nicht zuletzt ihrem Status als upcoming local Rockstars verdanken. Noch vor einem halben Jahr mussten sie sich mit einem halb so großen und sehr feuchten Raum abgeben.

»So«, sagt Frankie und geht zuerst hinein, um mich mit großer Geste zu empfangen. »Das ist also unser Reich«, sagt er und breitet die Arme aus wie ein Las-Vegas-Magier.

Im Grunde ein Proberaum wie alle anderen. Ein buntes Sammelsurium aus Verstärkern, von denen vielleicht die Hälfte funktionstüchtig ist, einem Gewirr aus Kabeln auf dem Boden, garniert mit wild verstreuten Effektgeräten. Dazu genug Leergut, um ein Studentenwohnheim neidisch zu machen, ein Teppich, der wirkt, als wäre er kurz davor, sich zu einer neuen Lebensform zu entwickeln, und riecht wie schon dreimal kompostiert, sowie eine Sofaecke, der man den wohlverdienten Sperrmülltod nicht gegönnt hat. An den Wänden hängen Poster aus Metal- und Tittenmagazinen. Nur die Wand hinter dem Schlagzeug ziert ein anscheinend brandneues Backdrop mit dem Schriftzug der *Clothelines*, das gerade von zwei Bandmitgliedern leicht schief aufgehängt wird.

»Jungs, das ist Torben, er wird unser Tourmanager sein. Torben, die Jungs.«

»Moin moin«, sage ich und tippe mir an die Stirn.

»Dann will ich dir den Sturmtrupp mal vorstellen«, sagt Frankie und zeigt auf das Sofa, auf dem sich ein Hüne lümmelt und auf seinem Smartphone herumwischt. Er steht auf und überragt mich dabei locker um einen Kopf. Interessant, dass sich der Größte nicht an den Aufhängarbeiten für das Backdrop beteiligt, während zwei seiner Kollegen etwas unsicher auf improvisierten Leitern aus Bierkästen und Hockern balancieren. Neunzig Prozent aller Unfälle passieren im Haushalt, der Rest in Proberäumen. Sollte ich mir als Tourmanager so was merken? Stichwort mangelnde Teamfähigkeit und Faulheit? Ich komme mir vor wie ein Grundschullehrer. Ich sollte mir ein Klassenbuch für die Tour besorgen. Wer den Soundcheck verpasst oder im Bus furzt, kriegt einen Eintrag. Wer drei Einträge hat, muss nackt Bier kaufen gehen und kriegt hinterher keinen Schluck davon ab.

»Das ist Jürgen«, stellt Frankie ihn mir vor, und der Hüne reicht mir seine Pranke, die genauso tätowiert ist wie seine Arme und eigentlich alle momentan sichtbaren Körperstellen. Seinem Milchgesicht nach kann er nicht älter als fünfundzwanzig sein, den Tattoos nach zu urteilen, hat er davon schätzungsweise hundertdreißig im Knast verbracht. »Aber wenn wir mal im Ausland touren sollten, kann das ja kein Schwein richtig aussprechen, deswegen heißt er jetzt Stu.«

»Aha«, sage ich. »Jürgen. Stu. Klingt schlüssig. Lass mich raten: der Drummer.«

»Bassist«, sagt Stu.

»Ah. Freut mich, dich kennenzulernen, Bassist Stu.«

»Jau.« Spricht's und setzt sich wieder hin, um sich weiter seinem iSpielzeug zu widmen. Notiz des Tourmanagers an sich selbst: Quasselstrippe.

Wir umrunden das Schlagzeug, und Frankie stellt mir einen der beiden Hobbyhandwerker vor, diesmal den Kleinsten und Schmächtigsten im Bunde. Er ist offensichtlich asiatischer Herkunft und wirkt mit seiner ordentlichen Kurzhaarfrisur viel zu seriös für eine Metalband. Daran ändert auch das angeranzte *Deicide*-T-Shirt nur wenig.

Frankie stellt vor: »Und das ist unser Leadgitarrist, ein wahrer Hexer an den sechs Saiten, Murat Lehmann.«

Ich lache laut auf und reiche ihm die Hand. »Haha, geiler Künstlername. Sehr ironisch.«

Er nimmt meine Hand, schüttelt sie aber nicht. Stattdessen guckt er mich ernst von seiner Pseudoleiter herab an. »Wieso ironisch?«

»Ähähä«, mache ich irritiert. »Du heißt doch nicht wirklich so ... ähm ... – ... oder?«

»Doch«, sagt er. Meine Hand hat er immer noch nicht losgelassen. Verdammt, für so ein kleines Kerlchen hat er einen verflucht festen Griff. Gitarristenpranken. Damit kann man auch Nüsse knacken. Ein Gurkenglas, das ein Gitarrist nicht aufkriegt, gibt es nicht. Ich versuche, mir keine Blöße zu geben und den Druck zu erwidern. »Hast du irgendwas an meinem Namen auszusetzen?«

»Ähh ...«

»Findest du ihn irgendwie witzig?«

»Na ja, irgendwie schon ...«

Er beugt sich etwas zu mir runter und starrt mich an. »Und was findest du so witzig daran?«

»Na ja, du bist Asia...«

»Ach?«

»Nicht?«

»Nur weil ich klein bin, Schlitzaugen und schwarzes Haar habe und meine Haut ein bisschen dunkler ist, denkst du gleich, ich sei Asiat?« Seine Stimme wird lauter.

Oh kacke, ein super Einstand, sich gleich als vorurteilsbehaftetes Arschloch zu präsentieren. Das können sehr lange Wochen on the road werden.

»Hast aber recht«, sagt Murat plötzlich entspannt und lässt meine Hand los. Ich sehe ihn groß an.

»Entspann dich.« Er klopft mir auf die Schultern. »Ich verarsch dich nur. Ja, ich bin Asiat, und ja, ich heiße wirklich Murat Lehmann. Ich wurde direkt nach der Geburt adoptiert. Er Deutscher, sie Türkin und beide mit einem Sinn für scheiß Humor ausgestattet. Also Murat Lehmann für einen Typen, der aussieht wie der nächste Ping-Pong-Weltmeister.« Er kichert leicht hysterisch. »Humor! Humor ist wichtig.«

»Aha«, sage ich. Die anderen grinsen mich wissend an. Notiz an den Tourmanager: netter Typ, Potenzial zum Psychopathen.

Der Dritte im Bunde sieht sehr entspannt aus, aber irgendwas an ihm wirkt seltsam.

»Thomas, unser Drummer, genannt Tom-Tom«, sagt Frankie.

»Tom-Tom wie die Drums, nicht wie das Navi. Freut mich, dich kennenzulernen«, sagt der Langhaarige und reicht mir die Hand. Als er sich sofort wieder dem Backdrop widmet und über Kopf einen Nagel in die widerspenstige Bunkerwand klopft, fällt mir auf, was an Trommel-Tom-Tom so komisch wirkt: Der Typ hat absurd lange Arme. Er sieht ein bisschen aus, als hätte er mal versucht, einen startenden Formel-1-Wagen festzuhalten oder eine Runde Armdrücken gegen einen Orang-Utan verloren. Er holt weit aus und schlägt ein letztes Mal mit voller Wucht auf den Nagel. Es knallt metallisch und Funken fliegen, aber das Ergebnis stellt ihn anscheinend zufrieden. Tiefer kriegt man vermutlich keinen Nagel in diese Wand.

»Na also«, triumphiert Tom-Tom und hakt die Öse vom Backdrop ein. »Geht doch.«

Er und Murat steigen von der Leiter herunter. Notiz des Tourmanagers: handwerklich begabt, kann super Sachen hervorholen, die irgendwo druntergerollt sind.

Stolz betrachten die vier Bandmitglieder das große schwarze Plastiktransparent, auf das in großen weißen Lettern »*Clothelines from Hell*« gedruckt steht. Der Schriftzug ist recht schlicht und schnörkellos gehalten, weil die Plattenfirma vermeiden wollte, dass die Band zu schnell in eine Genreschublade geschoben wird. Das Cover des Albums wird ähnlich gestaltet sein: Ein schmächtiger Junge in einem Tod-Kostüm mit kleiner Sense steht in einer typisch amerikanischen Vorortstraße und schaut den Betrachter an. Im Hintergrund steigt ein handelsüblicher Atompilz in den Himmel über der Stadt auf. Sehr metal, aber nicht zu düster, kein Splatter, aber auch nicht zu fröhlich. Man will sich sämtliche Vermarktungsoptionen offenhalten. So viel zum Thema Rock'n'Roll.

»Alles klar«, sagt Frankie und klatscht gut gelaunt in die Hände. »Dann hauen wir uns mal hin und besprechen die Tour.«

Wir machen es uns auf dem Sofa bequem, das unter der Last von fünf Ärschen mächtig quietscht und staubt und einen seltsamen Geruch ausströmt: irgendwas zwischen feuchtem Kehricht und toter Katze.

Frankie reicht eine Fuhre Bier herum. Paderborner Pils. Allzu hoch kann der Vorschuss der Plattenfirma also nicht gewesen sein. Wir stoßen trotzdem auf die Tour an. Ich knalle den Tourrider auf den Couchtisch, der in seinem früheren Leben eine geschmacksbefreite Familie in den Neunzehnachtzigern vermutlich mal sehr glücklich gemacht hat. Wir gehen die Städte und Locations durch. Von einer wirklich *geplanten* Tour kann kaum die Rede sein, der Booker von *Atomic Blast* hat anscheinend einfach genommen, was er kriegen konnte, und zwar in der Reihenfolge, wie die Angebote reinkamen.

»Deutschland-Ping-Pong«, sage ich, und Murat sieht mich an.

»Hast du Ping-Pong gesagt?«, fragt er.

»'tschuldi.«

»Ich mag Ping-Pong.«

Na, dann wäre das auch geklärt. Ich bin allerdings von der Reiseroute nicht so angetan. Wahllos führt die Tour kreuz und quer und hin und her durch die Republik. Wenn man bedenkt, dass wir in einem eigentlich recht überschaubaren Land unterwegs sind, werden wir trotzdem ohne Ende Kilometer fressen. Vermutlich gehen zwei Drittel unseres Budgets für Sprit drauf.

»Was sind das für Läden, in denen wir spielen?«, fragt Tom-Tom.

Ich zucke mit den Schultern. »Ich will euch nichts vormachen, die meisten sind echt kleine Hütten. Wenn wir da hundert Leute reinbekommen, ist das schon das höchste der Gefühle.«

»Hmm«, macht die Band kollektiv. Ich merke schon, mir liegt die Aufgabe der Spaßbremse. Cool ist das allerdings nicht.

»Aber es ist ja eure erste Tour. Der erste Schritt. Da geht noch mehr, glaubt's mir«, versuche ich mich als Motivationstrainer. Sie nicken, wirken aber nicht wirklich überzeugt. Doch besser so rum, als dass sie erst unterwegs merken, wie viel Arbeit eigentlich noch vor ihnen liegt. Für die meisten Bands ist ein Plattenvertrag das große Ziel, aber die bittere Wahrheit ist, dass er erst der Startschuss ist. Zu meinen Aufgaben wird wohl auch die des Tröstonkels gehören. Wenn ich bedenke, auf wie vielen Konzerten von geilen und an und für sich bekannten Bands ich schon war, die dann vor einem oder zwei Dutzend Fans spielen mussten, weil die Werbung scheiße gelaufen war oder gerade Deutschland für die EM-Qualifikation gegen die B-Jugend-Auswahl von Liechtenstein spielte, was man natürlich nicht verpassen darf, dann möchte ich mir nicht ausmalen, was bei einer brandneuen Band passieren kann. Wir werden die meiste Zeit im Package mit einer anderen Combo namens *Truth A.D.* spielen, aber auch die steht gerade erst am Anfang. Zweieinhalbtausend Fans bei Facebook machen keine Tour voll.

»Ich sag euch, wie es ist: Es wird hart. Am besten, ihr kontaktet vorher noch mal all eure Freunde und Verwandten, die ihr verstreut in Deutschland habt, damit die in ihren Regionen und Städten ordentlich für euch trommeln.«

»Machen wir«, sagt Frankie. »Was müssen wir sonst noch vorbereiten?«

»Ich hab euch eine Checkliste gemacht«, sage ich und reiche jedem einen DIN-A4-Zettel. Dass ich die Liste ausm Internet habe, brauchen sie ja nicht zu wissen. »Und Donnerstagnachmittag holen wir den Bus ab.«

»Was kriegen wir denn für einen?«, will Murat wissen. »So'n richtigen Nightliner? Mit Playstation und Lounge?« Er scheint kurz vor einem Sabberanfall zu stehen.

»Keine Ahnung«, sage ich. »Ich weiß nur, wo wir das Ding abholen und dass ich die Kiste mit meinem Führerschein fahren darf. Also eher kein Nightliner. Wahrscheinlich so was wie ein großer Sprinter.«

76

»Oh, ach so«, sagt Murat, lässt sich enttäuscht zurückfallen und nuckelt an seiner Bierflasche.

»Wir packen Donnerstagabend schon alles ein. Falls wir dann merken, dass irgendwas nicht passt oder fehlt, haben wir bis Freitagmittag Zeit, das zu fixen.«

»Das zu fixen«, denke ich. Tourmanagersprech. Ich bin schon voll drin.

Ich erkläre den Jungs, was sie mitnehmen müssen und was *Truth A.D.* zum Equipment beisteuern, dass ich die Tourkasse verwalten werde und wie wir Soundchecks und Abfahrtszeiten planen und dass man sich daran unbedingt zu halten hat. Dann verfallen wir in zwangloses Geplauder, während dessen wir des Öfteren noch auf die Tour anstoßen. Als das Bier alle ist, holt Frankie das raus, was er »den *guten* Stoff« nennt: eine Pulle Jagdfürst. Der Vorschuss kann echt nicht hoch gewesen sein.

***

Ich packe meine Sachen. Lemmy ist mir insofern behilflich, als er ständig Sachen wieder aus meinem Koffer oder meiner Tasche rausklaut, sobald ich mich kurz umdrehe, und sie vollsabbert.

Ich seufze. »Dein Köter ist echt keine Hilfe«, sage ich zu Sven, der in meinem Kleiderschrank steht und ungefragt Tipps gibt, was ich mitnehmen soll. »Und du auch nicht.«

»Sorry«, sagt er und verlässt eilig meinen Schrank. »Es soll keiner sagen, ich hätte es nicht versucht. Aber bitte, dann halt nicht.«

»Alter, ich brauche weder einen Schlitten, weil es ja schneien könnte, noch meine ›guten Schlüpper‹ und erst recht keine Kettensäge. Ich hab nicht mal eine Kettensäge.«

»*Destruction* haben immer eine Kettensäge dabei«, nölt er.

»Ja, aber weil das zur Show gehört. Aber wir haben nun mal kein mordlüsternes Maskottchen am Start.«

»Hi hi, du sagst schon ›wir‹.«

Stimmt. Ist mir gar nicht aufgefallen. »Na ja, ich bin ja auch Teil eines Teams.«

»Du wärst gerne Teil der Band.«

»Ach Quatsch«, lüge ich. »Ich bin nicht in der Band. Aber wir sind trotzdem eine Mannschaft. Wir sind die Roadcrew.«

»Ich sehe dich schon am Merch-Tisch stehen, wie du den Schnecken erzählst, dass du ja ein Teil der Band bist, unsichtbar, aber unverzichtbar, und dass ohne dich ja ü-ber-haupt gar nichts geht.« Er lacht.

»Schwachsinn. So nötig hab ich es nun auch wieder nicht, im Mittelpunkt zu stehen. Und mal ganz davon abgesehen, dass ich keine ›Schnecken‹ beeindrucken muss. Ich bin verheiratet.«

»Noch«, streut er eine Wagenladung Salz in die Wunde.

»Ja, ja ...«

Er sieht mich nachdenklich an. »Wo wir schon von ihr sprechen: Solltest du sie nicht mal anrufen? Den anderen hast du schon wegen morgen Abend Bescheid gesagt.«

Ich reiße Lemmy eine Boxershorts aus dem Maul und lege sie in meinen Koffer zurück. »Ach, ich weiß nicht ...«

»Du traust dich nur einfach nicht.«

»Ja, gut, ich trau mich nicht.«

Sven baut sich vor mir auf und sieht mich so derart verständnisvoll an, dass ich ihm in die ektomorphe Fresse schlagen könnte. »Mach es, sonst ärgerst du dich nur wieder.«

Ich stöhne auf. »Ja, gut, aber nur damit du endlich das Maul hältst.«

Ich nehme mein Handy und drücke auf »aktuelle Kontakte«. Meine Nochehefrau scheint in letzter Zeit keine hohe Priorität zu genießen, ich muss nach ganz unten scrollen, bis ihr Name auftaucht. Ich zögere kurz, dann presse ich meinen Daumen auf die Zeile.

»Ja, was willst du?«, motzt Lucy nach zweimaligem Tuten los.

»Ich bin's«, sage ich. Mir ist klar, dass ihr das klar ist, aber nach Tagen endlich wieder ihre Stimme zu hören hat mich einen Moment perplex gemacht.

»Das weiß ich. Was willst du?«

»Ähm, ich wollte dir nur sagen, dass ich mit Frankies Truppe für ein paar Wochen auf Tour gehe. Als Mädchen für alles.«

»Auch das weiß ich schon längst.«

»Na ja, bevor es losgeht, wollte ich noch mal alle Nasen auf eine Runde in die *Rose* einladen. Morgen Abend. Und ich wollte wissen, ob du Lust hast zu kommen.«

Sie seufzt. »Hör sich einer den Dramaking an. Du tust so, als würdest du in den Krieg ziehen. Wenn ich nicht irre, seid ihr nur in Deutschland unterwegs. Da wirst du ja wohl auch mal zwischendurch zu Hause sein.«

»Nur zum Pennen und vielleicht mal Wäsche waschen«, sage ich schwach.

»Hm«, macht sie nur.

»Also kommst du?«, frage ich, vielleicht etwas zu hoffnungsvoll.

Sie atmet tief durch. »Lieber nicht. Das wäre mir zu seltsam.«

Ich versuche, mir die Enttäuschung nicht anmerken zu lassen. »Ja, okay, verstehe«, sage ich und merke selber, dass ich klinge wie ein verprügelter Beagle. »Aber ich wollte gefragt haben. Hätte ja sein können.«

»Ja, danke, aber nein.«

»Okay. Ich leg dann mal auf.«

»Okay.«

»Dann tschüss.«

»Ja, tschüss.«

»Torben«, platzt es gerade raus, als ich sie wegdrücken will.

»Ja?«

Ein kurze Pause, dann: »Pass auf dich auf, okay?« Lucys Tonfall zeugt von aufrichtiger Sorge, und ich kann mich nicht entscheiden, ob ich einen bowlingkugelgroßen Kloß im Hals bekommen oder einen Luftsprung machen soll. Stattdessen sage ich einfach nur: »Klar. Mach ich.«

»Gut. Bis dann.«

»Bis dann.«

Sie legt auf. Ich glotze wie ein Vollidiot auf das Display. Sven sieht mich mit hochgezogenen Augenbrauen an.

»Was war das denn jetzt?«, frage ich ihn.

»Frauen«, sagt er und zuckt mit den Achseln. »Steckste nicht drin. Meistens jedenfalls. Und du dann in den falschen.«

»Haha. Super Spruch!«

Er klopft mir auf die Schulter, was ich dank seiner ätherischen Konsistenz allerdings gar nicht spüre. »Nimm es einfach als gutes Zeichen, okay?«

»Ja, werd ich wohl so verbuchen. Meinst du, ich sollte zu ihr fahren?«

»Too soon, Kumpel. Much too soon ...«

Ich nicke und will gerade das Handy aufs Bett werfen und weiterpacken, als es mit kurzem Vibrieren eine SMS antrailert. Wow, das ist bestimmt noch mal Lucy, die mir vergibt und mich zu ihr ruft, jetzt und auf der Stelle. Aufgeregt öffne ich die Nachricht, aber sofort folgt Ernüchterung. Die Nachricht ist von Papa. »Ruf mich an, Sohnemann!«

Er hat sich wohl als Dichter versucht, denke ich. Es klingt aber eher wie ein schlechter Werbespruch für einen Prepaid-Anbieter. Was ist da nur wieder los? Dann kommt eine zweite SMS: »Stimmt das mit Lucy und dir?!«

Ich hab keinen Bock mehr auf Kommunikation und verschiebe das auf morgen. Ich konzentriere mich lieber wieder aufs Packen.

Ich sehe in den Koffer, dann zum Boden.

»Lemmy! Verdammte Scheiße, hör auf, meinen Rasierapparat zu fressen!«

***

»Das ist nicht Ihr scheiß Ernst, oder?«

»Doch, das ist er. Ein absolutes Prachtstück.«

Fassungslos starre ich auf das »Prachtstück«. Neben mir steht der Schmierlappen, der uns kalt lächelnd zu einem Haufen Restmüll auf Rädern geführt hat. Würde er keine Autos vermieten und verkaufen, könnte er in einer amerikanischen Komödie hervorragend das Klischee von einem Typen spielen, der Autos vermietet und verkauft.

Er trägt sogar eine verunglückte Version eines Cowboyhutes und kaut die ganze Zeit auf einer kalten Kippe herum. Seit ich ihm die Hand zur Begrüßung gereicht habe, verspüre ich den Drang, mich ganzkörperzuwaschen oder mir alternativ den Arm abzufackeln. Auch Frankie, der mitgekommen ist, um unseren Tourbus abzuholen, scheint vom Glauben abgefallen zu sein.

»Wenn das ein Prachtstück ist«, ächzt er, »dann will ich keine Schrottkarre erleben. Für das Ding hat man damals die Abwrackprämie eingeführt, da bin ich mir sicher.«

Der Verleiher lässt sich davon nicht beeindrucken. »Was Besseres kriegt ihr nicht für die Kohle, die eure Firma abdrückt. Nehmt es, oder leckt mich.« Zur Unterstreichung rotzt er etwas auf den Boden, das vermutlich irgendwann dazu führen wird, dass der Boden des Geländes fünfzig Zentimeter tief ausgekoffert und als Sondermüll eingelagert werden muss.

Die Karre ist weit entfernt von meiner Vorstellung eines glänzenden schwarzen Sprinters mit getönten Scheiben, Klimaanlage, bequemen Sitzen und einer fetten Soundanlage und vielleicht einer aufgemalten Gitarre oder dem Schriftzug »Band on tour« auf der Seite.

Das Ding hier sieht aus wie der Bulli, den ich mir zum Nulltarif bei einem Jugendzentrum für meinen ersten Umzug ausborgen durfte. »Wenn du die Karre zu Schrott fährst, isses auch nicht wild«, hatte der JuZ-Leiter mir damals gesagt. »Die Kiste wird in zwei Wochen eh abgemeldet und in die Presse geschoben.«

Auch das Exemplar in Cremeweiß und Rost, das vor uns steht, gehört definitiv in eine Schrottpresse und nicht auf die Straße. Es anzuzünden, käme einem Gnadenakt gleich. Ich sehe Frankie an. Wir zucken simultan mit den Schultern.

»Bleibt uns wohl nichts anderes übrig«, sage ich, und der Verleiher grunzt zufrieden.

»Schlüssel steckt, die Papiere sind im Handschuhfach. Wenn ihr das Ding nicht pünktlich zurückbringt, wird jeder angefangene Tag mit 50 Prozent Säumniszuschlag berechnet.« Er klopft uns auf die Schultern und verzieht sich wieder in seinen Bürocontainer, in dem es ekelerregend nach Pansen stinkt. Ich glaube, ich muss meine Schulter jetzt wegschmeißen, das gibt Lochfraß, jede Wette.

Wir werfen einen Blick ins Innere des Wagens. Es gibt außer der Fahrerbank nur noch eine zusätzliche Dreierbank und dahinter die Ladefläche mit blankem Blechboden. Das Rostmuster, das einen irgendwie an Flecken auf dem Fell einer sehr kranken Kuh denken lässt, setzt sich auch im Innenraum fort. Hier und da wurde gespachtelt, aber nicht nachlackiert. An der Außenseite sind noch die Reste von mindestens drei Beschriftungen zu erkennen, ein Blumenhändler, irgendwas mit »Montage«, und ich glaube, eine Cartoonratte zu erkennen.

»Scheiße, Scheiße, Scheiße«, murmelt Frankie die ganze Zeit, während wir den Wagen umrunden. Ich glaube, wir möchten es beide möglichst lange herauszögern einzusteigen.

»Bringen wir es hinter uns«, sage ich. Die Sitze im Innern erinnern mich an die Sofas im Proberaum.

»Der Traum eines jeden Rockstars«, ätzt Frankie.

Ich sehe unters Lenkrad. Der Schlüssel steckt. Klauen würde die Karre sowieso keiner, es sei denn, ein Freund moderner Kunst geriete auf die schiefe Bahn. Ich drehe den Zündschlüssel, spotzend erwacht der Motor zum Leben. Immerhin fahren tut das Monstrum, wenigstens etwas. Instinktiv greife ich neben mich zur Mittelkonsole, aber ich greife ins Leere. Dort, wo ein Autoradio sein sollte, ist nur ein Fach mit einer alten Bananenschale und gebrauchten Taschentüchern drin.

»Das wird eine laaaaange Tour«, seufzt Frankie. »Nicht mal ein verficktes Radio.«

»Dann müssen wir uns eben unterhalten oder uns gegenseitig vorlesen«, sage ich, und Frankie lacht trocken.

Ich lege den ersten Gang ein, lasse die Kupplung kommen und gebe langsam Gas, immer in der Erwartung, jeden Moment in einer Explosion zu verdampfen oder wie in einem alten Slapstickfilm nur mit dem Chassis loszufahren, während die Karosserie an Ort und Stelle bleibt. Entgegen aller Erwartungen setzen wir uns in Bewegung, und ich fahre vom Hof runter. Der Motor scheint so weit okay, dafür simulieren die Stoßdämpfer bei jeder kleinen Unebenheit schweren Seegang. Auf der Straße gebe ich Gas. Im Rückspiegel sehe ich, dass wir eine Rauchwolke hinter uns herziehen, als würde jemand auf der Ladefläche für hundert Mann grillen.

Die Gesichter der restlichen Bandmitglieder, als wir auf den Hof des Bunkers einbiegen, sind es fast schon wieder wert.

Quietschend bringe ich den Wagen zum Stehen, und wir steigen aus. Mit weit aufgerissenen Augen deutet Murat auf den Bulli. »Ich dachte, ihr wolltet den Tourbus abholen.«

Frankie hebt abwehrend die Hände. »Das *ist* der Tourbus«, sagt er.

»Ist nicht euer Ernst«, grummelt Stu.

Tom-Tom öffnet die Hecktür. »Scheiße, der ist ja viel kleiner als gedacht.« Er schaut auf den Mount Equipment, den die Band schon vor die Tür getragen hat. »Keine Ahnung, wie wir das alles da reinkriegen sollen.«

»Ich würde sagen, wir finden es raus«, sagt Frankie und schnappt sich ohne weiteres Federlesen die erste Box und wuchtet sie in den Wagen.

Ächzend, stöhnend und vor allem fluchend, hieven wir Equipment und Gepäck in den Bulli und wieder raus und wieder rein, schieben und schummeln und fluchen dann wieder. Als Murat anfängt, die *Tetris*-Melodie zu summen, droht Stu mit sofortigem Bandausstieg, aber irgendwie schaffen wir es letzten Endes, alles so unterzubringen, dass es gesichert ist und schnell wieder ein- und ausgepackt werden kann. Es sieht nicht schön aus, aber es passt.

Schnaufend und schwitzend sitzen vier gereizte und schwer angepisste Rocker auf der Stoßstange einer Schrottmühle.

»Hört zu«, sage ich. »Mir gefällt das auch nicht. Ich werde morgen mit Gerald telefonieren und ihm erzählen, was dieser Wichser uns für einen fahrbaren Scheißhaufen angedreht hat. Wir kriegen bestimmt bald was Besseres. Okay?«

Vierfaches Murren und ein genuscheltes »Ja, okay« ist die Antwort.

Ich hoffe, ich kann mein Versprechen halten. Wenn wir nicht bald was anderes bekommen, dann sind wir in einer, spätestens zwei Wochen tot. Entweder weil wir einen Unfall gebaut oder uns mit bloßen Händen gegenseitig umgebracht haben.

Morgen geht es los. Ich kann nicht behaupten, dass ich mich freue.

5

MASTER OF PUPPETS

Es geht looohoos«, flöte ich erfreut, und Lemmy erschrickt sich dermaßen vor meiner guten Laune, dass er laut platschend aus dem Bett fällt. »Siehste«, sage ich zu ihm, während er grunzend versucht, wieder auf die Beine zu kommen. »Das hat man davon, wenn man nicht auf Master Torben hört, sich nachts ins Bett schleicht und ihm die Hütte vollfurzt.«

Lemmy knurrt beleidigt, schüttelt sich, dass der Sabber nur so fliegt, und wackelt in die Küche, um darauf zu warten, von »Master Torben« das Frühstück serviert zu bekommen.

»Den kriegst du nicht mehr erzogen«, sagt Sven, der im Morgenmantel mit einer Tasse Kaffee in der Hand auf meinem Fernseher sitzt. »Glaub mir, ich hab's versucht.«

»Ja, ich weiß. Manchmal glaube ich, du hast mir keinen Hund, sondern die hässlichste und fetteste Katze der Welt vererbt. Der sieht mich echt nur als Dosenöffner.«

Sven lacht.

Ich springe aus dem Bett und recke mich. Ein kleines bisschen bin ich stolz auf mich und muss mir das Klopfen auf die eigene Schulter verkneifen. Bei unserem gestrigen Abschiedsumtrunk in der *Rose* habe ich es ganz brav bei drei Radlern belassen, und jetzt fühle ich mich topfit, obwohl es erst halb acht ist.

»Frühstück!«, rufe ich.

Freudiges Bellen aus der Küche antwortet.

***

Der Vorteil unseres Schrottbullis liegt auf der Hand. Er kann mit relativ teurem Equipment nur so vollgestopft sein, aber niemand kommt auf die Idee, diese Kiste aufzubrechen. Obwohl dafür wahrscheinlich ein handelsüblicher Büchsenöffner reichen dürfte. Oder ein Wattestäbchen.

Die Band ist ebenfalls schon vor Ort und hat sich augenscheinlich Mühe gegeben, ihren Look unserem Bulli anzupassen. Sie sehen völlig abgewrackt aus.

»Was ist denn mit euch passiert?«

Frankie reibt sich die Stirn. Vielleicht hätte ich nicht so laut fragen sollen. Oder noch sehr viel lauter, Strafe muss schließlich sein.

»Na ja«, nuschelt er. »Wir wollten eigentlich nur noch mit ein, zwei Bierchen im Proberaum den Tourstart feiern, aber dann haben wir irgendwie die Flatter gekriegt, weil jetzt alles so ernst wird, und dann hat Murat zur Beruhigung einen gebaut, und es wurden ein paar Bierchen mehr.«

»Und Cola-Korn«, ergänzt Tom-Tom mit matter Stimme.

»Und 'ne Flasche Rotwein war auch noch da«, flüstert Murat.

»Zwei«, brummt Stu.

»Und Pfeffi«, sagt Frankie und runzelt die Stirn. »Wo kam der eigentlich her? Wer von uns säuft so 'n Scheiß?«

Tom-Tom winkt ab. »Muss noch von der Band gewesen sein, die vor uns da drin geprobt hat.«

»Kein Wunder, dass die so scheiße waren«, kichert Murat und verzieht sofort das Gesicht. Kichern tut weh. »Wie hießen die noch mal? *Eternal Garden* oder so was?«

Stu schüttelt den Kopf. »›Garden‹ war es, glaub ich, nicht.«

»Aber auf jeden Fall was mit ›eternal‹«, murmelt Tom-Tom.

»Mann, waren die schlecht«, stöhnt Frankie. »Kinder-Gothic.«

»Aber voll Kinder«, bestätigt Murat.

»HEY!«, funke ich dazwischen. Das geht ja gut los. Wir sind noch nicht mal vom Hof runter, und schon ist es Zeit für die erste Gardinenpredigt. »Ich kann ja verstehen, dass ihr Muffensausen habt, aber ganz ehrlich: Euch noch vorm ersten Gig abzuschießen, ist kacke. Ich hab zwar gesagt, dass wir in den meisten Locations nicht viel Publikum zu erwarten haben, aber es werden definitiv Schreiberlinge vom *Hammer*, von *Rock Hard*, *Legacy* und hast du nicht gesehen kommen. Und Leute von der Lokalpresse. Und es wäre nicht gut, wenn die alle schreiben, dass da auf der Bühne ein paar blutleere Zombies rumschlurfen und eine beschissene Show abliefern.«

»Ja, sorry, Torben. Wir werden uns auf der Tour zusammen-reißen. Und keine Sorge, heut Abend werden wir abliefern. Wir haben uns vorbereitet«, sagt Frankie und zeigt auf Stu. Der hält eine Plastikflasche hoch mit etwas dickflüssig Grünem, in dem allerlei Stückchen herumschwimmen.

»Öh, was zur Hölle ist das?«

Stu schüttelt die Flasche. »Mutters Rezept«, informiert er mich.

»Aha«, sage ich. »Na, solange ich davon nix trinken muss. Okay, Jungs, gehen wir die Checkliste durch.«

Wir öffnen die Hecktür, und ich klettere ins Innere. Auf den ersten Blick wirkt es wie das totale Chaos, aber wir haben tags zuvor ein System ausbaldowert, um möglichst schnell an die Sachen zu kommen, die wir auf jeden Fall bei jedem Auftritt brauchen. Die Kartons und Cases sind durchnummeriert, ich hake alle auf meiner Liste ab. Dann checke ich, ob alle ihre In-strumente eingepackt haben. Zum Schluss schmeißen wir die Taschen mit unseren Klamotten oben drauf. Eine Ecke habe ich frei gehalten und stopfe ein großes Kissen hinein. Ich gucke Lemmy an und klopfe auf das Kissen. »Das ist dein Reich, Stin-ker. Hopp!«

Lemmy guckt mich an und guckt in den Innenraum des Bul-lis. Dann schaut er mich an, und sein Blick fragt, ob das mein Ernst ist.

»Jetzt mach schon. Spring rein.«

Lemmy guckt mich an.

»Hopp, verdammt!« Die anderen kichern.

Lemmy guckt mich an.

»Entweder du kommst mit, oder du lässt dir opponierbare Daumen wachsen, damit du deine scheiß Futterdosen selbst aufmachen kannst!«

Lemmy guckt mich an, knurrt leise und hopst dann in den Bulli.

»Na also. Geht doch.«

Er hockt sich mit krummem Rücken auf das Kissen, lässt die Ohren hängen und schenkt mir einen Blick, in den er alle Verachtung legt, zu der er fähig ist.

»Du wirst es überleben«, sage ich und mache mir tatsächlich wenig Sorgen. Ich habe schon gesehen, wie dieser Hund selig auf einer Heizung oder einem Wäscheständer geschlafen hat. Dagegen ist der Bulli das *Four Seasons*. Zum Trost werfe ich ihm noch einen Kauknochen aufs Kissen, Lemmy tauscht sofort jegliche Bedenken gegen hemmungsloses Schmatzen ein. Ich schließe die Tür und klatsche in die Hände. »Alles klar, los geht's!«

Tom-Tom wedelt unschlüssig mit den Händen herum. »Äh, bräuchten wir nicht so eine Art Ritual zum Start oder so was?«

»Ja klar«, sage ich. »Es geht folgendermaßen: Du machst die Beifahrertür auf und steigst ein.«

»Oh. Okay.« Er wirkt ein kleines bisschen enttäuscht. Ich merke schon: Ich bin der harte Hund im Team, der Blockwart, der fiese Gunnery Sergeant. Vielleicht sollte ich ihnen beibringen, auf meine Anweisungen mit »Sir, Yes, Sir« zu antworten. Ich müsste lügen, wenn ich behauptete, das würde mir nicht gefallen.

Ich schwinge mich auf den Fahrersitz, während Murat, Frankie und Tom-Tom versuchen, es sich auf der Rückbank bequem zu machen, was sich als schwieriger erweist als gedacht. Das Ding ist nicht besonders fest verankert und kippelt bei jeder Bewegung lautstark knarzend vor und zurück. Als wir vom Hof fahren, schaukeln die drei hin und her. Stu hat auf dem Beifahrersitz Platz genommen und grinst glücklich, während seine Bandmitglieder fluchen und jammern. Das kann ja echt noch lustig werden.

Eine Rauchfahne hinter uns herziehend wie ein Containerschiff, machen wir uns auf den Weg, die nächsten *Iron Maiden*, *Metallica*, *AC/DC* oder wenigstens *Megadeth* zu werden.

Murat versucht, mit seinem Smartphone ein Autoradio zu simulieren, was nur leidlich gelingt, Tom-Tom hämmert seine Taschenbuchausgabe vom vierten Harry-Potter-Band, die er eigentlich als Reiselektüre eingeplant hatte, unter den Sitz, um das Wackeln zumindest teilweise zu unterbinden, und Stu schmeißt eine Runde grüne Pampe, die ein bisschen riecht, als würde man damit sonst Leichen einbalsamieren, die aber anscheinend hilft. Kurz bevor wir die Autobahnauffahrt erreichen, erwachen diese Leichen wieder zum Leben, die Gesichtsfarbe der vier Schluckspechte kehrt zurück. Als wir zur Autobahn hochfahren, habe ich erst die Befürchtung, dass der Bulli in der kurvigen Auffahrt einfach umfällt, aber er knirscht nur metallisch, dann sind wir auf der Beschleunigungsspur.

»Ab geht's«, sage ich, gebe Gas und beschleunige auf wahnwitzige 85 km/h Höchstgeschwindigkeit. »Wuhu, Rock'n'Roll!«, jubelt Frankie. »Wir sind die verdammten *Clothelines from Hell*, und nichts kann uns mehr aufhalten!«

Zehn Minuten später werden wir von den Bullen rausgewunken.

***

Zwei Stunden, zwei Kontrollen, zwei Verwarnungen, einmal einen Rat, die Karre doch bitte zu erschießen, und etwa achttausend wütend hupende Mitbürger später erreichen wir die Location in Dortmund, einen kleinen Klub namens *Das Schloss*. Wie Neuschwanstein sieht die Hütte allerdings nicht aus, gegen unser Gefährt wirkt sie jedoch nahezu luxuriös. Mitten in der Stadt, große Fenster, ideal für Konzerte, allerdings nicht für allzu laute. Eine Ritterrüstung steht neben der Eingangstür und hält eine Tafel, auf der in Kreide geschrieben verkündet wird, dass es heute Waffeln für einen Euro gibt und ein Konzert für fünf. Jemand hat dem armen Ritter das Visier geklaut, und so wie es aussieht, wird der Helm seither als Aschenbecher missbraucht.

Murat lässt sich theatralisch aus dem Bulli herausfallen und landet auf allen vieren. »Ich leeeebeeee noch!«, lässt er die Welt wissen.

Ein paar Typen, die an der benachbarten Trinkhalle stehen, glotzen zu uns rüber.

»Halt die Fresse!«, brüllt einer lallend.

Murat beachtet ihn nicht, sondern gibt uns den Papst und küsst zwei, drei Mal den Boden.

»Üähh«, macht er und richtet sich auf. »Dortmund schmeckt echt scheiße.« Er reißt die Arme in die Luft. »SCHALKEEE!«, brüllt er.

»FRESSE!«, echot es von der Jede-Menge-Bier-vor-Vier-Front.

»Halt mal lieber die Füße still«, knurrt Stu Murat an. Der zuckt die Schultern und sieht mich an. »Und nun?«, fragt er.

Ich sehe zu den Fenstern vom *Schloss*. »Lasst' mal gucken, ob schon wer da ist. Licht ist zumindest an.«

Ich mache die Heckklappe auf und bin nicht überrascht, dass Lemmy auf dem Rücken liegt und pennt. Er hat nur zwei Stunden gebraucht, damit der komplette Bulli nach Hund und vor allem nach Hundeverdauung riecht. Ich lasse ihn schlafen und versuche mein Glück an der Tür. Sie schwingt auf, und wir treten in einen Kneipenraum, der schwer auf Schlossinneres gemacht ist, allerdings in der Gothic-und-nicht-zu-teuer-Version. Aus der Anlage dudelt »Blackened« von *Metallica*, und an den Wänden hängen Plakate für Metalkonzerte und -partys. Immerhin: Der Spirit stimmt schon mal. Hinter dem Tresen wuselt eine Frau in schwarzen Klamotten herum und spült Gläser.

»Hallo«, sage ich. Sie sieht auf und strahlt uns an wie Stadionbeleuchtung bei einem Länderspiel.

»Ah, hallo«, donnert sie und stürmt auf uns zu. Einen Moment habe ich die Befürchtung, dass sie einfach durch uns durchrauscht oder uns alternativ in die Arme nimmt und abknutscht, aber sie bleibt abrupt vor uns stehen und streckt mir ihre Hand hin.

»Ihr müsst eine unserer Bands heute sein. Ich bin die Tine, Schlossherrin und eure Ansprechpartnerin.«

Ich nehme ihre Hand. »Hi, Tine. Freut mich, dich kennenzulernen. Ich bin Torben, der Tourmanager. Und das sind *Clothelines from Hell.*« Nachdem ich ihr alle Bandmitglieder vorgestellt habe, sieht sie mich mit hochgezogener Augenbraue an. »Tourmanager, sagtest du?«

Ich nicke. »Exakt.«

Sie lacht trocken. »Ganz schön großkotzig, aber bitte. Wer hat, der hat.« Sie verzieht sich wieder hinter den Tresen, an den ich mich setze, während die Band ihr Equipment reinschleppt. Tine stellt mir, ohne dass ich was geordert hätte, ein Astra hin.

»Na ja«, sage ich und nehme einen Schluck, »irgendjemand muss sich ja um alles kümmern, wenn die Band unterwegs ist.«

Sie wirkt erstaunt. »Ach, ihr macht 'ne richtige Tour?«

»Ja, klar«, sage ich. »Habt ihr etwa keine Tourplakate gekriegt?«

Sie schüttelt den Kopf. »Nö, wir machen immer selber Plakate im Copyshop. Bandlogo, Datum, Uhrzeit, irgendein Knochenotto, fertig ist die Laube. Für eigene Plakate haben die meisten Bands eh keine Kohle.«

»Na ja, da sollte sich ja eigentlich auch die Plattenfirma drum kümmern.«

Sie lacht. »Na, die meisten, die hier auftreten, wären froh, wenn sie ein vernünftiges Demo aufnehmen könnten.«

Irgendwie entwickelt sich das Gespräch nicht so, wie ich es erwartet hatte. »Wir haben jedenfalls einen Plattenvertrag. Das Album kommt nächste Woche raus.«

»Oh, Glückwunsch! Dann kann ich ja sagen, dass ihr bei uns gespielt habt, wenn ihr mal berühmt seid.«

Murat schiebt seinen Amp herein. »Chefin, sag mal, wo ist denn der Konzertraum?«

Sie guckt ihn irritiert an, lacht und zeigt auf die Ecke der Kneipe, wo eine kleine, eine *sehr* kleine, dreieckige, etwa eine Handbreit hohe Holzveranda eingezimmert ist. »Da ist eure Bühne«, sagt sie.

Murat entgleisen die Gesichtszüge. Seine Schultern sacken etwas nach unten. »Oh. Na gut. Dann bau ich da mal auf.« Er schiebt seinen Amp zur Veranda, will sie erst hochwuchten und entscheidet sich dann aus Platzmangel dafür, die Box einfach danebenzustellen. Für ein Schlagzeug dürfte oben genug Platz sein, für viel mehr wohl nicht.

»Sag mal, Tine, wenn du die Band gar nicht kennst, warum hast du uns dann gebucht?«

»Hab ich gar nicht«, antwortet sie und zeigt wieder ein Lächeln, das man schon gar nicht mehr als Attribut für ein Honigkuchenpferd verwenden kann, eher für einen Honigkuchenelefanten. Ich bin zutiefst enttäuscht, dass unsere Tour in so einer kleinen Kaschemme startet, mit einer nicht als solche zu bezeichnenden Bühne, eher mauer Werbung und einer Besitzerin, die nicht gerade auf uns gewartet hat. Trotzdem werde ich nicht stinkig, eben wegen dieses strahlenden Lächelns. Tine hat nichts Hinterfotziges an sich, sie ist nicht herablassend, sondern sie sagt einfach nur, was Sache ist. Sie scheint mir eine großartige Wirtin zu sein, die sich durch nichts aus der Ruhe bringen lässt, seien es angehende Rockstars, besoffene Gäste oder Biermangel. Vermutlich würde sie auch ein Wettgöbeln auf den Kneipenfußboden weglächeln, während sie die Kotzkombattanten an den Ohren aus der Bar herausdirigiert und mit ruhiger Stimme ein Lokalverbot ausspricht. Ein Ruhrpottgemüt. Eine Wirtin. Ich mag sie.

Sie fährt fort: »Gerald ist immer hier zu Gast, wenn er in Dortmund was zu tun hat. Wir kennen uns schon ein Weilchen, und ich tue ihm gerne einen Gefallen. Er hat angerufen und gefragt, ob ich zwei Bands bei mir spielen lassen kann, und fertig war die Laube.«

»Aha«, sage ich. Mein Tourrider behauptet etwas anderes. »Dann habt ihr auch sonst nichts ausgemacht?«

Sie schüttelt den Kopf, während sie konzentriert Gläser abtrocknet und einsortiert. »Nein. Was denn?«

»Na ja, Gage zum Beispiel ...«

»Ihr kriegt die Hälfte vom Eintritt, was zu essen, Unterkunft und Freibier. So machen wir das immer.«

»Aha«, sage ich schwach und trinke noch einen Schluck. Sie lächelt mich wieder an, und irgendwie ist dann alles ein bisschen besser. Trotzdem gehe ich erst mal zur Band und erkläre die Sachlage. Sie ist nicht begeistert.

***

Während drinnen der Soundcheck dröhnt, sitze ich auf der Treppe zum *Schloss* und versuche zum dritten Mal, Gerald zu erreichen.

Frankie trottet kopfschüttelnd an mir vorbei und verstaut das Backdrop wieder im Bulli. Endlich hat er gemerkt, dass man das Riesending keinesfalls optisch stimmig hinter der »Bühne« anbringen kann. Eher könnte man eine komplette Wand der Kneipe damit tapezieren. Er geht wieder rein, Gerald geht endlich ran. Geht doch.

»Torben, alte Keule. Was macht der Rock'n'Roll? Noch alle am Leben?«

»Ja, gerade noch so eben. Was aber nicht an unserem, ich sag mal, Tourbus liegt.«

»Wieso, was habt ihr denn für einen?«

»Kennst du diese Stockcar-Rennen, bei denen alte Schrottautos endgültig zu Klump gefahren werden?«

»Oh, so schlimm?«

»Das Scheißding sieht aus, als hätte es drei Mal daran teilgenommen.«

Er seufzt. »Sorry, aber momentan fehlt noch das Budget. Das Video ist teurer geworden, und wir pulvern noch zusätzliche Kohle in die Werbung.«

»Ja, geschenkt, aber wenn wir nicht bald was Besseres kriegen, sind die Jungs in einer Woche durch.«

»Okay, okay, ich kümmere mich drum.«

»Und was ist eigentlich mit dem Tourrider?«

»Was soll damit sein?«

»Na ja, laut dem Waschzettel für heute haben wir einen Vertrag, Festgage und Unterbringung im Hotel. Aber Tine weiß von nix, und wir haben hier eine Ausstattung wie beim Bandwettbewerb der Fünfzehnjährigen in Klein-Kleckersbühl.«

»Jaaaa«, windet er sich, »ich musste ein bisschen *Tetris* spielen, damit wir die Tour vollkriegen. Ein paar Dates werden so ähnlich laufen.«

»Ein paar? Wie viele?«

»Ngfr d hlft«, nuschelt er.

»Was?«

»Ungefähr die Hälfte.«

»Verfluchte scheiß Axt!«, entfährt es mir.

»Das ist Aufbauarbeit, verstehst du? Noch kennt kein Aas die *Clothelines*. Das Album war zu lange in der Produktion, es sollte ursprünglich schon letzten Monat draußen sein, jetzt müssen wir das Beste draus machen. Morgen wird das Video mit großem Trara online gestellt, nächste Woche kommt das Album, dann wird's besser. Versprochen!«

Ich grunze skeptisch.

»Du machst das schon«, sagt Gerald. Er klingt wie ein Animateur auf Mallorca.

»Muss ich wohl.«

»Halt mich auf dem Laufenden. Ich muss Schluss machen. Ciao.«

»Ja, ciao«, sage ich, aber da hat er schon aufgelegt. »Du mich auch.«

Ich stecke mein Handy wieder ein und erhebe mich, als ein riesiger, betagter Camper um die Ecke biegt. Ich tippe mal darauf, dass es sich um den zweiten Teil unseres Tourpackages handelt. Der Camper ist übersät mit Bandaufklebern, an der Seite sind mit Schablonen diverse Logos von Metalfestivals aufgesprayt, unter denen die Jahre vermerkt sind, in denen der Camper dort war. Mit infernalischer Lautstärke ballert *Pantera* aus dem Beifahrerfenster. Das Gefährt kommt zum Stehen, die Musik wird leiser gedreht, und ein blonder Typ mit *Anthrax*-Käppi und Pilotensonnenbrille steckt seinen Kopf zum Fenster raus.

»Hey«, grüßt er mich.

»Hey«, gebe ich zurück.

»Sag mal, wir suchen einen Laden namens *Schloss*. Hast du eine Ahnung, wo der ist?«

»Ihr steht direkt davor.«

Er sieht zum Eingang. »Oh«, sagt er.

»Tja«, sage ich nur und reiche ihm die Hand. »Ich bin Torben. Ich kümmer mich um die *Clothelines*.«

Er grinst mich strahlend an. »Ah, cool. Wir sind *Truth A.D.*«

»Aha«, antworte ich. »Hab ich mir fast gedacht.« Auf dem Camper ist in etwa achtzig Zentimeter hohen Buchstaben in goldener Farbe der Schriftzug »*TRUTH A.D.* ON TOUR« aufgemalt.

Ich führe die Band ins *Schloss*, und unter großem Hallo begrüßt sich das Tourrudel.

***

Nachdem wir gemeinsam den aufs Illegalste vollgestopften Camper von *Truth A.D.* entladen und alles aufgebaut haben, entspannt sich der gesamte Tross merklich. Dass Tine permanent und mit einem Lächeln Bier nachreicht, ist dabei nicht ganz unwesentlich. Das *Schloss* hat sich über lange Jahre eine große Stammkundschaft erarbeitet, und ich bin ungemein beruhigt, als sich bereits ab halb sieben die ersten Gäste einfinden, obwohl der Einlass für eine Stunde später angesetzt ist.

Ich improvisiere aus einem Bartisch und einigen aufgestapelten Bierkisten einen Merchandise-Stand in der Ecke neben dem Eingang. Es sieht zwar ein bisschen aus, als würde ich versuchen, einen Rekord im Kreativstapeln von CDs und T-Shirts aufzustellen, aber trotzdem werfen einige der Gäste interessierte Blicke auf unser Angebot. *Truth A.D.* haben CDs und Vinyl dabei, unser Album kommt blöderweise erst am dritten Tourtag aus dem Presswerk. Dafür hauen wir Shirts für einen Zehner raus, damit die Leute irgendwas mitnehmen können und die Band auf dem Schirm behalten. Ich finde es sowieso merkwürdig, wenn Bandshirts fünfundzwanzig, dreißig oder noch mehr Euro kosten. Schließlich läuft man als lebende Litfaßsäule Werbung für die Band. Ich würde nie auf die Idee kommen, mir für teures Geld ein Shirt zu kaufen, auf dem »Karstadt« steht, da könnten die noch so viele Zombies oder Skelette draufdrucken. Es kauft noch niemand was, aber das habe ich auch nicht erwartet. Also nutze ich die Gelegenheit und horche die Gäste aus, wer denn wegen der *Clothelines* und wer wegen *Truth A.D.* gekommen ist. Die Spanne der Antworten reicht von »Wer?« über »Keinen Plan, ich bin immer hier« bis »Wusste gar nicht, dass heute Konzert ist. Aber wo ich schon mal da bin, kann man ja mal gucken. Wenn's scheiße ist, kann ich immer noch saufen«.

Per Schnick-Schnack-Schnuck wird die Auftrittsreihenfolge festgelegt. Es wird mit Stein, Schere, Papier, Brunnen, Pommesgabel und Mittelfinger gespielt, was nicht ganz einfach ist, aber Frankie kann die Runde für sich entscheiden.

Truth A.D. entern um kurz nach acht die Bretter, die die Welt bedeuten, beziehungsweise den Boden vor den Brettern. Alle fünf Bandmitglieder passen beim besten Willen nicht auf die Bühne. Sie hauen ziemlich amtlichen Thrash alter Schule raus.

Ob er den Leuten im *Schloss* gefällt, ist schwer zu sagen, weil die meisten auf Hockern und an den Tischen sitzen. Hier und da wird anerkennend im Rhythmus genickt, andere unterhalten sich einfach weiter. Metalheads können sich auch während eines mittelschweren Bombardements oder einem Tornado seelenruhig über Haarconditioner oder die Vorteile von Vinyl gegenüber CDs austauschen.

Zwei jüngere Typen im *Ramones*-Gedächtnisoutfit – Lederjacke, enge Jeans und weiße Turnschuhe – haben sich vor der Band aufgebaut und schleudern enthusiastisch ihre Haarpracht. Na, immerhin zwei Fans hat die Band hier, denke ich, komme dann allerdings ins Stutzen, als die beiden auch während der Ansagen stur weitermachen. Sie headbangen wohl einfach nur gerne.

Nach einer Dreiviertelstunde verkündet Sänger Matti das Ende des Sets und erntet dafür soliden Höflichkeitsapplaus. Etwas unschlüssig bleibt die Band noch stehen, aber eine Zugabe wird von niemandem eingefordert. Sie wollen gerade abbauen, als Tine hinter der Theke »Zugabe« dröhnt und sich einige der Stammgäste etwas kraftlos anschließen.

»Ja klar, Zugabe.«

»Ja, warum eigentlich nicht?«

»Einer geht noch. Einer.«

Matti grinst freudig, seine Mitstreiter sind etwas weniger enthusiastisch. Sie machen das Beste daraus und spielen ein Cover von *Overkills* »Hello From the Gutter«. Eine lustigere Wahl wäre »Fuck you« gewesen, aber so kommt wenigstens etwas Leben in die Bude, und für eine Strophe erhöht sich die Zahl der Headbanger auf drei. So also sieht Ekstase in Dortmund aus.

Die *Clothelines* haben aufgepasst und schmuggeln spontan zwei Coverversionen in ihr Set. Sie machen sich gut. Frankie lässt sich von dem sparsamen Auditorium nicht ins Bockshorn jagen, Tom-Tom sieht aus, als würde er mit seinen Affenarmen die komplette Bühne ausmessen, Murat wirkt mit seinen kurzen

Haaren wie der brave, verschmitzt grinsende Junior der Band, und Stu kann hervorragend herumstehen, spielen und keine Miene verziehen. Das führt nicht gerade zu Ausnahmezuständen, aber immerhin haben sie die volle Aufmerksamkeit und ernten soliden Beifall. Applaus ist das Brot des Künstlers. In diesem Fall Graubrot, bestrichen mit etwas Halbfettmargarine. Ich verkaufe fünf Shirts und zwei CDs von *Truth A.D.*

»Vergiss nicht, sie dir signieren zu lassen«, sage ich.

»Ach nee, lass mal«, sagt einer der Käufer.

Die Musiker stehen gespannt am Tresen und erwarten Huldigungen, aber außer ein paar Schulterklopfern, wenn jemand grad auf dem Weg zum Klo an ihnen vorbeimuss, und hier und da ein »War ja ganz gut« kommt nichts. Ein rauschender Tourstart geht anders.

Tine mildert die Enttäuschung mit einer neuen Lage Bier, selbst gemachten Frikadellen und »Kettenfett«, dem ekligsten Gebräu diesseits des Ural. Applaus ist das Brot des Künstlers, aber Frikadellen sind auch nicht schlecht. Dann machen wir uns ans Abbauen und schleichen ein Stockwerk höher in die Künstlerwohnung, in der uns zu kleine Betten, die irgendwann vermutlich mal in einem Schullandheim standen, und ein Kasten Bier erwarten.

***

Die nächsten zwei Tage laufen auch nicht sonderlich optimal, aber wir versuchen, das Beste draus zu machen.

Soll heißen, wir saufen uns jeden Tag die Hucke zu, dass es nur so kracht. Zumindest die Jungs halten das so. Ich schaffe immer noch einigermaßen den Absprung zur rechten Zeit. Es ist kein Spaß, Bierchen zu zischen, wenn man davon jedes Mal den »Lucy hat mich verlassen«-Blues kriegt, und komplett verkatert einen Bulli aus der Vorkriegszeit zu fahren, ist auch keine gute Idee. Außerdem möchte ich es vermeiden, eine Fahne zu haben, da wir gefühlt alle drei Stunden von Bullen herausgewunken werden, die ihr Erstaunen selten verbergen können, dass unser qualmendes Schmuckstück sowohl TÜV, ASU als auch eine gültige Zulassung hat. Alex – Bassist, Manager und Fahrer in Personalunion bei *Truth A.D.* – ist da deutlich entspannter. Er lässt es sich auch nicht nehmen, Drängler mit leeren Bierdosen zu bewerfen, wenn sie ihn nach reichlich Gehupe und Lichtmorsen überholen können. Soweit es geht, fahren wir im Konvoi, allerdings müssen wir mit unserer Dreckschleuder immer auf Position zwei bleiben.

Als wir nach sechs Stunden Fahrt am *Kofferladen* in Fürth ankommen, ist noch niemand da. Also heißt es chillen. Murat und Tom-Tom machen sich stante pede auf die Suche nach einem Kiosk oder einer Tankstelle, damit sie nicht urplötzlich ausnüchtern. Wären wir eine Truppe im Krieg, hätten wir die Arschkarte gezogen. Nach 72 Stunden on tour ist die Moral schon dahin, und alle haben sich darauf eingerichtet, die nächsten Wochen als Klassenfahrt mit Dauerdruckbetankung und gelegentlichem Auftreten abzuhaken. Ich werde heute wohl mal eine gepfefferte Motivationsrede halten müssen. Wir haben es uns im Innenhof des *Kofferladens* gemütlich gemacht, als ein Typ durch das Tor geschlurft kommt.

»Hey, wer von euch ist Torben?«, fragt er.

»Das bin ich«, sage ich. »Bin ich jetzt verhaftet?«

Er lacht. »Nee, aber ich hab was für dich. Komm mit.« Ich sehe zu Frankie, der mich fragend ansieht, zucke ratlos mit den Schultern und folge dem Kerl. Als ich zu ihm aufschließe, reicht er mir im Gehen die Hand. »Ich bin übrigens Holger. Gerald schickt mich.«

»Aha«, sage ich.

Er nickt und grinst. Wir gehen ein gutes Stück, bis er bei einem roten Corsa stehen bleibt und den Kofferraum öffnet, der vor Kartons überquillt.

»Was ist denn das?«

Er lächelt. »Euer Album, frisch aus dem Presswerk. Ich bin extra nach Tschechien rübergegurkt, damit ihr die Dinger so fix wie möglich kriegt.«

»Boah, geil!«, entfährt es mir. Das ist genau die Motivationsspritze, die ich jetzt für die Jungs brauche.

Wir schnappen uns je einen Karton und kehren zu den anderen zurück. Matti und Stu bewerfen sich abwechselnd mit Kronkorken, während Frankie deprimiert Pentagramme in einen Tisch ritzt.

»Hey, könnt ihr mal mit anpacken?«, frage ich und versuche, meine Stimme möglichst neutral klingen zu lassen.

»Och nee, muss das sein?«, stöhnt Stu. »Immer muss irgendwas geschleppt werden, ich hab langsam die Schnauze voll. Bin doch kein Möbelpacker.«

Ich zucke mit den Schultern. »Na gut, dann halt nicht. Ist auch nicht so wichtig, nur euer Debütalbum.«

Stu fällt fast von seiner Bank, und Frankies Kopf schießt hoch: »Was bitte?«

»Euer Album ist da«, sage ich und genieße das Überbringen der guten Nachricht. Ich stelle meinen Karton auf den Tisch, der sofort von einer Traube Musikern umringt wird.

Frankie kommt als Bandchef die Ehre zu, das Paket mit zitternden Fingern aufzureißen. Wie die Amme das Baby zieht er ein Exemplar der CD heraus und betrachtet es mit feucht glitzernden Augen: »Ohmeingottohmeingottesistdadasistunsereigenesalbumesistechtdawiegeilistdasdennscheißeistdasgeilichgehkaputt!«

Dann fallen die anderen Hyänen über den Inhalt des Kartons her. Die *Truth A.D.*-Jungs freuen sich fast noch mehr als Frankie und Stu und klopfen den beiden unentwegt auf die Schultern.

»Geiler Scheiß.«

»Sieht cool aus.«

»Gratulation.«

Als die Glückwünsche und das Hyperventilieren abebben,

sage ich: »Okay, Holger hat noch ein paar Kartons davon im Auto, wollen wir die mal holen?«

»Aber klaro«, brüllt Frankie übermotiviert. Er wirkt, als hätte ihm jemand ein Kilo Koks intravenös eingeführt. Im Tor kommen uns Murat und Tom-Tom mit prall gefüllten Plastiktüten entgegen.

»Was'n hier los?«, fragt Murat, und Frankie fällt ihm um den Hals.

»Unser Album. Unser Album ist da!«

»Whoa, krass!«, brüllen Gitarrist und Drummer im Chor und lassen ihre Tüten fallen. Zum Glück haben sie ohrenscheinlich Bier in Dosen gekauft.

***

Selig grinsend sitzt Frankie auf der Bühnenkante und streichelt die CD in seiner Hand wie ein kleines Küken, das Gold kacken kann. Der Soundcheck ist in vollem Gange. Der Saal ist relativ groß und vor allem alt. Das Gebäude stammt aus dem neunzehnten Jahrhundert. Und so verwundert es mich nicht wirklich, dass der Strom ausfällt, just in dem Moment, als Murat seinen Verstärker einschaltet. Frankie lässt sich davon nicht ablenken und grinst weiter das Cover seiner ersten Veröffentlichung an. Ist es legal, eine CD zu heiraten? Ich bleibe nicht ganz so locker.

»Was ist das denn jetzt?«, frage ich Walter, den Chef vom Laden.

Er ist ein ziemlich dicker Typ mit Schweißproblem und Dreitagebart und lässt sich nicht so schnell aus der Ruhe bringen. »Also, so was! Das hatten wir hier auch noch nicht«, sagt er. Ich kaufe ihm das nicht ab.

»Ich geh mal nach den Sicherungen gucken«, murmelt er und verschwindet. Es dauert, dann geht das Licht wieder an, und mit einem Knacken gibt auch die Soundanlage ein Lebenszeichen von sich. Walter kommt wieder zurück. »Nix anmachen«, sagt er und fummelt dann am Lichtpult herum. Die Bühnenbeleuchtung geht aus. »Versuch's jetzt mal«, sagt er zu Murat.

Der Gitarrist schaltet seinen Verstärker an. Diesmal gibt es keinen Kurzschluss.

»Geht doch«, sagt Walter zufrieden. Wir dürfen nur nicht die Lichtanlage anmachen, die frisst zu viel Strom.«

»Was soll das heißen?«, mischt sich Tom-Tom hinter seinem Schlagzeug ein. »Sollen wir etwa im Dunkeln spielen? Oder bei Neonlicht?«

Walter hebt die Hände. »Keine Panik, ich hab noch einen Aufsteller mit vier Lampen, das reicht auch für die Bühne.«

»Na, dann ist ja gut.«

»Die haben nur eine kleine Macke.«

Ich sehe ihn kritisch an. »Eine kleine Macke?«

»Na ja, das Bedienelement ist im Arsch. Die Dinger sind auf »sound to light« eingestellt, und das lässt sich nicht mehr ändern?«

»Und was heißt das?«

»Kein Sound, kein Licht.«

»Wie bitte?«

»Ja, die haben wir schon mal benutzt. Da hat der Drummer in den Pausen immer die Bassdrum benutzt, damit es nicht dunkel wurde.«

»Wie kacke ist das denn?«, motzt Murat. »Da versteht ja keine Sau die Ansagen.«

Walter zuckt mit den Schultern. Für ihn ist die Sache damit erledigt.

»Ich hab eine Idee«, murmelt Stu und verschwindet. Eine Viertelstunde später ist er zurück und fängt an, die komplette Bühne mit Kerzen vollzustellen.

»Fuck«, plärrt Murat, »das sieht aus wie bei einem beschissenen Gothic-Konzert.«

»Wenn dir was Besseres einfällt, lass hören«, sagt Stu ruhig und stellt weiter Kerzen auf. Murat fällt nichts ein, also konzentriert er sich wieder auf den Soundcheck.

Truth A.D. kommen aus der Nähe von Fürth und haben heute eindeutig Heimvorteil. Es gibt keine Diskussion und kein Schnick-Schnack-Schnuck, sie sind heute die Headliner. Und sie machen den Laden ziemlich voll, und die Stimmung ist gut. Trotz der etwas seltsam anmutenden Beleuchtung geht die Crowd auch schon zu den *Clothelines* ab, und ich habe alle Hände voll zu tun, T-Shirts und CDs an den Mann und die Frau zu bringen. Als nach etwas über zwei Stunden der letzte Song verklingt, haben wir das erste richtig gute Konzert der Tour hinter uns gebracht. Die Stimmung im Backstage ist euphorisch, es haben sich sogar ein paar Fangirls eingefunden, die allerdings nicht den Anschein erwecken, Groupie-Ambitionen zu haben, sondern eher auf Freibier aus sind und darauf, Lemmy zu streicheln, der die Aufmerksamkeit sichtlich zu schätzen weiß. Hatte ich mittags noch die Absicht, den Motivationscoach zu geben, muss ich jetzt eher die gute Laune dämpfen.

»Glückwunsch, Leute, das war geil heute!«, sage ich, und alle heben ein Bier in die Luft. »Passt auf, ich mache gleich mit Walter die Abrechnung, ihr baut derweil ab, danach feiern wir ein bisschen.«

»Jawollo«, brüllt die Meute.

»Die Betonung liegt auf ›ein bisschen‹. Ich will kein Spielverderber sein, aber morgen steht das *Tornado Open Air* an, da solltet ihr fit sein. Das ist euer bislang größter Auftritt, und er wird fürs Fernsehen aufgezeichnet. Außerdem habt ihr insgesamt sieben Interviews, eins davon fürs ZDF. Ich wäre hammerhart entzückt, wenn ihr euch heute nicht komplett abschießen würdet.«

»Nein, natürlich nicht.«

»Ist ja wohl klar.«

»Wir sind schließlich Profis.«

»Null Problemo.«

Ich glaube ihnen zwar nicht, aber ich will auch nicht darauf herumreiten. Ich bin der Tourmanager, nicht der Kindergärtner.

»Na gut. Ihr könnt euch schon mal überlegen, wer morgen welches Interview macht.«

»ZDF machen Frankie und ich«, meldet sich Murat.

»Ach ja?«, fragt Tom-Tom.

»Klar. Asiaten kommen immer besser im Fernsehen.«

»Du bist Asiate?«

»Fick dich, du Kartoffel.« Sie lachen laut gackernd und stoßen an. Na gut, dann wäre das auch geklärt.

Ich gehe zu Walter ins Büro. Wir rechnen die Abendkasse ab, an der wir unseren Anteil haben. Ich habe das Gefühl, dass Walter versucht zu bescheißen, aber nicht genau weiß, wie er es anstellen soll, also lässt er es lieber. Als ich wieder in den Konzertsaal zurückkomme, ist zu meiner Überraschung die Bühne komplett abgebaut und das Equipment wieder vollständig im Camper und im Bulli des quälend langsamen Todes verstaut. So langsam etabliert sich ein gewisser Arbeitsrhythmus: Jeder weiß, was er zu tun hat und wo was hingehört. Wahrscheinlich lag die Hauptmotivation heute allerdings eher darin, den unangenehmen Scheiß schnell zu erledigen, damit man sich anschließend in aller Ruhe volllaufen lassen kann.

Ich treffe die Bande im Backstage an, wo inzwischen auch eine Flasche Jägermeister die Runde macht. Ich überlege, noch mal nachdrücklich auf die morgigen Pflichten hinzuweisen, lasse es dann aber doch. Die sind alt genug, verdammt.

Stattdessen geselle ich mich auf eine Runde dazu, aber danach gehe ich pflichtbewusst in die Bandwohnung, die im Nebengebäude untergebracht ist, und haue mich aufs Ohr. Eine Weile kann ich nicht einschlafen, einerseits weil der Lärm der Backstageparty durch das Fenster quillt, andererseits weil ich alleine im Bett liege und Lucy vermisse. Es schläft sich einfach viel besser, wenn man seine Frau dabei im Arm hat. Zumindest so

lange, bis sie zu schnarchen anfängt oder einem wegen irgendeines sehr lebendigen Traumes den Ellbogen in die Visage haut.
Aber zum Einschlafen gibt es nichts Besseres. Nicht mal Whisky
mit warmer Milch.

Irgendwann gelingt es mir einzuschlafen.

Einmal werde ich noch wach vom Krawall aus dem Backstage-
Bereich. Ich schaue auf die Uhr: kurz vor fünf.

Scheiße.

Die werden schon wissen, was sie tun, denke ich, und dass ich
wirklich kein Kindermädchen bin.

Als Kindermädchen hätte ich es deutlich leichter.

6

SHIT HAPPENS

M orgen, ihr Luschen!«, zitiere ich lautstark und gut gelaunt schlechte deutsche Comedy.

»Fresse.«

»Alter ...«

»Was'n los?«

»Scheiße.«

Die Reaktionen aus den Stockbetten der Bandwohnung könnten nicht weniger enthusiastisch sein. Ich weiß nicht, ob ich sauer sein soll oder amüsiert.

»Scheiße, wie lange habt ihr denn noch gemacht?«

Frankie kann sich als erster aufraffen, seine Beine müde aus dem Bett zu schwingen. »Keine Ahnung. Ich weiß nur noch, dass wir irgendwann angefangen haben, unsere Unterhosen zu tauschen.«

»Aha«, mache ich. Ich glaube, ich entscheide mich dafür, sauer zu werden.

»Scheiße!«, grunzt Stu und guckt missmutig unter seine Decke. »Welcher Penner hat meinen Schwanz mit Edding angemalt?«

Murat, der sich noch keinen Zentimeter bewegt hat und sich das Kissen auf den Kopf gelegt hat, kichert leise. »Ach, das war deiner. Ich dachte, es wär' meiner.«

»Boah, kacke, Murat, das ist echt nicht witzig.«

»Find ich schon.«

»HEY!«, brülle ich los. »Falls ich euch mal daran erinnern darf: Ich hatte euch gebeten, es nicht zu übertreiben. Wir müssen in einer Stunde los, und in vier Stunden ist das erste Interview angesetzt. Das ist der wichtigste Tag eurer Tour, und ihr seht aus wie hingekotzt. Das ist NICHT COOL!«

Frankie nickt traurig. »Ja, du hast recht, sorry. Aber wir wollten die Albumrelease ein bisschen feiern, und dann haben wir noch leichtes Muffensausen gekriegt ...«

»Ich will keine Ausreden hören. Ich will, dass ihr euch verdammt noch mal zusammenreißt!«

Lemmy neben mir, bellt aus tiefster Brust. Er hat vermutlich entschieden, sich ausnahmsweise mal nützlich zu machen und meinen Assistenten zu spielen. Er macht das gut. Sein Bellen klingt äußerst missbilligend und könnte selbst einem Vorstandsmitglied der Deutschen Bank ein schlechtes Gewissen einimpfen.

»Und jetzt raus aus den Federn, unten steht Frühstück.« Das Zauberwort »Frühstück« funktioniert, wenn auch nicht ganz so wie erhofft: Vier Alkozombies erheben sich stöhnend aus ihren Gräbern und schlüpfen lahmarschig in ihre Klamotten, nachdem Murat und Tom-Tom ihre Unterhosen zurückgetauscht haben, und folgen mir jammernd runter zum Essen.

Die Jungs von *Truth A.D.* sehen auch nicht viel besser aus, aber sie haben den Vorteil, heute einen Off-Tag zu haben und nur ein paar Kilometer nach Hause fahren zu müssen, um dann bequem ihren Rausch ausschlafen zu können. Lustlos schaufelt sich die Bande Rührei, Brötchen und Müsli rein, lautstark wird Kaffee und Mineralwasser geschlürft. Nur Matti tanzt aus der Reihe und macht sich erst mal ein Bier auf. »Zeit für ein Konterbier«, verkündet er fröhlich und trinkt die Hälfte auf ex, was der Rest der Truppe mit Stöhnen und sanften Beleidigungen quittiert.

»Das ist der Vorteil, wenn man einen freien Tag hat«, sagt Matti und rülpst geräuschvoll.

Zum Glück hegen meine Jungs keine Konterbierambitionen. Brav versuchen sie, ihre Dehydration mit Nichtalkoholischem zu bekämpfen, aber ihr Zustand hat sich nicht wesentlich verbessert, als ich sie in den Bulli schaufele. Die Fahrt nutzen sie, um zwei Thermoskannen von »Mutters Rezept« runterzukippen, aber auch das scheint diesmal nicht viel zu bringen. Als wir uns dem Festivalgelände des *Tornado Open Air* nähern, werden wir zunehmend über holperige Feldwege geleitet. Jedes Schlagloch wird mit allgemeinem lautem Murren kommentiert. Nachdem wir durch die Einfahrt für Bandbusse geschleust wurden, nicht ohne dass sich die Typen an der Kontrolle über den Zustand unseres Bullis kaputtgelacht haben, holpern wir auf den Parkplatz, der im Nebenjob als Stoppelfeld arbeitet. Wir werden auf unseren altersschwachen Sitzen hin- und hergeschubst, bis wir endlich vor einem kleinen Schild mit der Aufschrift »Cloeslines fromm hell« zu stehen kommen. Vier Jammerlappen, ein Hund und ein schwer genervter Fahrer steigen aus und sehen sich um.

»Na ja«, kommentiert Stu.

Das trifft es ganz gut. Es gibt wenig Unglamouröseres als die Rückseite eines Festivals. Die Musik der ersten Bands dröhnt unerkennbar dumpf von den Bühnen herüber, es stehen vereinzelt Baucontainer herum, die als Büros, Lagerräume oder Backstage dienen, kleinere und größere Busse und Vans teilen sich einen Acker mit Zelten von kleineren und größeren Bands.

Die meisten Leute, die wahlweise tiefenentspannt herumschleichen oder hektisch herumrennen, sind die Musiker, die am Nachmittag verheizt werden. Newcomer, lokale Helden, ausgebrannte Altrocker oder solche, die es nie richtig geschafft haben. Ich hoffe, wir gehören zur Kategorie »Newcomer«. Ein kleiner Schritt zur Vermeidung des Status »nie richtig geschafft« könnte heute getan werden.

Die großen Acts haben sich innerhalb des Backstage-Areals verschanzt: kleine Containerburgen, in die man als Angehöriger des Nachmittagsprogramms keinen Zutritt hat. Es riecht nicht gerade nach Rock'n'Roll und Ruhm, eher nach feuchtem Stroh und Kuhscheiße.

»Ich geh uns mal anmelden«, sage ich, kriege aber keine Antwort. Stattdessen hocken sich die vier im Schatten des Bullis auf den Boden. Ich atme tief durch und gehe los. Lemmy bellt die Luschen noch einmal vorwurfsvoll an, dann trottet er hinter mir her.

»Hey«, begrüße ich den Typen an der Anmeldung, der mit seiner runden Brille und einer Halbglatze eher aussieht, als würde er am Infoschalter vom Baumarkt arbeiten und seit Jahren auf eine Beförderung zum Leiter der Abteilung Sanitär und Fliesen hoffen. Nur ein *Heaven Shall Burn*-Shirt verrät seine musikalische Gesinnung. »Ich bin Torben, der Tourmanager von *Clothelines from Hell*. Man sagte mir, ich soll mich hier melden.«

»Ah, hi«, sagt er und fängt an, in einer Kiste mit dicken Umschlägen zu wühlen. Er reicht mir einen davon. »Da ist alles drin, was ihr braucht: Bändchen, Zeitplan, wann ihr wo sein müsst für Soundcheck und Auftritt, Essensmarken und so weiter. Euer Cheffe hat einen Zeitplan für eure Interviews gefaxt, den hab ich euch mit reingepackt.«

»Ah, super. Dann ist ja alles klar.«

Er grinst mich strahlend an. »Schön, dass ihr dabei seid. Ich hoffe, ihr habt Spaß.«

Ich reiche ihm die Hand. »Das werden wir ganz bestimmt.«

Als ich mich wieder zu den anderen geselle, haben sie wenigstens begonnen, unsere Zelte aufzubauen. Für Newcomer gibt es kein Hotel. Der Aufbau gestaltet sich so, dass sie die beiden Zelte auf den Boden geschmissen und die Heringe draufgelegt haben. Stu sitzt auf einem Case und steckt im Tempo einer Wanderdüne die Zeltstangen zusammen. Die anderen sitzen rum. Murat schläft. Ich verteile die Bändchen und Wertmarken, und wir klären, wer wann welches Interview gibt. Das fürs Fernsehen ist erst nach dem Auftritt. Ich wecke Murat.

Er blinzelt mich irritiert an. »Was'n los, ist das Essen fertig?«

»Nein«, sage ich. »Aber du anscheinend. Bist du sicher, dass du das ZDF-Interview machen willst?«

»Klar mach ich das. Gar kein Problem.«

»Hm. Na gut.«

Ich lasse ihn in Ruhe und helfe lieber Stu bei der Errichtung unserer Polyesterpyramiden.

Eine halbe Stunde später stehen die ersten Interviews an, und die Band schlurft zu den entsprechenden Ständen und Containern. Ich überlege erst, sie zu begleiten, aber da ich mich nicht zweiteilen kann, würde ich sowieso nicht alles bespitzeln können. Ich muss einfach darauf hoffen, dass die Jungs nicht allzu viel Blödsinn labern.

Es gibt drei Arten von Bandinterviews: die langweiligen, die guten und die Totalausfälle.

Die langweiligen sind meistens die von jungen Bands, die noch nicht viel erlebt haben und ihre Standardsprüche runterleiern. Von wem sie beeinflusst wurden, aber dass sie natürlich trotzdem ihr ganz eigenes Ding machen, dass sie gerne in der ganzen Welt touren würden, dass ihr Produzent ja ein super Typ ist, ihre Musik schon organisch klingen soll, aber trotzdem knallen, dass man sich intensiv mit den Texten beschäftigen solle, um das große Ganze zu verstehen, und so weiter und so fort. Die guten Interviews geben die alten Hasen und großen Legenden, die eine Anekdote nach der anderen raushauen, obwohl sie sich angeblich an die kompletten Achtziger gar nicht mehr erinnern können. Die Totalausfälle sind die Gespräche, bei denen der Journalist quasi nur mit sich selbst spricht und aus sechs, sieben Ja/Nein-Antworten einen dreiseitigen Artikel zusammenschraubt oder bei denen sich der Musiker politisch um Kopf und Kragen redet oder für den Metal sterben will, jetzt sofort und auf der Stelle.

Ich hoffe, bei uns bleibt es bei langweiligen Interviews. Stu wird wahrscheinlich nicht viel reden, Murat vielleicht zu viel. Ich hoffe auf Tom-Tom und Frankie.

Während die Jungs den bekanntesten Metalmagazinen des Landes Rede und Antwort stehen, nutze ich die Zeit, den Bandblog zu aktualisieren, und baue die Zelte zu Ende auf. Als passionierter Campingverächter brauche ich beschämend lange. Ich klopfe auf dem letzten Hering herum, als nach und nach meine Schützlinge wieder eintrudeln.

»Wie war's?«, frage ich vorsichtig und kriege gehobene Daumen zur Antwort. Ich muss ihnen wohl in der Hinsicht einfach mal vertrauen. Ändern könnte man jetzt eh nichts mehr, es sei denn, Musikjournalisten sind für Bestechung zu haben oder man könnte die Diktiergeräte unauffällig verschwinden lassen. Oder deren Besitzer, aber ich glaube, das ist in unserem Land verboten, selbst bei Redakteuren eines Heavy-Metal-Magazins. Spießerdeutschland.

»Oh, schlafen«, nuschelt Murat und macht Anstalten, in eins der Zelte zu krabbeln, aber ich kriege ihn am Gürtel gepackt und ziehe ihn zurück. »Nix da«, schimpfe ich. »Schmeißt euch lieber in eure Bühnenklamotten, und schnappt euch eure Instrumente. Ihr müsst gleich zum Linecheck.«

»Menno«, beschwert sich Murat kraftlos, sammelt seine Siebensachen aber trotzdem zusammen. »Bühnenklamotten« haben wir in dem Sinne nicht. Ich finde es albern, wenn sich Bands auf der Bühne verkleiden oder, schlimmer noch, uniformieren. Aber für solche Sperenzchen fehlt es uns sowieso an Budget. Nichtsdestotrotz haben Musiker immer Kleidung, die sie auf der Bühne bevorzugen, weil sie ihnen Glück bringt, besonders praktische Vorzüge hat oder ihnen einfach ein gutes Gefühl gibt, was zu den wichtigsten Dingen gehört, wenn es um einen guten Auftritt gehört. Fühlst du dich auf der Bühne nicht wohl, spielst du scheiße, so einfach ist das. Das einzige Dekor, das sich die Jungs gönnen, sind ein paar zusätzliche Killernieten und im Fall von Tom-Tom ein Bandana, das allerdings weniger Dekoration als viel mehr Schweißschwamm ist. Außerdem tragen Frankie und Stu *Clothelines*-Shirts. Eigentlich ist es eher uncool, das eigene Band-Merchandise anzuhaben, aber da heute sehr viele Menschen zuschauen, hielten wir es für eine gute Idee, den Leuten subtil unterzujubeln, dass es von uns was zu kaufen gibt.

Die Jungs packen sich ihre Koffer und Taschen, dann stolpern wir über das Stoppelfeld Richtung Bühne. Jetzt wird es ernst. Obwohl ich nicht selbst auftreten muss, breitet sich in mir ein wohliger Schauer aus, als wir uns der Rückseite der Bühne nähern und das schwarze Rechteck immer höher aufzuragen scheint wie ein gewaltiger Monolith. So eine Festivalbühne kann sehr ehrfurchtgebietend sein.

Ein Typ mit Knopf im Ohr kommt auf uns zu. Er trägt einen Werkzeuggürtel um die Hüften geschlungen, der aussieht wie Batmans Einsatzgürtel für globale Katastrophen.

»Ihr seid die *Clothelines*?«, fragt er, und wir nicken kollektiv.

»Super, dann ... Moment.« Sein Walkie-Talkie, das er auf der Schulter trägt wie einen Papagei, quäkt irgendwas Undefiniertes. Ich frage mich immer, ob es für Roadies, Polizisten, Feuerwehrleute oder Security-Typen einen Sprachkurs »Deutsch – Walkie-Talkie, Walkie-Talkie – Deutsch« gibt, denn ich habe noch nie auch nur eine Silbe von dem verstanden, was aus diesen Dingern dringt. Der Typ drückt einen Knopf und bellt: »Dann soll er halt Gaffa nehmen, das geht auch.«

Er wendet sich wieder uns zu. »Also gut. Ich bin Martin, der Stagemanager. Ihr könnt in zehn Minuten den Linecheck machen. Wer ist euer Drummer?«

»Ich«, flüstert Tom-Tom und hebt schüchtern die Hand. Er sieht gerade eher nach Schuljunge aus als nach Schlagzeuger einer hart rockenden Band. So langsam geht wohl allen die Düse.

»Alles klar, du kommst schon mal mit und guckst, ob dein Kit so passt, bevor wir es auf die Bühne schieben.« Sprichts und kraxelt entschlossenen Schrittes die Blechtreppe zur Bühne hoch. Tom-Tom folgt ihm.

Wir hocken uns auf Plastikgartenstühle. Frankie trommelt nervös auf den Armlehnen herum, Stu fängt an, sich auf seinem

Bass warmzuspielen, Murat schläft ein. Ich beuge mich zu Frankie rüber: »Sag mal, glaubst du, dass Murat in seinem Zustand abliefern kann?«

Frankie klopft mir beruhigend auf die Schulter. »Das wird schon«, sagt er, aber es klingt nicht sehr überzeugt.

Wir beschäftigen uns mit Rumsitzen und Fressehalten, bis Martin auf der Treppe erscheint und uns hochwinkt.

»Na, dann mal los«, sage ich. »Stu, weck mal Dornröschen.«

Stu wirft Murat einen Becher an den Kopf. »Showtime, Schnarchnase.«

»Is' ja gut. Bin wach«, lügt Murat, aber er schafft es, sich aufzurappeln, und schnappt sich seine Gitarre. Wir erklimmen die Stufen hinauf zu den Brettern, die die Welt bedeuten.

Der Moment, in dem man so eine Bühne betritt, hat schon was: Plötzlich öffnet sich vor dir das Festivalgelände. Wie zu erwarten ist das Areal am Nachmittag nicht gerade überfüllt, ein Großteil des Publikums sitzt in gemütlichen Runden auf dem Boden und ist eher zum Warmsaufen mit Livebeschallung da. Diejenigen gilt es zu packen und zu überzeugen. Nur etwa zwei, drei Reihen am Absperrgitter sind gefüllt. Das sind die ganz Besorgten, die Angst haben, bei ihren Lieblingsbands, die am Abend spielen werden, keinen Platz mehr zu ergattern, und dafür sechs, sieben Vorgruppen ertragen. Auch die gilt es zu überzeugen. Frankie schaut etwas kritisch aus der Wäsche. »Nicht gerade voll«, raunt er mir zu.

Ich tippe mir an die Stirn. »Spinnst du? Jetzt mach mal keinen auf Rockstar. Da draußen sitzen locker zwanzig- bis dreißigmal so viele Menschen, wie ihr bisher insgesamt bei allen Konzerten von euch zu Gast hattet!«

»Hast recht«, sagt er, strafft seine Gestalt und setzt sein Sonntagsgrinsen auf. »Die werden wir uns jetzt mal richtig zur Brust nehmen. Jungs, Sender an!«

Stu, Murat und Frankie schalten die Sender an ihren Klampfen an, Tom-Tom wirbelt vorfreudig seine Drumsticks zwischen den Fingern hin und her. Einer der Festivalveranstalter hat sich inzwischen vorne an die Bühne gestellt und moderiert uns an.

»Leute, wir haben jetzt für euch einen heißen Newcomer am Start. Begrüßt bitte die *Clothelines from Hell*!«

Frenetischer Applaus geht anders, trotzdem lässt das Publikum was von sich hören. Hier und da ertönt sogar ein enthusiastisches Johlen und Pfeifen. Die Leute haben Bock, das ist schon mal gut. Nicht so gut ist, dass Murat auf die Bühne schlurft, als wolle er sich bei George A. Romero für die Hauptrolle in einem neuen Zombiestreifen bewerben.

»Oh, Mannomann!«, stöhne ich und stelle mich in die Ecke der Seitenbühne, die für die Angehörigen und Crews der auftretenden Bands reserviert ist.

»Ganz ruhig, Brauner. Die machen das schon«, sagt Sven.

»Hey, Sven, lange nicht gesehen. Wie kommst du drauf, dass ich nervös bin?«

»Du kaust an deinen Nägeln, als würden sie Bier absondern.«

Ich schaue auf meine Fingernägel. »Verdammt, du hast recht.«

Er grinst. »Du bist schon voll drin, was? Du fieberst richtig mit.«

Ich zucke mit den Schultern. »Ist halt mein Job.«

»Ja, ist klar. Nur ein Job.«

»Ich hab nicht ›nur‹ gesagt. Es ist schon ganz interessant.«

Sven nickt wissend und schwebt rüber in die erste Reihe. »Ich gucke mir das mal von vorne an«, ruft er.

»Lass das mit dem Schweben, das sieht voll albern aus«, rufe ich zurück, dann wende ich mich wieder dem Geschehen auf der Bühne zu.

Frankie reckt seine Faust gen Himmel. »TOOORRNNAADDDOOO! Seid ihr bereit für Heavy fuckin' Metal?«

Die Menge brüllt und reckt Pommesgabeln. Sie sind bereit für Heavy fuckin' Metal. Tom-Tom und Stu ebenfalls. Nur Murat sieht immer noch so aus, als ob er jede Sekunde einfach vornüberfällt und einpennt. Am liebsten würde ich ihm mit Anlauf in den Arsch treten. Dann zählt Tom-Tom an.

Und mit dem ersten Ton passiert etwas Seltsames: Von einer Sekunde auf die andere ist Murat da. Als hätte ihn jemand eingeschaltet, schreddert er auf seiner Klampfe los, als gäbe es kein Morgen. Jedes Riff und jedes Break sitzt, und er gibt die Rocksau. Alle vier tun das, und es dauert keine zwei Songs, da sind sie patschnass geschwitzt. Das Publikum weiß das zu honorieren. Auch Sven scheint es zu gefallen. Er ist in den vorderen Reihen am Stagediven, allerdings ohne dass jemand die Hände hochnimmt, um ihn zu tragen.

Ich stehe mit offenem Mund da und staune. Die Jungs brauchten definitiv die Herausforderung. Die Shows vorher waren gut, aber diese hier ist großartig. Sie treten Arsch, und zwar mit Schmackes. Ihr Set dauert nur vierzig Minuten, aber als der letzte Ton der inoffiziellen Bandhymne »We're From Hell« verklingt, hat sich der Pulk vor der Bühne merklich vergrößert, und auch das Sitzpublikum hat sich kollektiv der Bühne zugewandt. Es gibt Zugabe-Rufe, aber wir sind hier auf einem Festival, da ist nichts mit Zugabe.

Mit dem breitesten Grinsen, das körperlich machbar ist, ohne dass wichtige Gesichtsmuskeln reißen, verabschieden sich die vier vom Publikum und stolpern wieder hinter die Bühne. Ich gebe High-Fives, und auch wenn sie schweißgetränkt sind, kann ich nicht umhin, sie alle zu drücken. Jetzt stinken wir alle wie die Sportumkleide eines pubertären Fußballvereins, aber drauf geschissen.

»Das war Granate!«, rufe ich und klopfe wahllos auf Schultern. Martin düst an uns vorbei und hebt den Daumen. »Sauber, Jungs«, sagt er.

Ein kleiner Kerl mit Brille und weißem T-Shirt nähert sich uns. Er hat ein Headset auf, das drei Nummern zu groß für ihn wirkt.

»Hey, ich soll euch zum Interview abholen.«

Ich hebe die Hand. »Wie, jetzt schon? Die Jungs kommen grad von der Bühne. Können sie nicht vorher schnell duschen?«

Der Typ schüttelt den Kopf. »Sorry, nein, wir gehen in elf Minuten live auf Sendung. Und so ist es doch auch viel authentischer.« Er grinst und tippt auf eine imaginäre Armbanduhr.

»Alles klar«, sage ich. »Frankie, Murat, seid ihr so weit?«

»Ja, klar«, strahlt Frankie.

»Ja, ja«, nuschelt Murat kraftlos. Irgendwer hat ihn wieder ausgeschaltet.

»Ihr könnt gerne alle mitkommen und auf dem Monitor zusehen«, sagt der Kleine.

»Dann machen wir das doch«, sage ich, und wir folgen ihm zum Containerstudio des ZDF, beziehungsweise irgendeines digitalen Ablegerkanals davon. Wir kriegen eine Bierbank vor einem Bildschirm zugewiesen, und sofort stellt uns jemand einen Kasten Bier und eine Flasche Wasser hin. Murat und Frankie werden von Praktikanten umschwärmt, die sie pudern, kämmen und mit Mikros ausstatten. Das Ganze sieht eher nach einem rüden Überfall aus.

»Kann ich auf Klo?«, nölt Murat, aber eine Blondine schüttelt den Kopf, dass ihr Pferdeschwanz nur so fliegt.

»Ihr seid in drei Minuten on.« Sie schubst die beiden ins improvisierte Studio, und wir sehen auf dem Bildschirm wie die zwei vom überhippen Moderator begrüßt werden, der sich wohl mal als Profiskater für diesen Job qualifiziert hat.

Frankie setzt sich neben ihn in einen der irgendwie stylish aussehenden, orangen Plastiksitze, die aber augenscheinlich nicht sehr bequem sind. Murat plumpst in den nächsten Sessel. Dann wird eingezählt, und das Interview beginnt.

»Bei mir sind jetzt Frankie und Murat von *Clothelines from Hell*, die gerade eben noch live auf der Hauptbühne vom *Tornado Open Air* standen«, beginnt der Interviewer und zeigt absolut karies- und zahnsteinfreie Zähne. »Wie fühlt ihr euch jetzt?«

Super Einstieg, denke ich, langweiliger geht's nicht. Aber egal, investigativen Journalismus erwarte ich auch gar nicht. Hauptsache, die Leute lernen die Band kennen. Und Frankie meistert es ganz gut. Noch deutlich euphorisiert antwortet er, dass sie natürlich superglücklich seien, hier spielen zu dürfen, und das Publikum sei auch bombe gewesen und blablabla.

»Macht er gut«, sagt Stu.

»Ja, Frankie kann das. Aber Murat knackt gleich weg«, meint Tom-Tom.

Gebannt starren wir auf den Schirm. Während Frankie belanglose Allgemeinheiten von sich gibt und mit dem Moderator ein Wettgrinsen veranstaltet, rutscht Murat mit verschränkten Armen und geschlossenen Augen immer tiefer in seinen Sitz. Ich hoffe nur, dass seine Shorts dabei nicht hochrutschen und seine Eier zum Vorschein kämen, das wäre echt peinlich.

»So isser halt«, sagt Stu. Wir beobachten, wie Murat offensichtlich komplett wegdöst. Sein Kopf kippt leicht zur Seite. Oh Mann. Hauptsache, er fängt nicht an zu schnarchen.

Tom-Tom legt den Kopf schief. »Was is'n das an seinem Sessel?«, fragt er langsam.

»Wo?«, frage ich.

»Na, da, an der Sitzkante.« Er tippt auf den Bildschirm, und ich sehe genauer hin.

»Oh fuck! Bitte sag mir, dass es nicht das ist, wofür ich es halte«, ächze ich.

»Ich fürchte, genau das ist es.«

»FUCK, FUCK, FUCK! Das wird ja immer mehr. Warum unterbricht denn keiner die verdammte Sendung?«, fluche ich. »Das können die doch nicht senden!«

Oh doch, sie können. Vor allem, wenn der Redakteur im Ü-Wagen zwar an seinem Monitor sitzt, sich dabei aber von der blonden Praktikantin einen blasen lässt. Frankie und der Moderator plaudern zu beschäftigt, um zu merken, was abgeht. So müssen wir tatenlos mit ansehen, was passiert. Und dem Gejohle vor dem Container nach zu urteilen, wo ein riesiger Monitor die Live-Interviews während der Umbaupausen auf das Konzertareal überträgt, sehen auch sehr viel andere, was gerade passiert. Und es wird übertragen in die ganze Welt.

Jeder sieht es.

Von nun an und für immer wird *Clothelines from Hell* als die Band bekannt und berüchtigt sein, deren Gitarrist während eines Live-Fernsehinterviews eingeschlafen ist und sich dann selig eingeschissen hat.

7

THE SHOW MUST GO ON

Ich vermisse Lucy.

Ich vermisse meine Freunde.

Ich vermisse mein Zuhause.

Ich vermisse einen Job, bei dem ich nicht aufpassen muss, ob sich einer meiner Schützlinge vor laufender TV-Kamera in die Hose kackt. Da hätte ich ja gleich Altenpfleger werden können.

Gerald hat angerufen. Oft. Sehr oft. Ich bin nicht rangegangen, irgendwann habe ich einfach das Handy ausgemacht. Auf Festivals ist der Empfang immer so schlecht, vielleicht denkt er einfach, ich hätte kein Netz. Vielleicht glaubt er ja auch an den Nikolaus und die Kokainfee.

»Mann, du bist echt mies drauf, was?«, fragt Sven. Wir sitzen auf einem umgekippten Baumstamm am Rand des Festivalgeländes. Die Sonne geht unter, und von der Bühne dröhnen Jubel und Heavy Metal herüber. Würde ich nicht gerade in meiner Haut stecken, würde ich wohl mitfeiern.

»Wie kommst du denn darauf?«, frage ich müde zurück.

»Na ja, du sitzt hier alleine rum, deine Schultern hängen ungefähr auf Kniehöhe, und du säufst schon an deiner zweiten Pulle Whisky.«

»Ja«, sage ich und halte die Flasche Jackie hoch. Sie ist noch zu drei Vierteln voll. Der Fluch des Tourlebens: Gratisalkohol ist jederzeit verfügbar. Merkwürdigerweise bin ich noch recht klar im Kopf. Normalerweise reichen mir als Schnapsverächter fünf bis sechs Gläser Whisky, um mich in ein seliges Alkoholkoma zu befördern. Aber jetzt habe ich schon eine komplette Flasche gekippt und bin immer noch nicht ausgeknockt. Nicht mal das wird mir heute gegönnt.

»Ganz ehrlich, Sven, das war eine scheiß Idee. Was hab ich mir dabei gedacht? *Tourmanager*, so ein Schwachsinn.« Ich spucke wütend ins Gras. »Ich krieg ja noch nicht mal mein eigenes Leben auf die Kette.«

»Ach, hör auf rumzujaulen«, schimpft Sven. »So schlimm war es doch gar nicht.«

»Nicht so schlimm? Alter, der hat sich EINGESCHISSEN. Mit richtig üblem Dünnpfiff und vor laufender Kamera. Wie schlimm soll es denn noch werden?«

»Ich fand's witzig!«

»Hahaha. Davon kann ich mir auch was kaufen. Scheiße Mann, den Job bin ich los. Nach einer Woche. Ich bin alles los. Meinen Job, meine Frau, meine Wohnung, mein ganzes verkacktes Leben geht volles Mett den Bach runter. Scheiße!«

Sven legt eine Hand auf meine Schulter. Ich spüre es nicht, aber es tröstet mich trotzdem irgendwie. Lemmy kommt angelaufen und legt mir einen Stock vor die Füße, aber ich hab keine Lust auf Stöckchenspielen und lasse ihn liegen. Lemmy will offenbar selber auch nicht spielen, sondern wackelt sofort wieder weg. Vielleicht trösten sich Hunde, indem sie sich Geäst schenken. Andere Rassen, andere Sitten.

»Manager! Dass ich nicht lache«, lamentiere ich weiter. »Wie komme ich nur darauf, dass ich so was stemmen kann?«

»Hör mal zu, du Heulsuse! Du machst das im Großen und Ganzen doch ganz gut! Und was willst du dagegen machen, dass einer Flitzekacke hat und es nicht merkt? Willst du ihm 'nen Korken hinten reinstecken, oder was? Nie hat dieser Spruch besser gepasst: Shit happens! Das kann keiner ändern. Deswegen wird dich niemand feuern. Ich glaub, Gerald und das Label haben schlimmere Aktionen miterlebt. Die waren schon in den Achtzigern aktiv, da war jede Tournee ein Fall für die Justiz. Deine Jungs nehmen immerhin keine Hotelzimmer auseinander ...«

»*Hotelzimmer?* Was für Hotelzimmer?«

»Sie werfen sich keine harten Drogen ein, belästigen keine Frauen, und im Bau ist auch noch keiner gelandet«, fährt Sven fort. »Da ist so ein bisschen einkoten nun echt kein Weltuntergang. So ziemlich jeder, der mal auf Reisen war, hat sich schon mal eingeschissen, das gehört quasi dazu.«

»Ja, aber nur, wenn man nach Indien oder nach Guatemala reist. Aber doch nicht vor der eigenen Haustür!«

»Du hast anscheinend noch nie Fischbrötchen am Hamburger Hafen gegessen. Man muss nicht ans Ende der Welt reisen, um Salmonellen zu kriegen.«

Ich seufze. »Was mache ich hier eigentlich?« Ich nehme noch einen Schluck und deute mit der Flaschenhand in Richtung Bühne. »Ich mag Festivals noch nicht mal besonders, das weißt du. Und jetzt bin ich auf einmal Teil der Maschinerie. Und ich verbocke es natürlich.«

»Mimimi.«

»Nix ›mimimi‹. Ist doch wahr. Was habe ich bitte schön auf einer Tour verloren? Ich kann noch nicht mal 'ne Gitarre richtigrum halten. Ich habe eigentlich null Ahnung von Musik, und jetzt soll ich eine Band managen. So ein Schwachsinn. Wie bin ich nur auf diesen Trichter gekommen?«

‹flashback› Als Zwölfjähriger hat man im Urlaub mit seinen Eltern nicht viel zu lachen. Man ist kein kleines Kind mehr, aber noch nicht alt genug, um im demokratischen Prozess der Feriengestaltung ein Vetorecht zu haben, und noch locker ein halbes Jahrzehnt davon entfernt, auf eigene Kappe loszufahren. Berchtesgaden sollte es diesmal also sein. Schöne Gegend, aber piefig und langweilig, wie ich fand. Zumal wir die zwei Wochen des Sommers erwischt hatten, in denen es permanent regnete. Eigentlich fand ich die Berge ja super, aber bei Mistwetter hilft die schickste Aussicht nichts, man langweilt sich einfach nur zu Tode. Nach vier Tagen hatten wir sämtliche Indooraktivitäten, die in der Gegend machbar waren, durch, anschließend hingen wir rum und warteten auf Wetterbesserung. Ich saß die meiste Zeit im Fernsehzimmer der Wirtschaft, zu der unsere Pension gehörte und in der vornehmlich die Bauern der Gegend saßen und soffen. Von ihren im breiten Dialekt geführten Diskussionen verstand ich kein Wort. Ich versuchte mich mit Lesen und Gameboy-Spielen zu beschäftigen und die schlimme Musik zu ignorieren, die hier lief: eine Mischung aus Schlager, Volksmusik und Pop. Ich war mir noch nicht klar darüber, was für Musik ich mochte, aber so was bestimmt nicht. Aber man kann ja nichts dran ändern, dachte ich, schwieg und litt. Bis die Musik einmal aus war. Ich fand das ganz angenehm, die gerade anwesende Stammtischtruppe eher nicht. Einer von ihnen kam in diesem Moment vom Klo wieder und wurde angebrüllt: »Hansi, mach mal Musi an.«

Hansi, ein Zwei-Meter-Brocken in grünem Overall, schlenderte in eine Ecke des Wirtshauses, derer ich mir vorher nicht bewusst gewesen war, und fummelte an einem Apparat herum, den ich erst für einen kneipenüblichen Spielautomaten gehalten hatte. Aber als er fertig war, erscholl wieder schlimme Musik, und mir wurde klar, dass dieser leuchtende Kasten eine Art Jukebox war. Vielleicht gab es doch ein Mitspracherecht bei der musikalischen Untermalung. Ich schlenderte zu dem Apparat rüber. Bisher kannte ich nur die alten, klassischen Jukeboxen, die mit Vinylsingles befüllt waren und die Ausmaße eines Kühlschranks aufwiesen. In der Kneipe, in die mich mein Vater als kleiner Steppke zum Billardspielen mitgenommen hatte, stand noch so ein beinahe antikes Teil. Diese hier war viel kleiner und spielte CDs ab, topmodernste Hightech also, zudem auf Wunsch komplette Alben und war beleuchtet wie eine Tankstelle, die sich auf LSD-abhängige Kunden spezialisiert hatte. Man konnte die angebotenen Alben durchblättern. Von den meisten Covern grinsten mir gebräunte Nichtsgesichter mit Spießerfrisuren entgegen, ansonsten waren *ABBA* oder Madonna die einzigen Künstler, die ich kannte, aber die wollte ich nicht hören. Dann klappte ich eine weitere Seite um und sah es: Ein Cover, das sich deutlich von den anderen unterschied: Ein Roboter in annähernd menschlicher Gestalt mit Engelsschwingen und gereckter Faust flog auf einem Höllenbike mit Kreissägeblättern anstelle von Reifen über eine Stadt hinweg, die in Lava zu versinken schien. »PAINKILLER« stand in großen Lettern darüber. Wow, was für ein geiler Bandname!, dachte ich, aber dann fiel mein Blick auf den kleinen Infozettel unter dem Cover, der mir verriet, dass es sich um den Albumtitel handelte. Wow, was für ein geiler Albumtitel! Der Name der Band: *Judas Priest*. Wow, was für ein geiler Bandname! Ich starrte wie gebannt minutenlang auf das Cover, während im Hintergrund Bauern tratschten und aus den Boxen irgendjemand in schlimmsten Reimen die Schönheit wahlweise seiner Liebsten oder der Heimat besang. Ich nahm mir fest vor, am nächsten Tag der Erste in der Wirtschaft zu sein, die der Pension auch als Frühstücksraum diente, und ließ mir von meinem Vater einen Taschengeldvorschuss geben. Dass ich den in 1-Mark-Münzen haben wollte, irritierte ihn nicht weiter. Hauptsache, das Kind war beschäftigt. Ich schlief kaum in dieser Nacht und malte mir immer wieder dieses Cover mit dem Höllenreiter vor das geistige Auge. Was musste da für Musik hinter stecken! Am Morgen schlich ich mich aus dem Zimmer, während meine Eltern noch schnarchten. Ich war alleine im Frühstücksraum und stürmte zu der CD-Jukebox. Sie war aus. Nein, nein, nein, dachte ich, sie ist kaputt! Die ganzen Schlager und die Volksmusik haben sie getötet, bevor ich sie retten konnte. Dann fiel mir auf, dass der Stromstecker nicht eingestöpselt war. Ich steckte ihn in die Dose, blinkend und bippend erwachte die Box zum Leben. Nervös ließ ich einige Mark im Münzschlitz verschwinden und suchte ungeduldig nach dem Cover. Da fiel mir noch eins auf, das würde ich mir später vornehmen: ein muskelbepackter Typ mit schwarzer Maske auf einem Berg, ein Schwert in der einen Hand, einen Metallring erhoben in der anderen und im Hintergrund Blitze. Das musste ich mir auch gleich anhören. Und noch eins, komplett schwarz mit einer einfachen dunkelgrauen Zeichnung einer Schlange in der Ecke, das sah auch vielversprechend aus. Dann endlich klappte der Painkiller auf. Ich gab den ersten Song in die Auswahl ein. Es surrte, eine CD wurde eingeschoben, und ich trat einen Schritt zurück. Und dann brach ein Trommelgewitter über mich herein, ratatata, wie ein Maschinengewehr, das plötzlich in einen Groove überging, so schnell, wie ich ihn noch nie gehört hatte. Gitarren setzten ein, und alles war so mächtig, so gewaltig, so laut, dass es mich einfach wegriss. Ehe ich es mich versah, sprang ich wie ein Geistesgestörter durch den Frühstücksraum, und selbst als ich mir fast den Oberschenkel an einer Tischecke aufschlitzte, hörte ich trotz höllischem Schmerz nicht damit auf. Das war es, das war mein Ding, völlig klare Sache! Es hatte lange gedauert, aber hier mitten im idyllischen Nirgendwo hatten wir uns gefunden, der Metal und ich. </flashback>

»Ganz einfach«, sagt Sven. »Du liebst den Scheiß. Und du willst Teil des Ganzen sein. Das steckt irgendwie in der Metalszene drin, die Wenigsten wollen nur konsumieren. Fast jeder versucht sich mal als Musiker, und sei es nur für fünf Minuten, gründet einen Club oder organisiert Konzerte oder ein Label, oder man gibt ein Fanzine mit einer Auflage von zwölf Exemplaren heraus. Andere werden Tourmanager.«

»Heavy Metal ist ein ganz schöner Animationsklub«, sage ich erstaunt. Mir fallen tatsächlich kaum Leute aus meinem Umfeld ein, die nicht selbst irgendwie mal in der Szene aktiv gewesen sind, und sei es nur sporadisch.

»Aber ich hab's wohl übertrieben«, seufze ich. »Und ich bin voll auf die Fresse gefallen.«

Sven verdreht die Augen. »Werd mal nicht dramatisch! Ein

kleiner Rückschlag, mehr ist das nicht. Das muss man mit Humor nehmen. Du solltest dem Beispiel deiner Jungs folgen. Die feiern kräftig.«

»Nee, nee«, sage ich und nehme noch einen tiefen Schluck aus der Pulle. »Ich gehe in mein Zelt und penne. Ich will nur, dass dieser Scheißtag vorbei ist.« Mit diesen Worten rutsche ich nach hinten von meinem Baumstamm und krabbele in mein Zelt.

***

Als ich aufwache, habe ich den Mund voller Schimmel. Ein würgender Hustenanfall weckt mich vollends auf. Ich spucke Laub.

»Was zum ...?« Irritiert und völlig desorientiert richte ich mich auf. Ich rotze weiter Laub und Erde und muss mich beherrschen, mich nicht zu übergeben. Ich liege in einem Haufen feuchter, modriger Blätter aus dem letzten Herbst, in denen ich es mir anscheinend zum Schlafen gemütlich gemacht habe. So viel zum Thema anderthalb Flaschen Jackie saufen und nichts davon merken. Ich hab einfach nur nicht gemerkt, dass ich was merke. Und das wohl nicht zu knapp. Ein Zelt auf einem Acker mit einem Laubhaufen im Wald zu verwechseln, dürfte meinen neuen Rekord an besoffener Verpeiltheit darstellen.

Das schlägt sogar noch Matzes Klassiker, als er der festen Überzeugung war, in einer Kneipe am Pissoir zu stehen, tatsächlich aber bei sich zu Hause auf seiner eigenen Party war und hingebungsvoll seinen Plattenspieler vollstrullte.

Ich richte mich stöhnend auf. Nicht nur, dass ich einen Kater habe, der sich gewaschen hat, auch das Nächtigen auf kaltem Waldboden hat seine Spuren in meinen Knochen und Muskeln hinterlassen. Wenn ich das nächste Mal in Selbstmitleid versinke, lasse ich mich einfach von einer Horde Hooligans verkloppen, das geht schneller und dürfte einen ähnlichen Effekt haben. Blinzelnd stolpere ich aus dem Wald, während ich mir aus allen möglichen und unmöglichen Kleidungs- und Körperfalten Blätter, kleine Zweige und verendete Insekten pule.

Über dem Festivalgelände steigt gerade die Sonne auf. Es gibt wenig Kontrastreicheres als einen schönen Sonnenaufgang und dazu das vermüllte Schlachtfeld eines Rockfestivals. Hier und da schleichen Alkoholzombies herum, die wahrscheinlich ähnliche Schwierigkeiten haben wie ich, ihre Schlafstatt zu orten.

Ich schlurfe zu meinem Zelt. Im Inneren liegt Lemmy und hat meinen Schlafsack zu einer Hundeburg umgeordnet. Offensichtlich genießt er es, das Zelt für sich zu haben. Er schnauft und schnarcht zufrieden.

»Verräter«, flüstere ich. Ich schnappe mir ein Handtuch, Duschgel, Klamotten und eine Flasche Wasser. Zuerst spüle ich mir noch ein halbes Kilo Wald aus dem Mund, dann gehe ich zu den Duschcontainern und verwandle mich wieder in etwas annähernd Menschliches. Das Versorgungszelt hat zum Glück schon geöffnet, und wieder einmal erweist sich, dass es kaum eine größere Errungenschaft der Menschheit gibt als frisch aufgebrühten Kaffee am frühen Morgen, selbst wenn er in viel zu kleinen Plastiktassen ausgeschenkt wird.

Ich setze mich auf eine Bierbank, kaue auf zu weichen Brötchen herum, genieße das Koffein und beobachte, wie immer mehr Frühaufsteher eintrudeln. Die meisten sind Busfahrer und Roadies, die vernünftig und professionell genug sind, sich nicht den abendlichen Bandpartys anzuschließen. Ab und zu mischen sich auch schon erste Musiker unter die Frühstückenden, entweder ältere Semester oder volltätowierte Jungspunde mit Löchern in den Ohren, als hätten sie für den Gotthardtunnel Modell gestanden, die vermutlich zur Straight-Edge-Fraktion gehören.

Als die ersten blasseren und zerfeierten Gestalten auftauchen, beende ich mein Frühstück. Es wird Zeit, meine Jungs zu wecken, damit sie auch noch was abbekommen. Ich bin ein guter Daddy. Vielleicht sollte ich Murat vorher wickeln. Ich muss tatsächlich schmunzeln bei dem Gedanken. Bevor ich unseren

Zeltplatz erreiche, kommt mir allerdings ein bekanntes Gesicht entgegen. »Hi, Torben«, schallt es mir fröhlich entgegen.

Ich stutze. »Holger? Was treibst du denn hier?«

Er grinst. »Ja, ich freu mich auch, dich zu sehen.«

»Sorry«, entschuldige ich mich für die unbeholfene Begrüßung und reiche ihm stattdessen die Hand.

»Gerald schickt mich«, sagt er. »Ich hab da was für euch.«

»Ah«, sage ich. Was denn jetzt schon wieder?

»Ist auf dem Parkplatz«, sagt Holger und bedeutet mir, ihm zu folgen. Ich schlurfe hinter ihm her. Auf dem Parkplatz für die Bands und Händler bleibt er stehen und grinst mich an.

»Tadaa«, sagt er. »Und, was sagst du dazu?«

»Wozu jetzt genau?« Ich schaue mich unschlüssig um. Ich sehe nur die Laster, Busse und Bullis der anderen Bands, irgendwo dazwischen steht unser Schrotthaufen als Mahnmal der Vergänglichkeit menschlicher Errungenschaften.

»Na, davon«, sagt Holger und zeigt auf einen schwarz glänzenden Sprinter. Wie die Verheißung von besseren Zeiten, von Komfort und Klimaanlage steht er dort und reflektiert frisch gewaschen das Licht der Morgensonne.

»Heißt das etwa ...«

»Yep! Das ist euer neuer Sprinter. Mit schönen Grüßen von Gerald.«

»Ohmeingottohmeingottohmeingott«, stammele ich, klatsche in die Hände und verkneife mir, zusätzlich auf und ab zu hüpfen, um nicht wie ein magersüchtiges Möchtegernmodel zu wirken, das gerade beim Fernsehcasting in den Recall gekommen ist. Ich stürme zu der schwarzen Schönheit und betatsche den Wagen, stets fürchtend, ich würde immer noch im Moderlaubhaufen liegen und das Ganze wäre nur ein alkoholgeschwängerter Traum. Aber nein, das fühlt sich alles erfreulich real an.

»Ich hab noch nie gesehen, dass sich jemand so sehr über einen einfachen Sprinter freut«, sagt Holger und lacht mich ein bisschen aus.

»Du musstest ja auch nicht die letzten Tage mit der Dreck-schleuder aus der Hölle durch die Lande gurken.«

»Na ja, das Vergnügen werde ich haben, nachdem wir euer Equipment umgeladen haben. Ich bring die alte Mühle zu dem Vermieter zurück und darf ihn dann richtig amtlich zusam-menscheißen. Das ist immer mein Lieblingsteil bei meinem Job.«

»Ähä«, sage ich, aber ich höre ihm kaum zu, stattdessen in-spiziere ich das Innere des Sprinters: so viel Laderaum! Drei Sitzreihen! Drei Sitzreihen, die richtig fest installiert sind und nicht bei jedem Bremsen und Anfahren hin- und herkippeln! Armaturen ohne Siff und Brandspuren! Ein Duftbaum! Ein CD-Player! Ich muss mich beherrschen, nicht vor Rührung zu weinen. Meine Hochzeit mit Lucy war toll, aber auch dieser Tag wird für immer in meinem Gedächtnis bleiben, so viel ist si-cher.

»Alles klar«, sagt Holger. »Dann lass uns mal umpacken. Ihr müsst heute ja noch einiges an Kilometern abreißen.«

Ich nicke.

»Sind deine Jungs schon wach?«, fragt Holger.

Ich drehe mich zu ihm um und grinse diabolisch. »Gleich werden sie es auf jeden Fall sein«, sage ich.

Langsam, ganz langsam rolle ich auf unsere Zelte zu. Meine Güte, diese Karre schnurrt wie ein Kätzchen! In den Zelten ist noch keine Aktivität zu erkennen. Keinen halben Meter vor ih-nen bleibe ich stehen. Holger und ich grinsen uns an, dann drücke ich auf die Hupe. Es ist nicht gerade ein Schiffshorn, das losröhrt, aber es dürfte locker als fiesester Wecker des Jahr-hunderts durchgehen. Schlagartig kommt Leben in die Buden, in einem Zelt schießt jemand aus seinem Schlafsack senkrecht in die Höhe, was zur sofortigen Demontage des Zeltes führt. Die Gestalt wedelt in dem formlos werdenden Polyesterwust herum, wickelt sich darin ein und kippt um. Aus den anderen

Zelten krabbeln missmutige Musiker und eine zutiefst angepisste britische Bulldogge. Holger und ich haben Spaß an der
kleinen Show und lachen uns lauthals kaputt. Ich liebe diesen
Wagen.

Nachdem sich alle beruhigt haben, befreien wir Tom-Tom aus
den Ruinen seines Zeltes. Als die Jungs unseren neuen Tourbus
zu sehen kriegen, ist aller Ärger über meine rüden Weckmetho-
den vergessen. Begeistert umkreisen und betatschen sie den Wagen. Weniger begeistert sind sie zwar von der Tatsache, das wir
unsere komplette Ausrüstung noch vor ihrem Frühstück einmal
mehr umladen müssen, aber die Freude über den gesteigerten
Reisekomfort überwiegt. Ohne Umschweife machen wir uns an
die Arbeit.

Eine Stunde später ist alles umgeladen und gesichert und der
neue Bus halb voll mit dem Zeug, das wir mit Ach und Krach in
den alten bekommen haben. Selbst Lemmy scheint hochgradig
begeistert zu sein über den Raumgewinn, zumindest wackelt
sein Stummelschwanz hin und her, ebenso wie der Rest vom
Hund. Wenn Lemmy wedelt, sieht es immer so aus, als hätte
er eine schleudernde Waschmaschine verschluckt. Während die
anderen sich im Frühstückszelt mit Reiseproviant eindecken,
verabschiede ich mich von Holger, der die längste Autofahrt seines Lebens vor sich hat. Ich kläre ihn, so weit es geht, über die
Macken des Höllenschlittens auf, dann schwingt er sich hinters
Lenkrad. Wir reichen uns die Hand, er knallt die Fahrertür zu,
bis sie beim dritten Versuch richtig schließt, und fährt an. Er
stoppt noch mal und kurbelt das Fenster runter.

»Ach, fast hätte ich es vergessen«, sagt er.

»Was denn?«

»Ich soll dir noch was von Gerald bestellen.«

»Oh. Und zwar?«

»Wortwörtlich? ›Geh endlich mal an dein scheiß verficktes
Handy.‹ Also denn, macht's gut.«

»Ja, du auch«, sage ich schwach. Mist, fast hätte ich über die

Freude vergessen, was gestern passiert ist. Scheiße, jetzt haben wir einen coolen Sprinter und, zack, bin ich vermutlich meinen Job los.

Holger fährt zur Parkplatzausfahrt. Wie ich ihm und der Qualmwolke, die er hinter sich herzieht, nachsehe, wundere ich mich, dass wir in den letzten Tagen keinen Einsatz der Feuerwehr ausgelöst haben.

Ich schalte mein Handy an. Surrend und brummend erwacht es zum Leben. Einundzwanzig verpasste Anrufe werden mir angezeigt. Ich klicke auf die Anrufliste. Achtzehnmal Gerald, je einmal Matze, Katharina und Lara. Kein Anruf von Lucy, stelle ich deprimiert fest. Ich atme tief durch, dann rufe ich Gerald an.

Er geht nach dem ersten Klingelton ran.

»ALTER, WAS WAR DAS DENN GESTERN?!«, dröhnt es so laut aus dem Hörer, dass ich das Handy ein Stück von meinem Ohr weghalten muss.

»Hör zu, Gerald«, winsele ich. »Es tut mir so unfassbar leid, was passiert ist. Das geht alleine auf meine Kappe, und wenn du jetzt einen neuen Tourmanager engagieren willst, habe ich dafür volles Verständnis. Die Jungs sind total klasse, und so ein kleiner Unfall kann ja mal passieren. Das soll nicht ihre Tour oder ihr Weiterkommen als Band belasten. Ich übernehme die volle Verantwortung, keine Frage.«

Es bleibt kurz still in der Leitung. Einen Moment befürchte ich, dass Gerald vor Wut eine Ader im Gehirn geplatzt und er tot umgefallen ist. Das würde ich aber nicht auf meine Kappe nehmen. Dann spricht er wieder.

»Wovon redest du? Hast du etwa euren neuen Sprinter in den Graben gesetzt?«, fragt er offensichtlich irritiert.

»Ähm, nein, natürlich nicht. Schickes Teil übrigens. Nein, ich meine Murats ... *Malheur* gestern im Fernsehen.«

»Ach so. War das nicht total GEIL?«

Jetzt ist es an mir, einen Moment still zu sein. Bin ich gerade in eine parallele Dimension geflutscht, oder was ist hier im Busch?

»Geil ...?«

»Ja, klar. Warst du etwa nicht im Internet seitdem?«

»Öhm, nein.«

»Solltest du aber, Torben! Das Web explodiert förmlich. Das Video, wie Murat sich einkackt, ist *der* Renner des Tages bei YouTube.«

»Aha«, sage ich, als würde ich auch nur das Geringste verstehen. Tatsächlich fühlt es sich gerade an, als hätte ich Durchzug im Gehirn.

»Anderthalb Millionen Klicks innerhalb von zehn Stunden, Baby!«

»Aha«, sage ich wieder. Dann tauchen eine Eins und eine Fünf vor meinem geistigen Auge auf, dazu gesellen sich fünf Nullen. Boah, das sieht fett aus! »Wie bitte? Sagtest du anderthalb Millionen?«

»Yep! Und wir mussten nicht mal Klicks dazukaufen.«

»Klicks dazukaufen? Macht ihr so was denn normalerweise?«

»Sei nicht naiv, Torben. Das machen alle. Aber das Ding ist voll durch die Decke gegangen. Irgendein Spacko hat es in seinem Fun-Kanal hochgeladen, und es ist abgegangen wie eine Rakete. Bei Facebook und Twitter geht's auch steil. Die *Clothelines*-Accounts verdoppeln und verdreifachen ihre Follower. Das ist geil!«

»Ah, gut«, sage ich. Gute Güte, ich klinge, als wäre ich total zurückgeblieben. »Und was heißt das? Sind wir jetzt 'ne Chartsband, oder was?«

Er lacht dreckig. »Ach, Quatsch. Die Pissnelken kaufen doch keine Alben. Wir haben schon ordentlich zugelegt bei den Bestellungen. Aber ihr seid jetzt im Gespräch, das ist gut für die Tour. Die Presse wird sich auf euch stürzen, und ich hab schon einen ganzen Stapel Gig-Anfragen. Meinst du, du kannst noch mal verlängern?«

»Klar«, sage ich. »Ich habe sonst nix zu tun.« Ich muss mich nur scheiden lassen. Aber das kann warten, da hab ich es nicht eilig mit.

»Super«, sagt Gerald. »Es geht wohl auch ins Ausland. Wenn das so weitergeht, knacken wir mir nichts, dir nichts den gesamten europäischen Markt.«

»Cool, wohin soll's denn gehen?«, frage ich und stelle mir schon vor, wie wir vor den Gigs an italienischen oder spanischen Stränden in der Sonne sitzen und Bikinimädels hinterhergeifern.

»Bulgarien und Rumänien«, sagt Gerald.

»Oh«, sage ich. Na ja, da soll es ja auch schön sein, habe ich gehört. Ich weiß nicht, wo ich das gehört hab, aber es stimmt bestimmt.

»Sag mal, meinst du, Murat könnte das jeden Abend live on stage machen?«, fragt Gerald.

»Hä? Was jetzt?«

»Na, sich in die Hose scheißen. So als Höhepunkt der Show.«

Einen Augenblick bin ich still und mache den Fehler, mir das Szenario vor Augen zu führen. Ich schüttle den Kopf, um das Bild zu verscheuchen. »Nein, verdammt. Das ist ja eklig. Wir sind doch nicht die *Bloodhound Gang*. Ein bisschen Niveau wollen wir doch beibehalten.«

»Nun ja«, sagt Gerald gedehnt. »Ihr seid jetzt sowieso die Band mit dem Gitarristen, der sich öffentlich einkackt. Aber gut, ist deine Entscheidung. Kann ich verstehen. Wuhu, zwei Millionen!«, brüllt er. Anscheinend checkt er parallel zum Gespräch ständig die neuesten Entwicklungen.

»Wie auch immer. Torben, du machst einen guten Job. Ab jetzt wird es mit Sicherheit einfacher. Ihr kriegt die Hütten voll, verlass dich drauf. Ich schick euch einen neuen Schwung Merch. Wir machen ein neues Shirt mit Murat vorne drauf, und hinten steht ›Shit happens‹.« Er lacht gackernd los. Ich find's eigentlich nicht so witzig, aber egal. Murat wird die Idee vermutlich sehr feiern. Wahrscheinlich würde er sich auch allabendlich in die Hose kacken, wenn ich es von ihm verlangen würde. Aber zu meinem Job gehört es schließlich auch, die Jungs vor sich selbst zu beschützen.

»Mach weiter so. Ciao.« Ich sag auch »Ciao«, dann legt Gerald auf.

»Na, so was«, sage ich zu mir selbst und dann zu Lemmy: »Unsere Jungs sind jetzt berühmt. Was sagt man dazu?« Ich hätte es natürlich bevorzugt, wenn das durch Fleiß und gute Songs zustande gekommen wäre, aber wie sagte schon big fat Helmut Kohl damals: Wichtig ist, was hinten rauskommt.

Meine Schützlinge kommen vom Cateringzelt zurück und hopsen und winken aufgeregt mit ihren Smartphones. »Torbentorbentorben! Alter, hast du das gesehen?«, hyperventiliert Frankie, zerrt an meinem Shirt und wedelt mit seinem Handy vor meiner Nase rum.

Ich nicke und grinse. »Ja klar, Gerald hat's mir grad verklickert. Gute Sache.«

»Und wem verdanken wir das?«, prahlt Murat. »Mir und meinem Darm.« Er deutet stolz mit beiden Daumen auf sich.

Tom-Tom ahmt die Geste nach und sagt: »Was hat zwei Daumen und scheißt auf deine Meinung?«

Murat zuckt mit den Schultern. »Reiner Neid.«

»Ist ja gut und schön, aber wir müssen jetzt trotzdem los. Wir haben eine lange Fahrt vor uns. Auf geht's.«

»Murat muss sich 'ne Plastikfolie unterlegen«, brummt Stu und grinst.

»Arsch«, kommentiert Murat und muss selbst dabei grinsen.

»Rock'n'Roll!«, brüllt Frankie und klettert auf den Beifahrersitz.

Die ganze Fahrt über klingelt mein Handy. Zum Glück genießen wir jetzt den Luxus einer Freisprechanlage, es fühlt sich gut an, im 21. Jahrhundert angekommen zu sein. So kann ich während der Fahrt eine Interviewanfrage nach der anderen beantworten. Musikpresse, Lokalzeitungen aus Orten, die wir die nächsten Tage betouren, sogar die großen Online-Magazine wollen was über die *Clothelines from Hell* machen. So also wird aus Scheiße Gold, denke ich.

Die anderen machen sich anscheinend keine Gedanken. Mit jedem Anruf wird ihr Grinsen breiter.

Heute kann ihnen nichts die Laune vermiesen.

***

Ich selbst bin nicht ganz so euphorisch. Nachdem wir die Jungs von *Truth A.D.* begrüßt haben, die Murats Malheur als »geilsten Geniestreich in der Geschichte des Metal« ansehen, checke ich zunächst mal im Laden mit dem fantasievollen Namen *Backstage* die ausliegenden Stadtmagazine. Das Konzert heute ist nirgendwo in den Veranstaltungskalendern zu finden, und unsere Plakate kann ich auch nicht entdecken.

Der Chef der Hütte begrüßt uns kurz angebunden, zeigt uns, wo wir aufbauen können, und verschwindet dann wortlos in seinem Büro. Während ich den Merchandise-Tisch aufbaue, betrachte ich den Konzertraum. Ihn »Saal« zu nennen, wäre eine schamlose Übertreibung. Die Bühne fasst mit Ach und Krach das Equipment der Band, mit sportlichen Eskapaden oder ausladender Performance ist da nichts mehr. Mitten auf der Tanzfläche stützt eine dicke Betonsäule die niedrige Decke, und es mieft nach dem abgestandenen Bier aus drei bis vier Jahrzehnten Konzertbetrieb, in denen hier nicht allzu oft geputzt wurde. Der Raum fasst geschätzte achtzig bis neunzig Zuschauer. Was für ein herber Dämpfer nach dem Festival! Zum Glück lassen sich meine Jungs nicht so runterziehen wie ich. Während sie aufbauen, tratschen und schwatzen sie wie die ollen Waschweiber.

Ich gehe vor die Tür, schnappe frische Luft und füttere Lemmy. Ein paar Kids, die eher aussehen, als würden sie gerne mal ins *Berghain* gehen, kommen angetapert.

»Hi«, sagt eins der schmalen Hemden. Es versucht anscheinend, sich einen Vollbart wachsen zu lassen, was bei ihm aber eher wirkt, als hätte jemand in seinem Gesicht mit wenig Erfolg versucht, Moos zu züchten. »Wir sind *Detroit Detroit*«, sagt das Hemd und reicht mir die Hand.

»Aha«, sage ich. »Ich bin Torben, der Manager von den *Clothelines from Hell*. Was kann ich für euch tun?«

»Ähm«, macht der Junge und zuppelt an seiner Kinnbegrünung herum. »Wir sind die Vorband heute.«

»Ach«, sage ich, »davon wusste ich gar nichts.«

»Hat Lutz dir nix gesagt?« Lutz ist der Chef vom *Backstage*.

»Kein Sterbenswörtchen. Na gut, dann bringt mal euer Zeug rein, wir sind schon am Aufbauen.«

»Cool«, sagt er und macht sich mit den anderen auf in Richtung Parkplatz.

»Sag mal, was spielt ihr eigentlich für Mucke?«, rufe ich ihm hinterher.

Er dreht sich um. »Indie«, sagt er.

»Aber ihr wisst schon, dass das ein Metalkonzert ist, oder?«

Er zuckt mit den Schultern. »Macht nichts. Wir nehmen das als Herausforderung.«

»Na gut«, sage ich.

Das kann ja heiter werden.

Zwei Stunden später ist alles aufgebaut und gecheckt, und es wird Zeit, den Einlass zu öffnen. Lutz, der seit unserer Ankunft durch Unsichtbarkeit glänzte, kommt angeschlurft.

»Sag mal, kann einer von euch Kasse machen?«, nuschelt er.

Ich sehe ihn fragend an. »Hast du dafür kein Personal?«

Er zuckt mit den Schultern. »Eigentlich schon. Meistens mache ich das selber, aber heute muss ich Theke machen. Hab vergessen, meiner Crew Bescheid zu geben, dass sie heute ran müssen, und ich erreich grad keinen von denen.«

Ich runzele die Stirn. »Und *warum* hast du vergessen, die Theke einzuteilen?«

Er fährt sich mit einer Hand durch sein fettiges Haar. »Ich hatte das Konzert gar nicht mehr auf dem Schirm. Passiert ...«

»Passiert«, wiederhole ich wie ein perplexer Papagei.

»Ja, aber heute ist ja eh nicht so viel los, da kriege ich die Theke auch solo gestemmt.« Der Typ hat die Ruhe weg.

»Und warum denkst du, dass heute nicht so viele kommen?«

»Na ja, ich hab den Termin wohl ein bisschen verschusselt, deswegen ist kaum Werbung gelaufen.«

»Was genau heißt ›kaum Werbung‹, wenn ich fragen darf?«

»Gar keine.«

»Gar keine?«

»Null. Sorry«, sagt er und drückt mir eine Kasse in die Hand. »Wechselgeld und Stempel sind drin. Du kannst dir einen von den Bistrotischen nehmen.« Dann verschwindet er hinterm Tresen. Was für ein Arschloch, denke ich.

Aber was hilft's? Ich schnappe mir einen Hocker, einen Stehtisch und baue die Kasse auf. In der Kasse ist ein klicker, um die Gäste zu zählen. Ich hoffe, das kleine Ding wird heute ausgiebig klicken.

»Wieso machst du den Einlass?«, fragt Frankie, der wie die anderen im oder vor dem Laden herumstromert. Das *Backstage* besitzt keinen Backstage, da muss man sich anderweitig orientieren.

»Frag Lutz«, sage ich.

Er zuckt mit den Schultern und geht raus. Die Tür hat sich kaum hinter ihm geschlossen, als sie wieder aufgeht und zwei Mädels sich vor meinem Kassentisch aufbauen. Sie sehen mich aus großen Rehaugen an, die einen an schlimme Porno-Mangas denken lassen, tragen Handtaschen und das Neueste aus dem Primark-Katalog. Himmel, wie alt sind die? Vierzehn? Haben die sich verlaufen?

»Wir sind wegen *Detroit Detroit* da. Wir stehen auf der Gästeliste«, piepst mich eine an.

Ich will gerade sagen, dass es keine Gästeliste gibt, da kommt der Hipsterhäuptling unserer Vorband angedackelt. »Das passt schon«, sagt er. »Das sind unsere Freundinnen.« Ich bin versucht zu fragen, ob sich alle vier Bandmitglieder die beiden Mädels teilen, aber auf so eine Diskussion lasse ich mich besser gar nicht erst ein. »Wenn ihr Leute auf die Gästeliste setzt, dann solltet ihr mir die auch geben«, sage ich stattdessen.

»Ja klar«, sagt er, fummelt aus der Arschtasche seiner viel zu engen Hose einen DIN-A4-Zettel hervor und reicht ihn mir. Die Namensliste füllt fast den ganzen Zettel.

»Fuck, wie viele sind das?«, fluche ich.

»Knapp dreißig.«

Ich sehe ihn unverhohlen sauer an. Er zuckt mit den Schultern. »Ist mit Lutz so abgesprochen. Dafür nehmen wir keine Gage.«

»Na, wenn das mit Lutz abgesprochen ist …« Ich versuche gar nicht erst, meinen Sarkasmus zu verbergen.

In der nächsten Viertelstunde kommen peu à peu Gäste. Allesamt stehen sie auf der Gästeliste. Ich gebe Anweisung, das Konzert eine halbe Stunde später zu beginnen, falls doch noch Leute kommen, aber es tut sich nichts. Ich will schon aufgeben, als tatsächlich ein Metalhead auftaucht und Eintritt bezahlt. Ich drücke auf den Klicker. Jetzt kann es losgehen. Tut es aber nicht. Wir sind schon eine Dreiviertelstunde hinter dem Zeitplan. Ich schaue auf den Klicker. »0001« steht auf der Anzeige. Wütend mache ich die Kasse zu.

»Legt los«, weise ich die Indiekids an, gebe Lutz die Kasse zurück und verziehe mich hinter den Merchandise-Stand. *Detroit Detroit* beweisen, dass man nicht nur richtig scheiße spielen, sondern dabei auch noch übelst arrogant rüberkommen kann. Ihre Fanschar stört das anscheinend nicht. Kaum ist das Quartett des schlechten Geschmacks fertig, verziehen sich ihre Anhänger, vermutlich um irgendwo anders total angesagt zu sein. Auf so ein Publikum verzichte ich gerne. Zurück bleibt der Metalhead – einziger zahlender Gast des Abends, der an seinem Astra nuckelt und freundlich mitnickend ein Konzert genießt, das zwei Bands nur für ihn und für sich spielen.

Was für ein Scheißabend.
Wir sind berühmt.
Am Arsch.

***

Die Stimmung ist dahin. Wir sitzen wieder in unserem kleinen Bus und fahren zur nächsten Location nach Braunschweig. Der Pleiteabend sitzt uns allen in den Knochen. Wie nicht anders zu erwarten, hatte uns der liebe Lutz in einem Raum zum Schlafen untergebracht, in dem überall mehr oder weniger siffige Matratzen auf dem Boden lagen. Die anderen mussten mich zurückhalten, damit ich Lutz keine verpasse.

Die ganze Fahrt über wird kaum gesprochen. Die Euphorie ist weg. Frankie wischt auf seinem Smartphone herum.

»Drei Millionen«, verkündet er gelangweilt. Anscheinend läuft das Video immer noch wie bekloppt. Super, denke ich, das Video gucken sich die Idioten an, aber was haben wir davon? Einen Scheißdreck.

Das Navi dirigiert uns in ein Braunschweiger Industriegebiet. Erst landen wir auf dem Hinterhof einer Spedition, im zweiten Anlauf finden wir die gekieste Einfahrt zum Club *Kakapo*. Wer soll sich denn bitte hierhin verirren?, denke ich. Am Ende des Weges rollen wir direkt vor den Eingang des Clubs.

An der Tür klebt unser Tourplakat. Wow, immerhin ein ganzes Plakat! Das ist schon mal ein Fortschritt zu gestern. Ich steige aus und betrachte das Plakat, und mir fällt die Kinnlade runter.

Statt des Datums steht nur ein Wort auf dem unteren weißen Rand. Nur ein einziges Wort, das sich mir erst gar nicht erschließt, weil das von ihm bezeichnete so unwahrscheinlich ist. So unwahrscheinlich, dass ich meine Augen zusammenkneife und reibe. Dann sehe ich noch mal hin.

Und dann noch mal genauer.

»Oh, fuck«, flüstere ich.

Auf dem Plakat steht mit dickem Edding in noch dickeren Buchstaben: »AUSVERKAUFT!«

8

GIRLS, GIRLS, GIRLS

Läuft bei uns. Anders kann man es nicht ausdrücken. Seit zwei Wochen sind wir auf Tour, seit acht Tagen war jede Show ausverkauft, zweimal wurden die Konzerte sogar kurzfristig in größere Läden verlegt. Und nach der gestrigen Show in Hamburg erwartete uns sogar eine echte Premiere: Einzelzimmer für jeden! Bei den meisten Veranstaltern konnten wir uns über eine schlechte Unterkunft nicht beschweren, aber es ist eine Wohltat, mal eine Nacht nicht vom Schnarchen und Furzen der anderen aufzuwachen. Man muss morgens nicht als Erstes im Spiegel kontrollieren, ob man im Gesicht aussieht wie ein modernes Kunstwerk von Jackson Pollock, weil Alkohol, Übermut und ein Edding eine selten gut endende Kombination darstellen. Auch mit den Klassenfahrtklassikern Zahnpasta in der Nase und auf den Augen oder weiche Substanzen in den Schuhen muss man auf einer Rocktournee rechnen, scheißegal ob in den Ausweisen der Mitreisenden nachzulesen ist, dass diese angeblich volljährige Menschen sind. Volljährig und erwachsen ist nicht das Gleiche. Interessant ist: Ich bin ausnahmsweise mal der Vernünftige in der Truppe. Mit dem Erfolg kommt auch Arbeit. Inzwischen müssen sich die Jungs direkt nach den Konzerten zu mir an den Merchandise-Tisch gesellen, weil ich den Ansturm alleine kaum bewältigen kann, die zusätzlichen Termine bedeuten eine Menge Logistikabsprachen mit Gerald und den Veranstaltern, das Tourblog muss viel sorgfältiger geführt werden, seit sich tatsächlich Leute dafür interessieren, dazu kommt die übliche Fahrerei und das Hüten eines Sacks Flöhe mit Zugang zu Gratisalkohol. Ich selbst habe seit Tagen keinen Tropfen angerührt. Am Ende des Tages bin ich vollkommen im Eimer und gehe als Erster schlafen. Ich bin jetzt quasi der Tourpapi. Um so paradiesischer war die Nacht im Einzelzimmer eines kleinen, leicht biederen Hotels am Rande von Hamburg-Harburg.

Ich schlurfe das erste Mal seit Tagen fit und ausgeschlafen in den Frühstücksraum. Ich liebe Hotelfrühstück. Man muss sich um nichts kümmern, alles steht bereit, und man hat eine freie Auswahl, von der man zu Hause nur träumen könnte, wenn man nicht gerade Millionär mit Butler ist. Ich stelle mir einen prall gefüllten Teller mit einem Berg Rührei zusammen, setze mich an einen großen Tisch und mache mich wohlig grunzend über mein Frühstück her.

Nach und nach trudeln meine Jungs ein. Das Katergejammer hält sich in Grenzen, auch sie stecken zwei Wochen Dauerparty nicht mehr so leicht weg, es machen sich erste Alkoholermüdungserscheinungen breit. Seit drei Tagen hat keiner mehr ein Konterbier zum Frühstück getrunken. Vielleicht haben sie sich aber auch nur geschont, um es heute richtig krachen zu lassen. Denn heute ist Heimspiel angesagt. Es geht nach Hause.

Stu stößt als Letzter zu uns. Er kommt pfeifend in den Raum, und sofort ersterben alle Gespräche an unserem Tisch. Wir gucken erst ratlos uns an, dann beobachten wir, wie ein flötender und summender Stu sich seine erste Mahlzeit des Tages zusammenstellt.

»Moinsen«, sagt er fröhlich und setzt sich zu uns. Er will sich gerade über sein Essen hermachen, als er wohl bemerkt, wie wir ihn anstarren. Er sieht zu uns auf: »Is' was?«

Murat langt zu ihm rüber und patscht ihm auf dem Mund und den Wangen herum. »Stu, was ist mit deinem Gesicht passiert?«, fragt er.

Stu zieht die Augenbrauen zusammen. »Wieso, was meinst du?«

»Es sieht so ... *seltsam* aus.«

Stu schnaubt amüsiert. »Das nennt man Lächeln, du Hohlbirne.«

»Aaah«, sagt Murat übertrieben. »Ein Lächeln. Da muss man bei dir aber auch erst mal drauf kommen. Kann ja keiner ahnen.«

»Depp!«

»Wie kommt's zu diesem unerwarteten und frühmorgendlichen Ausbruch von Lebensfreude?«, frage ich.

Er zuckt mit den Schultern und scheint sich plötzlich brennend für sein Frühstück zu interessieren.

»Jetzt komm schon, Alter. Lass dir nicht alles aus der Nase ziehen«, protestiert Frankie.

Stu hebt den Kopf und grinst wie ein Lausbube, den man bei einer Tat ertappt hat, von der er weiß, dass sie verboten ist, aber die er kein Stück bereut, weil er sich der Bewunderung seines Stammes gewiss sein kann.

»Ich hatte heute Nacht 'n Groupie«, verkündet er glucksend.

Murat entgleisen die Gesichtszüge. »*Du* hattest ein Groupie? Du? Du hattest das erste Groupie der Bandgeschichte?«

Stu nickt, und Murat wird immer fassungsloser: »Aber *ich* hatte doch noch nicht mal ein Groupie! Und *ich* bin der Niedliche von uns! Der Typ, der sich eingekackt hat.«

»Und dann wunderst du dich, dass keine mit dir in die Kiste steigen will? Wirklich, sehr mysteriös«, lästere ich dazwischen.

»Aber ich bin der Asiate! Ich bin voll exotisch und so. Die Weiber müssten nur so an mir kleben!«

»Na ja«, triumphiert Stu genüsslich, »eine hat heute definitiv an mir geklebt.«

»Unfassbar«, murmelt Murat und mampft gedankenverloren sein Rührei. Frankie, Tom-Tom und ich sind da etwas kollegialer und klopfen Stu auf die Schulter.

»Und wie sieht sie aus?«, fragt Tom-Tom.

»Ziemlich super, sogar heute Morgen im Hellen. Sie stand gestern die ganze Zeit in der ersten Reihe und hat getanzt.«

»Meinst du etwa das scharfe Gerät mit den roten Haaren?« Murats Stimme droht, ins Hysterische zu kippen.

»Genau die.«

»Ohhhh, MANN!« Murat lässt seinen Kopf auf die Tischplatte knallen.

In dem Moment kommt das »Gerät« in den Frühstücksraum geschwebt. Es sieht wirklich atemberaubend hübsch aus. Rot gefärbte Haare, eine tolle Figur, eine knallenge Lederhose und ein offensichtlich gestern erstandenes Shirt aus unserer Kollektion, bei dem mir noch nie das großartige Design auf der Brust aufgefallen ist. Manchmal machen Leute eben Kleider.

»Guten Morgen, du Tiger«, haucht sie und küsst Stu auf die Stirn, dessen Kopf vor Stolz kurz vor der spontanen Selbstentzündung zu stehen scheint.

»Hallo«, sagt das Mädel und winkt in die Runde.

»Moin moin.«

»Hallo.«

»Hmpf.«

»Hääää ...«

Sie streichelt Stus Schultern. »Das war toll heute Nacht. Aber ich muss jetzt los.«

Stu nickt bekümmert. »Das verstehe ich. Wir fahren auch gleich weiter. Ich hab ja deine Nummer, wenn ich mal wieder in der Stadt bin.«

»Und ich hab deine«, sagt sie und legt ihren Finger dabei auf seine Nase.

»Wir sehen uns«, sagt Stu.

»Darauf kannst du wetten«, sagt sie und drückt ihm einen Kuss auf.

»Ciao, ihr Superstars.« Sie winkt in die Runde und verlässt den Raum, nicht ohne sich der Blicke sämtlicher anwesender

Männer auf ihrem Hintern sicher zu sein. Als sie um die Ecke verschwunden ist, wird sich allgemein geräuspert, dann sehen wir Stu an.

»Respekt«, wispert Murat heiser und rührt traurig in einem Schüsselchen Erdbeerquark herum. »Ich bin trotzdem der Niedliche.«

Eigentlich sollte das Konzert im *Ruby* stattfinden, aber wegen akuter Abfackelung wurde es in die *Rose* verlegt, was dann aber wieder gecancelt wurde, als klar war, dass die Band dafür zu groß geworden ist. Jetzt spielen wir in der *Markthalle*, in die immerhin achthundert Leute passen. So viele werden trotz Heimvorteil nicht kommen, aber es wird trotzdem ein großer Abend werden für die Jungs. Heimspiel. Das klingt gut, das klingt nach Geborgenheit. Vor allem klingt es danach, seinen Rausch im eigenen Bett auszuschlafen.

Aber vorher freue ich mich, meine Leute wiederzusehen. Ich hätte nicht gedacht, dass ich die Idioten mal vermissen würde. Und vielleicht, ganz vielleicht hat der Abstand ja auch geholfen und Lucy sich wieder eingekriegt. Bei dem Gedanken werde ich ganz kribbelig.

»Gemach, gemach, Torben«, sagt Tom-Tom, der auf dem Beifahrersitz herumlümmelt und in einer Zeitschrift für Drummer schmökert. Ich erwache aus meinem Tagtraum und höre, dass der Motor schon etwas ungesund jault. Der Tacho zeigt 150, ein bisschen viel für einen vollgepackten Sprinter. »Wir wollen alle ankommen, aber bitte in einem Stück.«

»Sorry, ich war in Gedanken schon zu Hause«, sage ich.

Er lacht leise.

Ich gehe vom Gas. Die Fahrbahnmarkierungen rauschen nicht mehr an uns vorbei wie Sterne am *Millenium Falcon*, wenn er auf Lichtgeschwindigkeit geht. Sie fluppen nun in einem gemächlich gleich bleibenden Rhythmus wie beim Monolog am Ende eines *Terminator*-Films. Langsam habe ich die Schnauze voll von diesem ewig gleichen Bild. Ich bin nicht zum Fahrer geboren. Auch wenn ich gerne am Steuer sitze, wäre Fernfahrer kein Job für mich. Noch schlimmer sind allerdings die armen Typen dran, die in den Begleitfahrzeugen für Schwertransporte sitzen und stundenlang das gelbe Blinklicht vor sich haben. Da wird man doch bekloppt bei! Da kann ich ja gleich auf eine Technoparty gehen und in den Strobo starren. Aber vielleicht werden die Strecken ja interessanter, wenn es in den Osten geht. Andere Länder, andere Straßen, zumindest hoffe ich das.

Stu summt noch immer leise, während er mit geschlossenen Augen und einem glückseligen Grinsen im Gesicht vor sich hin dämmert. Er hat anscheinend nicht viel Schlaf bekommen. Murat neigt am ehesten von uns zur Nervosität. Unruhig rutscht er auf seinem Sitz hin und her und trommelt auf seinen Schenkeln herum. Frankie ist ganz vertieft in seinen Notizblock, auf den er neue Textideen kritzelt.

Und ich fahre. Ich fahre, fahre, fahre.

Ich hab zwei Stunden Zeit, dann muss ich in die *Markthalle*. Einen Moment lang befürchte ich, dass ich im Treppenhaus meine Sachen auf einen Haufen gestapelt vorfinde, mein Türschloss ausgetauscht ist und nur eine Notiz unter dem Türspion klebt, dass ich nicht mehr dort wohne, wo ich wohne. Aber es ist alles auf überraschende Art wie immer. Es gibt kein Empfangskomitee. Keine Spinnweben im Türrahmen. Und auch keine Lucy, die mir entgegenstürmt, mich in ihre Arme reißt und beteuert, dass alles nicht so wild ist und sie mir verzeiht. Wäre da nicht Lemmy, der angesichts bekannter Gerüche total aufgekratzt rumjault und -wedelt, könnte man denken, ich wäre nur zwei Stunden fort gewesen. Der Verdacht verfliegt allerdings sofort, nachdem ich die Tür aufgemacht habe. Die Luft ist abgestanden, es stinkt nach irgendwas Vergammeltem, und der Ficus im Wohnzimmer ist nur noch ein hölzerner, blattloser Schatten seiner selbst.

Während Lemmy durch die Zimmer rennt und sein gewohntes Territorium neu entdeckt, mache ich mich auf die Suche nach der Quelle des Gestanks. Ich fahre nicht oft für länger weg und habe keine vernünftige Checkliste für die Dinge, die man vor einer Reise erledigen sollte. Zum Beispiel den Müll runterbringen. Als ich meinen Fuß auf den Tretmechanismus des Mülleimers senke, öffnet sich die Büchse der Verrottungspandora.

»Oh, Hölle und Teufel, Scheiße auch!«, keuche ich. Vom Gestank abgesehen ist der Schimmel und die stattliche Anzahl an Maden und sonstigem Gewusel und Gewimmel alles andere als lecker anzusehen. Ich binde mir einen Schal vor den Mund, ziehe Lucys rosa Putzhandschuhe an, für die ich sie immer ausgelacht habe, und hebe langsam den Beutel aus dem Mülleimer. Ein Schwall Fliegen steigt empor und umschwirrt meinen Kopf auf der Suche nach leckerem, verrottendem Fleisch. Vielleicht wittern sie mein Gehirn.

Es plätschert. Ein Teil des Biomülls hat sich bereits verflüssigt und tröpfelt durch den angeblich wasserdichten Beutel. Ich lasse ihn in den Eimer zurücksinken, bevor ich die Küche komplett einsaue. Stattdessen nehme ich den ganzen Eimer und trage ihn mit weit ausgestreckten Armen auf den Balkon. Damit ist er zwar nicht aus den Augen, aber zumindest weitgehend aus dem Sinn. In etwa einem halben Jahr ist es kalt genug für Frost, dann ist die ganze Siffsuppe so fest zusammengefroren, dass ich sie gefahrlos entsorgen kann. Es ist immer gut, einen Plan zu haben.

Nach dieser anstrengenden und recht ekligen Aktion habe ich mir ein Bierchen verdient. Ich öffne den Kühlschrank und merke, dass ich wirklich null Ahnung davon habe, mich auf eine Reise vorzubereiten. Zum Beispiel sollte man keinen Nudelsalat und Pfirsiche im Kühlschrank lassen, es sei denn man möchte die Evolution im Kleinen beobachten. Erneut greife ich zu Schal und Handschuhen und überlege, ob ich es schaffe, den Kühlschrank alleine auf den Balkon zu wuchten.

Total fertig komme ich in der *Markthalle* an. Mit Tourstress komme ich klar, als Bauarbeiter würde ich wahrscheinlich nicht viel reißen, im Bergwerk wäre ich nach kurzer Zeit erledigt, aber Putzen schafft mich wirklich. So viel also zu meinem entspannten Nachmittag in den eigenen vier Wänden. Mürrisch mache ich mich daran, den Sprinter zu entladen und den Merchandise-Tisch aufzubauen. Organisatorisch brauche ich heute zum Glück nicht viel zu machen, weil Frankie dicke mit dem Chef des Hauses ist. Fröhlich pfeifend kommt er zu mir geschlurft.

»Na, alles klar bei dir?«, fragt Frankie.

Ich zucke mit den Schultern. »Wie man's nimmt. Ich musste zu Hause erst mal Tatortreiniger spielen.«

»Kühlschrank nicht leer geräumt?«

»Jau.«

»Übel. Aber so lernt man was über Biologie und die Wachstumsrate von Schimmelpilzen. Ist ja auch ganz interessant.«

»Na, interessant würde ich das jetzt nicht unbedingt nennen.«

»Sag das nicht. Wenn du statt eines blöden Anmachspruchs ein Gespräch mit einer heißen Frau damit anfängst, über mykotische Expansionsraten zu referieren, wäre das zumindest ein ungewöhnlicher Eisbrecher.«

Ich lache trocken. »Ja klar, ich weiß auch ganz genau, welche Art Frau man damit aufreißt. Irgendeine morbide Komplettbekloppte, die am liebsten als Leichenwäscherin oder auf einer Bodyfarm arbeiten würde, vor dem Sex eiskalt duscht und sich dann im Bett nicht bewegt, weil sie Nekrophilie so geil findet und gerne tote Frau spielt. Außerdem brauche ich keinen Eisbrecher. Ich hab eine Frau.«

»Wollte sich Lucy nicht scheiden lassen?«

»Ich arbeite daran.«

»Na, dann brauchst du erst recht einen Eisbrecher.«

»Ach, halt die Klappe. Musst du nicht noch deinen Soundcheck machen?«

Er grinst. »Frieden, mein Bruder im Metall. Ich geh ja schon.«

Frankie trollt sich, und ich mache mich daran, die Warenliste mit den Beständen abzugleichen. Ich komme mir vor wie ein Kaufmann in seinem Krämerladen. Nicht sehr glamourös. Die meisten Leute vergessen, wie viel beschissener Papierkram hinter all den Konzerten, Partys und Kneipen steckt. Vordergründig sieht das alles nach Spaß und leichtem Leben aus, aber je leichter etwas erscheint, desto härter wird daran im Hintergrund gearbeitet. Das weiß jeder, der schon mal mit Kettensägen jongliert hat und hinterher noch davon erzählen kann.

Ich muss mich extrem konzentrieren, damit meine Bestandsliste nicht auf einmal anfängt, vor meinen Augen zu tanzen. Wenn mich etwas nicht interessiert, driften meine Gedanken schnell in eine andere Richtung, und leider bin ich in erster Instanz mir selbst Rechenschaft schuldig. Wenn ich mich heute verzähle, verdoppelt sich meine Arbeit am nächsten Tag.

Hinter mir räuspert sich jemand. Ich drehe mich um und schaue in ein mir unbekanntes Milchgesicht.

»Ja, kann ich dir helfen?«, frage ich.

»Ja, das hoffe ich«, stammelt er unsicher. Gute Güte, der ist nervöser als eine katholische Jungfrau in der Hochzeitsnacht.

»Sind Sie der Manager von *Clothelines from Hell*?«

Ich nicke. »Ich würde mich eher Tourbegleiter nennen, aber ja, ich kümmere mich um die Angelegenheiten der Band. Ich bin Torben.«

Ich reiche ihm die Hand. Er erwidert die Geste mit dem Händedruck eines schüchternen Elfen mit Glasknochen.

»Freut mich, Sie kennenzulernen. Ich heiße Jens.«

»Alles klar, Jens, aber lass das bitte mit der Siezerei, das macht Falten.«

»Oh. Okay. Mach ich, Torben.«

»Was kann ich für dich tun?«

Er atmet tief durch, als würde er gleich das wichtigste Referat seiner Schullaufbahn halten. So wie er aussieht, kann die noch nicht allzu lange her sein.

»Ich möchte vorausschicken, dass ich ein großer Fan der Band bin ...«

»Na, das hoffe ich doch.«

»Äh, ja. Also, ich hab mir schon eure Konzerte angeguckt, als euch noch keiner kannte. Ich war einer der ersten zweihundert, die die *Clothelines* bei Facebook gelikt haben. Der hundertneunundachtzigste, glaube ich.«

»Aha«, mache ich. Was will er, einen Orden?

»Ich finde, die Platte ist voll geil geworden, und bestimmt würde die Band auch bekannt werden, ohne dass sich Murat öffentlich eingeschissen hätte.«

»Na ja ...«

»Aber was euch noch fehlt, ist ein besonderes Showelement. Die Konzerte sind, nun ja, etwas einfach gehalten. Und ich nehme mal an, für eine fette Pyroshow oder große Videoleinwände fehlt noch die Kohle. Und da würde ich gerne ins Spiel kommen.«

»Inwiefern?«

Er knetet nervös seine Hände. »Na ja, als Showelement. Ich bin Vomitorist.«

»Ein was bitte?« Ich sehe ihn an, dabei schweben mir sehr, sehr große Fragezeichen über dem Kopf.

»Ein Vomitorist. Äh, das ist schwer zu erklären, am besten wäre es, wenn ich es Ihnen, äh, dir, äh, euch einfach zeigen könnte. Draußen.« Er meidet scheu meinen Blick. Irgendwie interessiert er mich.

»Okay, in zehn Minuten draußen am Bühneneingang. Ich trommele die Band zusammen.«

Er nickt erleichtert und verschwindet tänzelnd. Entweder er versucht sich zu beherrschen, nicht vor Freude ins Hüpfen oder Rennen zu verfallen, oder er muss ganz dringend auf Klo.

Ich schlendere zum Backstage-Bereich, wo die versammelte Meute auf den Sofas lümmelt und auf diversen Elektrogeräten herumdaddelt.

»Hey, Leute, ist euch langweilig?«, frage ich in den Raum.

Murat gähnt übertrieben. »Wie kommste denn da drauf?«

Ich zucke mit den Schultern. »War nur so ein Verdacht. Mir hat sich grad so ein Dude vorgestellt, der sagt, er könnte die Liveshow ein bisschen pimpen. Er will uns draußen zeigen, wie er sich das vorstellt. Kommt ihr mit?«

Sie sehen sich an, machen dann alle eine »Klar, wieso nicht, bis zum Soundcheck dauert's noch«-Geste und erheben sich wie eine Horde Achtzigjähriger. Schlurfend folgen mir die Zombies zum Bühneneingang. Draußen erwartet uns Jens, der Vomitorist. Sein Gesicht erhellt sich, als er uns herauskommen sieht. Vermutlich hat er nicht damit gerechnet, dass ich die Jungs wirklich motivieren kann. Strahlend wie eine Stadionbeleuchtung schüttelt er jedem die Hand und versucht angestrengt, keinen Herzinfarkt vor lauter Freude zu bekommen.

Er hat einen Eimer aufgestellt und diverses anderes Zeug, das größtenteils von roten Tüchern verdeckt wird. Ich hoffe, er ist kein Zauberer. Ich hasse Zauberer. Und Pantomimen. Und Clowns. »Also dann«, sage ich und deute auf seine Utensilien. »Dann zeig mal, was du drauf hast.«

Er nickt und baut sich zwischen seinen Sachen auf. »Zunächst mal möchte ich vorausschicken«, sagt er, »dass bei meiner Show die Bühne nicht wesentlich verschmutzt wird.«

»Ach!«, sagt Stu, und wir sehen uns fragend an, dann richten wir unsere Blicke wieder auf Jens und harren durchaus gespannt der Dinge, die da nun kommen. Zunächst holt er eine Zwei-Liter-Flasche Cola hervor und präsentiert sie wie ein Magier. Wehe, er fängt jetzt mit irgendeiner Abrakadabra-Scheiße an, dann wird sein Beitrag zur Show, wie wir ihm live on stage den Arsch versohlen. Er legt seinen Kopf weit zurück in den Nacken und beginnt, den Inhalt der Flasche in seinen Mund zu kippen. Ein Viertel verschwindet in seinem Rachen, die Hälfte, zwei Drittel und schließlich der letzte Rest der Flasche, ohne einmal abzusetzen oder erkennbar zu schlucken. Ich gebe zu, ich bin beeindruckt. Wir klatschen anerkennend, auch wenn ich darin noch keinen großen Showfaktor erkenne. Jens hebt seinen Zeigefinger, noch immer den Kopf nach hinten geneigt und den Mund weit aufgerissen. Dann greift er in seine Hosentasche und holt etwas kleines Weißes hervor.

»Ist das ein Mentos?«, fragt Tom-Tom leise.

Mit einer weit ausladenden Geste positioniert Jens die Hand mit dem Bonbon ein Stück über seinem offenen Mund, dann lässt er es hineinfallen.

Für einen Moment geschieht gar nichts.

Dann ...

»WOOAHHH!!!«, macht Tom-Tom.

»Fuck, wie geil!«, brüllt Frankie.

»Cool«, brummt Stu.

»Es ... es ist *wunderschön* ...«, seufzen Murat und ich.

Wir applaudieren frenetisch, und Jens strahlt uns überglücklich an.

»Alter«, sage ich, »du bist engagiert. Hast du noch mehr davon drauf?«

Er nickt eifrig und zeigt uns noch mehr, wir sehen uns an und sind uns sicher, dass die Show heute einschlagen wird wie die sprichwörtliche Bombe.

Der Nachmittag wird dann doch etwas stressiger als gedacht. So ziemlich jedes Medium unserer Heimatstadt, sei es Zeitung, Stadtmagazin, Radio, Podcast oder YouTube-Vlogger, will über den neuesten heißen Scheiß berichten, den sie vor einem halben Jahr noch kollektiv mit »uninteressant für unsere Hörer/Leser/User« abgekanzelt haben, und natürlich überlegen sie sich das allesamt ein paar Stunden vor der Show. Also schubse ich meine Jungs von einem Interview zum nächsten Fotoshooting und versuche, in dem Durcheinander den Überblick zu behalten, was mir leidlich gelingt. Als alle Lokaljournalisten versorgt sind, beschenke ich sie noch mit Ramsch, der durch Bedrucken mit dem

Bandnamen zu Merchandise geadelt wurde, und lade sie zum Konzert ein, das sich alle »ganz bestimmt« angucken werden. Ja, ja, deine Mudder, denke ich. Wahrscheinlich für ein, zwei Songs zum Fotosschießen, danach wird das Backstage leer gesoffen, Feierabend gemacht und eine fundierte Kritik zum Konzert ersonnen.

Ich habe mal bei einem Schülerbandwettbewerb in der Orga geholfen und musste mich unter anderem um den Redakteur der katholisch geprägten Regionalzeitung kümmern. Der Typ hat sich ein paar Notizen gemacht, eine Handvoll Fotos geschossen und sich noch während der ersten Band verkrümelt. Er hätte noch einen anderen Termin, sagte er und rief mich gegen Mitternacht an, welche Band denn gewonnen hat. Ich sagte: »*Metallica.*«

Er hat's gedruckt.

Wir sitzen hinter der Halle und entspannen uns bei einem Bierchen, das haben wir uns nach all dem Gelaber und als Zen-Moment vor der Show verdient. Das Schöne nach einem Interviewmarathon ist das allgemeine Bedürfnis danach, endlich die Fresse zu halten. Selbst Murat hat keine Lust auf Quatschen. Wir sitzen in Strandsesseln auf dem Parkplatz und lassen uns schweigend die Sonne auf den Bauch scheinen.

Allerdings wird die Stille plötzlich von einem Hupen unterbrochen, das, dem Sound nach zu urteilen, vom Schiffshorn eines Flugzeugträgers stammt. Im nächsten Moment kommt ein riesiger, schwarz glänzender Bus um die Ecke gekurvt und rangiert vorsichtig auf den für so ein Geschoss eigentlich viel zu kleinen Parkplatz.

»Wow«, macht Murat, und ich muss ihm recht geben. Das Ding ist ein ganz anderes Kaliber als unser Sprinter. Ich glaube, es gehört noch nicht mal zur gleichen Waffengattung. Direkt vor uns kommt das Monstrum aus dem Rockstarhimmel zum Stehen.

»Hab ich irgendwas verpasst? Sind *Motörhead* heute im Haus?«, fragt Frankie irritiert.

Zischend öffnet sich die Bustür, und Gerald und Holger steigen aus, beide ein Grinsen im Gesicht, als hätten sie gerade die beste Nummer ihres Lebens geschoben.

»Hey, Jungs, wie geht's?«, fragt Gerald. Wir springen alle auf, und eine wahre Hallo-Orgie beginnt. Nachdem alle sich ausgiebig umarmt, die Rücken beklopft und Hände geschüttelt haben, frage ich Gerald: »Was machst du denn hier? Und was ist das für ein Godzilla-Schlitten?« Ich deute auf den Traum in Schwarz.

»Das ist jetzt eurer«, sagt Gerald und klopft an die Seite des Busses, als wäre es ein prächtiger Araberhengst.

»Ernsthaft?«, fragt Stu und nimmt das Gefährt noch mal genauer in Augenschein.

Gerald nickt. »Ich konnte unsere Finanzabteilung davon überzeugen, dass ihr das locker wieder einspielt. Außerdem sparen wir Hotelkosten.«

»Geil«, sage ich. »Aber dir ist schon klar, dass ich so einen Oschi nicht fahren darf?«

Gerald nickt. »Deswegen kommt das Ding auch im Paket mit Oleg und Costa. OLEG! COSTA! Kommt mal raus.«

Zwei Typen steigen aus dem Bus. Der eine sieht aus wie der kleine, stämmigere Bruder von dem verrückten Bärtigen aus *Hangover*, der eine Karriere als Holzfäller für erstrebenswert befunden hat. Der andere ist ein komplett tätowierter Anfangvierziger mit der Ausstrahlung von zwanzig Jahren Knasterfahrung. Er trägt ein umgedrehtes Käppi, was sonst einfach nur bescheuert aussieht, bei ihm aber wirkt, als hätte er es nur nach hinten gedreht, um beim Ausweiden eines zahlungsunwilligen Schuldners freie Sicht zu haben.

»Das ist Oleg, euer neuer Busfahrer«, stellt Holger ihn vor.

»Hallo«, sagt er mit schwerem östlichem Akzent. Er reicht jedem von uns die Hand und sieht ihm kurz direkt in die Augen, als wolle er abschätzen, wie lange es wohl dauern würde, jeden einzelnen von uns unter Folter zu brechen. Sein Händedruck hat etwas von einem Schraubstock. Oleg ist drahtig, kein Schrank wie aus dem Fitnessstudio, aber man würde ihm sofort abnehmen, dass er Hirsche mit bloßen Händen erlegt. »Wenn ihr mich nicht beim Fahren stört und nicht ins Bordklo scheißt, werden wir gute Freunde.«

»Klo nicht benutzen«, ruft Stu. »Alles klar. Murat weiß, wie's geht.«

»Und Costa wird sich fortan um euer Merchandise kümmern«, präsentiert Gerald den Zweiten im Bunde. Costa wirkt schon wesentlich wärmer und freundlicher: wie ein putziger kleiner Trucker. »Hi, Leute«, sagt er.

Somit bin ich gleich zwei Jobs auf einmal los. Ich hoffe, das wirkt sich nicht auf meine Bezahlung aus.

»Kommt, ich zeig euch den Bus«, sagt Holger und verschwindet im Inneren, gefolgt von der Band.

Gerald kommt an meine Seite. »Wir glauben an deine Truppe«, sagt er, und ich nicke.

»Ja, sie machen sich gut.«

»Mehr als gut. Die Verkäufe sind super, wir bekommen ohne Ende Anfragen für eine Tour im Herbst und Winter, und die Medien lieben sie. Wir wollen sie als unser Flaggschiff für Deutschland und Europa aufbauen. Ich bin da sehr zuversichtlich. Deswegen die zusätzlichen Leute. Vor allem Costa soll dir unter die Arme greifen. Der Orgakram wird immer mehr.«

»Das kann man wohl laut sagen«, bestätige ich.

»Aber du schaffst das, oder?«

Ich nicke. »Klar. Ansonsten gebe ich Laut.«

Er klopft mir auf die Schulter, während aus dem Bus Rufe der Begeisterung tönen.

»Geil, ein Kühlschrank«, brüllt Tom-Tom.

»Eine Lounge«, freut sich Frankie.

»'ne *Playstation*«, jubelt Stu.

Und Murat: »Geil, ein Blue-Ray-Player: Pornos gucken!«

***

»AAAALLLLTTTTEEEEEER!«, brüllt Matze.

»AAAALLLLTTTTEEEEEER!«, brülle ich. Wir fallen uns in die Arme, als wären wir beide nach Jahren aus dem Krieg heimgekehrt.

»Boah, du glaubst nicht, wie gut das tut, mal wieder die Fresse von einem normalen Menschen zu sehen!«, sage ich.

»Das glaube ich gerne«, sagt er. »Entschuldige, dass wir nicht früher gekommen sind, ich musste dem Babysitter noch meine Kreissäge im Keller zeigen, damit er weiß, was ihm blüht, wenn er mit meinem Sohn auch nur irgendwas falsch macht.«

So viel zum Thema »normaler Mensch«. Ich lache.

»Wo ist Katharina?«, frage ich.

»Sucht noch einen Parkplatz.«

Ich nicke. Wir schlendern zur Theke, und ich bestelle uns beiden ein Bier. Mit dem Bändchen der Macht um meinen Hals, das mir uneingeschränkt Freigetränke garantiert, fällt es leicht, spendabel zu sein.

»Und wie gefällt dir das Tourleben?«, fragt Matze.

Ich zucke mit den Schultern. »Manchmal nervt's, meistens sitzt man irgendwo rum und wartet, und manchmal macht es Spaß. ›Wart, Wart und Rock'n'Roll‹ sollte es heißen statt ›Sex, Drugs and Rock'n'Roll‹.« Ich erzähle ihm von meinen Erlebnissen. Manchmal lacht er, oft rollt er mit den Augen, und noch öfter sagt er, ich solle ihn nicht verarschen.

»Immer noch besser, als den ganzen Tag im Büro rumzuhocken, oder?«, resümiert er, als ich fertig bin mit Erzählen.

»Ja, schon ...«

»Bier her«, unterbricht uns Katharina rüde.

»Hey, schön, dich zu sehen«, sage ich hocherfreut und breite die Arme aus. Sie ignoriert die Geste und drückt sich an mir vorbei an die Theke.

»Gib Bier!«

Ich lasse die Arme sinken. Parkplatzsuche macht aus gütigen Menschen nun mal wütende Derwische, sage ich mir. »Ein alkoholfreies?«, frage ich. Jetzt sieht sie mich an, allerdings immer noch nicht freudig, sondern eher, als hätte ich nicht alle Tassen im Schrank.

»Spinnst du? Wir lassen die Karre heute Nacht hier stehen. Richtiges Bier will ich!«

»Okay, okay«, beschwichtige ich den Drachen in Jeanskutte und ordere mit Handzeichen eine neue Runde. Als sie den ersten Schluck getrunken hat, senken sich ihre Schultern, und ihr Gesichtsausdruck wird milder.

»Scheiße, das tut gut«, sagt sie, sieht mich an, als wäre ich gerade erst aufgetaucht, und nimmt mich in den Arm. »Hallo, Torben.«

»Ich geh mal das Merchandise checken«, verkündet Matze, schnappt sich sein Bier und tigert von dannen. Katharina und ich stellen uns an einen Stehtisch.

»Und wie geht's dir?«, fragt sie.

Ich zucke mit den Schultern. »Ach, ganz okay. Und selbst?«

»Muss ja. Ist das Kind gesund, freut sich der Mensch, sag ich mal.«

»Katzen würden Whisky saufen«, ergänze ich.

»So sieht's aus«, sagt sie, und wir stoßen an.

»Und«, druckse ich rum. »Kommt ... also, kommt Lucy heute auch?« Ich klinge wie ein Viertklässler, der sich bei seiner besten Freundin und Spionin erkundigt, ob die süße Ulrike aus der 4b ihn auch gut findet.

»Oh«, sagt Katharina, und das klingt gar nicht gut. »Du weißt noch nichts?«

»Nein, was sollte ich wissen?« Mir wird eiskalt. »Ist ihr irgendwas passiert?« Tausend Szenarien schießen mir durch den Kopf. Die meisten Unfälle passieren im Haushalt.

»Nein, nein«, beruhigt mich Katharina und legt mir ihre Hand auf den Unterarm. Das beruhigt mich allerdings überhaupt nicht, das ist nämlich das, was sie immer macht, wenn es schlechte Nachrichten zu überbringen gibt.

»Sie hat jemand Neues«, sagt sie und drückt meinen Arm.

Keine Wege, keine Vegetation, sogar die Felsen sind schon ausgewandert, weil es ihnen zu eintönig wurde. Es gibt nur grauen Sand und einen einzelnen Hoschi, der traurig durch diese endlöse Ödnis schleicht. Die Kamera fährt näher an ihn heran, bis man sein Gesicht sehen kann: Der Hoschi bin ich.

»Was?«, frage ich, als sich mein Gehirn nach einem kleinen Aussetzer wieder einrenkt.

»Lucy hat einen Neuen.«

Ich sehe Katharina mit weiten Augen an. »Ahhh, hahaha«, will ich lachen, aber statt zu lachen, sage ich »Ahhh, hahaha«, was sogar in meinen Ohren nach akut einsetzender Geisteskrankheit klingt.

»Sorry, aber ich dachte, du wüsstest es«, sagt Katharina.

Ich suche in meinem Hirn nach einer Erklärung. »Das ... das ist doch bestimmt nur so eine Bumsgeschichte, oder? Ein bisschen fremdvögeln in den Wochen, wo ich weg bin, um sich an mir zu rächen. Oder? ... Oder?«

Sie schürzt die Lippen. »Ich fürchte, mit dir hat das nichts zu tun. Das wirkt fester, jedenfalls sehen die beiden ziemlich happy miteinander aus.«

»Fuck ...«, sage ich schwach. Ich fühle mich, als hätte mir jemand den Teppich unter den Füßen weggezogen, und darunter verbirgt sich ein tiefes, dunkles Loch. Ich versuche, wütend zu werden, sauer auf Lucy und diesen beschissenen Macker, der sie jetzt begattet, aber stattdessen fühle ich nur Leere. Ich kann ihr schließlich keinen Vorwurf machen. Ich war es, der es verbockt hat.

Plötzlich springt mir jemand auf den Rücken, wurschtelt in meinen Haaren herum und plärrt mit hoher Stimme fröhlich »AAAAARRRSCHLOCH!« direkt in mein Ohr.

»Lara«, stöhne ich. »Das ist jetzt echt kein guter Zeitpunkt.«

»Was ist los mit dir, du siehst scheiße aus«, fragt Frankie.

»Lucy hat einen Neuen«, sage ich schwach. Seit etwa einer Stunde ist das meine Antwort auf alles.

»Hey, Torben, wo ist das Gaffatape?«

»Lucy hat einen Neuen.«

»Hey, Torben, kannst du dem Tontechniker Bescheid geben, dass wir in einer Viertelstunde loslegen?«

»Lucy hat einen Neuen.«

»Hey ,Torben, willst du noch ein Bier?«

»Lucy hat einen Neuen.«

»Also ja.«

Frankie klopft mir tröstend auf die Schulter. »Tut mir leid, das zu hören, aber könntest du bitte trotzdem nicht mit so einer Trauermiene durchs Backstage spuken? Wir versuchen, uns hier für eine Show zu motivieren.«

Ich sehe ihn an. Er hat recht. Ich erwarte von den Jungs auch ständig Professionalität, da sollte ich mit gutem Beispiel vorangehen. Ich straffe meine Gestalt und versuche, mir ein Lächeln abzuringen.

»Lass das lieber mit dem Lächeln«, sagt Frankie. »So siehst du nur aus wie ein serienmordender, trauriger Clown.«

»'tschuldi.«

»Schon okay.« Er fährt mit seinen Aufwärmübungen fort, dann schüttelt er Arme und Beine aus.

»Dann wollen wir mal!« Er geht zur Bühne, und ich folge ihm. Die anderen stehen schon bereit, klopfen nervös auf ihren Extremitäten herum oder pumpen unnötig viel Luft in ihre Lungen.

»Seid ihr bereit?«, frage ich, und alle nicken. So wird das nichts.

»SEID IHR BEREIT?, HABE ICH GEFRAGT!«

Sie reißen die Arme hoch. »HÖLLE, JA!«, brüllen sie.

Wir etablieren langsam kleine Rituale. Wir geben uns High-Fives, dann bilden sie einen kleinen Kreis und schweigen für einen Augenblick. Dann lösen sie sich wieder voneinander, und wir klettern gemeinsam die kleine Treppe zur Bühne hoch und linsen durch den Seitenvorhang. Wie erwartet ist natürlich nicht die ganze riesige Halle voll, aber durch geschickt platzierte Vorhänge merkt man davon nichts. Die Leute stehen gedrängt und haben Bock. Die Vorband hat gute Arbeit geleistet, das Publikum ist heiß auf mehr.

»Sag mal, Stu, ist das da dein Groupie von gestern Nacht?«, fragt Murat plötzlich.

»Was? Wo?«, fragt Stu.

»In der ersten Reihe, in der Mitte.«

Wir alle konzentrieren uns auf die erste Reihe, und tatsächlich steht da Stus Groupie, unverkennbar mit den rot leuchtenden Haaren.

»Ach du Kacke«, stöhnt Stu.

»Stu hat eine Stalkerin«, flötet Murat fröhlich.

»Das ist nicht witzig«, faucht Stu.

»Das ist eher voll gruselig«, sagt Frankie.

Ich versuche zu beruhigen: »Bleibt geschmeidig, Leute, einmal nachreisen macht noch keine Stalkerin.«

»Hmm, wenn du meinst.« Stu ist skeptisch.

»Die Tour ist noch jung. Gib eurer Liebe mehr Zeit.«

»Halt's Maul, Murat.«

»Jungs, Jungs, konzentriert euch auf die Show. Nur darum geht's jetzt«, sage ich, und wie auf Kommando erlischt das Saallicht, und das Intro setzt ein. Nacheinander gehen die vier auf die Bühne, und jeder wird begrüßt, als würden *Guns'n'Roses* oder *Metallica* ins Rampenlicht treten. Heimvorteil rockt!

Vom ersten Song an gehen die Zuschauer voll mit, es wird gebangt, ein Circle-Pit tobt in der Saalmitte, und Crowdsurfer schweben über dem Ganzen. Alle haben Spaß, und ich stehe hinter der Bühne und blase Trübsal. Lucy hat einen Neuen. Gut, dass die Tour noch länger geht. Es gibt jetzt nichts mehr, wofür es sich zurückzukommen lohnt. Ich kraule Lemmy geistesabwesend den Kopf und kann dem Konzert nur sporadisch folgen. Selbst Stus hochroter Kopf kann mich nicht aufheitern. Permanent wirft ihm sein Groupie Luftküsse zu, und das ist ihm fast noch peinlicher als die Brüste, auf die sie »Stu« geschrieben hat und die sie alle zwei Songs rausholt.

Bei »Numbers« kommt erstmals Jens, der Vomitorist, auf die Bühne. Bei dem Part, in dem Frankie langsam von eins bis vier einzählt, schluckt er Billardkugeln in beliebiger Reihenfolge und würgt sie in der richtigen Folge von eins bis vier wieder hoch. Das Publikum tobt. Er ist wahrlich ein Kunstkotzer! Aber richtig flippt das Publikum aus, als er sich zu »Volcano« literweise Cola in den Schlund kippt und dann ein Mentos hinterherwirft. Schlagartig schießt ein meterhoher Strahl gen Hallendecke, und geschickt fängt er alles mit einem Eimer wieder auf. Kein Tropfen geht daneben. Das Publikum geht völlig steil, und ich beschließe, ihm ein dauerhaftes Engagement anzubieten. Der Vomitorist gehört ab jetzt zur Show.

Nach etwas mehr als einer Stunde haben *Clothelines from Hell* ihr Repertoire abgerissen. Als Zugabe zur Zugabe zocken sie noch Coverversionen von »For Whom the Bell Tolls« und dem unkaputtbaren »Breaking the Law«, dann ist Feierabend. Die Menge tobt, die Band strahlt. Ich stehe hinter der Bühne, die Ohren schmerzen mir fast vom Lärm der Menge, aber ich fühle mich einfach nur leer und allein.

9

HUNTING SEASON

URAT, DU SAU! ICH KILL DICH!«
Eine Horde Nashörner trampelt an meiner Koje vorbei durch den schmalen Busflur. Na ja, keine Horde, eigentlich nur zwei Nashörner. Eines davon gackert albern, das andere schnaubt wütend. Das gackernde heißt Murat, das schnaubende Stu. Ächzend richte ich mich so weit auf, wie es die Kojendecke erlaubt, und ziehe den Vorhang auf. Gleißendes Sonnenlicht sticht mir in die Augen. Mit der katzenhaften Geschicklichkeit eines gichtkranken Endneunzigers krabbele ich aus meiner Schlafstatt und folge den beiden nach draußen. Stu jagt Murat immer wieder um den Bus herum. Anscheinend hat Letzterer sein Eddingverbot erneut übertreten und Stu einen Hitlerbart ins Gesicht gezaubert. Stöhnend presse ich mir die Hände vor die Augen. Eine Flasche Jägermeister hat mir einen amtlichen Kater eingebrockt, und ich habe höchstens vier Stunden geschlafen. Auf so eine Kinderkacke kann ich gerade sehr gut verzichten. Ich atme tief durch, und brülle: »STOPP, VERDAMMT!«

Der große Nightliner hat etwas bei der Band ausgelöst. Seit wir mit der schwarzen Schönheit über die Autobahnen gleiten, benehmen sich die Jungs wahlweise wie eine Bande beschissener Rockstars oder eine Horde verzogener Blagen, was bemerkenswert häufig auf dasselbe hinausläuft. Selbst wenn ich Nerven aus Stahl hätte, wären sie inzwischen gefährlich durchgerostet.

Schlagartig bleiben die beiden stehen und starren mich erschrocken an.

»Murat, du zahlst sofort einen Fuffi ins Arschlochglas«, sage ich. »Und Stu, du wirst keine Bandmitglieder killen. Haben wir uns verstanden?«

Er brummt bockig: »Ja.«

»Gut. Und jetzt wasch dir dein Gesicht. Ich hab keinen Bock, mit Hitler himself frühstücken zu gehen.«

Er seufzt theatralisch. Ich würde ihm gerne sagen, dass er sich nicht so anstellen soll, aber ich weiß, was ihm bevorsteht. In den vergangenen zwei Wochen ist jeder außer Oleg, an den sich keiner rantraut, in den zweifelhaften Genuss gekommen, im Schlaf mit Edding und Kuli »dekoriert« zu werden, um »spaßige« Fotos fürs Internet zu machen. Und das Beste, was hilft, um sich die Scheiße wieder von der Haut zu schrubben, ist »Grüne Tante«, eine Seife, die sich auf der Haut anfühlt wie Schleifpapier. Vor allem im Gesicht ist das nicht so angenehm. Und an den Eiern, davon kann Frankie ein Lied singen. Bei uns schläft niemand mehr nackt, außer Murat, der es irgendwie gut findet, wenn man seine Geschlechtsteile anmalt.

Stu drückt sich an mir vorbei in den Bus und verschwindet im WC. Kurz darauf höre ich schwach Wasser plätschern und schmerzerfülltes Stöhnen. Jens kichert leise, hört aber sofort damit auf, als ich ihn grimmig angucke.

Gemeinsam begeben wir uns in den Raststätten-McDonald's. Unsere Ernährungspyramide hat sich in der letzten Zeit in einen Berg verwandelt, der vornehmlich aus Fett besteht. Abends gibt es meistens Pizza oder Nudeln, und mittags kehren wir in der Regel zum Frühstück in einer der beiden großen Burgerketten ein. Wir nehmen uns zwar immer mal wieder vor, zwischendurch einzukaufen, aber wenn wir es mal auf die Kette bekommen und sogar Obst und Gemüse den Weg in unseren Bus findet, wird es meistens als Wurfgeschoss missbraucht, zumindest so lange, bis Oleg böse guckt. Wenn Oleg böse guckt, sieht er immer aus wie etwas, das man auf das Plattencover einer wirklich fiesen Death-Metal-Band drucken sollte.

In meiner Pubertät blieb ich weitestgehend von Akneanfällen verschont, aber jetzt hole ich sie nach. Ich bekomme Pickel an allen möglichen und unmöglichen Stellen, unangenehmerweise oft im Schritt. Aber ich mache nicht nur unsere beschissene Ernährung dafür verantwortlich, sondern vor allem die Luft im Bus. Die Abwesenheit von weiblicher Begleitung nehmen alle Mitreisenden zum Anlass, hingebungsvoll und mit beunruhigender Häufigkeit zu furzen, dass es nur so knattert. So viel Methan in der Luft kann einfach nicht gut für die Haut sein.

Vielleicht benehmen sich die Jungs mal etwas, wenn wir unseren Gast aufnehmen. Björn vom *Metal Hard*-Magazin wird uns die nächsten drei Tage begleiten und über unsere ersten Konzerte außerhalb Deutschlands berichten. Heute geht es nach Tschechien. Ich gebe zu: Ich bin etwas aufgeregt.

Bisher halten sich meine Erfahrungen mit Auslandsreisen in Grenzen. Ich würde gerne behaupten, dem wäre so, weil ich Deutschland so toll finde, aber in Wahrheit ist meine Bequemlichkeit schuld. Weiter weg reisen erfordert Planung, und Planung ist Arbeit. Also beschränkte ich mich auf Fahrten ins Allgäu, auf Festivals und ab und zu mal einen Trip nach Amsterdam, wenn jemand anderes für mich den ungeheuren Aufwand übernahm, ein Zimmer im Hostel zu buchen. Auch wenn ich mir schon immer mal Prag ansehen wollte, habe ich es bisher nie nach Tschechien geschafft. Allerdings werden wir von der Kafka-Stadt nichts zu sehen bekommen. Wir wurden nach Murats Kackauftritt für ein kleines Festival im Hinterland gebucht, in der Nähe eines Dorfes, dessen Namen ich nicht aussprechen kann. Zum Glück haben wir Oleg, der sich auskennt. Müsste ich uns dahin kutschieren, würden wir vermutlich irgendwo auf dem Balkan landen.

Als wir mit dem Frühstück fertig sind, erstaunlicherweise ohne dass jemand eine Essensschlacht initiiert hat, trotten wir zum Bus zurück. Nach dem Cholesterinfressen heißt es heute Kilometer fressen. Mir ist speiübel, und ich muss mir eingestehen, dass mir in den letzten Tagen ständig nach dem Essen zum Kotzen zumute war. Vielleicht gibt es heute Abend ja Salat beim Catering, tröste ich mich und nehme mir fest vor, weniger zu saufen und mehr gesunde Sachen zu essen. Die tschechische Küche ist ja schließlich berühmt für ihre leichten Salatkreationen.

Seit ich erfahren habe, dass sich Lucy ziemlich fix über mich hinweggetröstet hat, ist keine Schnapsflasche vor mir sicher. Ich bin manchmal so ein verdammtes Klischee, das geht gar nicht. Ebenso wenig geht die Kombination aus Reue, Liebeskummer und Unmengen frei verfügbaren Alkohols.

Leider ist mir der Rest der Truppe keine Hilfe. Frankie und die Jungs sind zwar gute Kumpels geworden, aber Freunde sind wir deswegen noch lange nicht. Außerdem sind sie inzwischen völlig im Tourpartymodus angekommen und schießen sich mit schöner Regelmäßigkeit nach den Shows ab, sogar Frankie, der ansonsten der Vernünftige im Team ist. Ich bin gespannt, wie lange das noch gut geht, aber mir fehlen jegliche Ambitionen, pädagogisch einzuschreiten. Und mit Roadie Costa oder Busdriver Oleg möchte ich erst recht nicht über mein im Sterben liegendes Gefühlsleben sprechen. Also kippe ich ein paar Schnäpse zu viel und fresse den emotionalen Mist in mich hinein, als wäre er bloß eine weitere Pizza vier Fette. Zum Glück konnte ich Gerald davon überzeugen, dass wir eine feste Fotografin im Team brauchen. Deswegen wird Lara zu uns stoßen, wenn wir in ein paar Tagen aus dem Osten wieder zurück nach Deutschland kommen. Dann habe ich jemanden zum Labern.

Am Bus wartet ein Typ mit riesigem Vollbart und noch gewaltigerem Grinsen auf uns. »Hi«, grüßt der Träger einer Jeanskutte, deren Aufnäher von gutem Geschmack zeugen. »Ich bin Björn vom *Metal Hard*.«

Wir schütteln uns die Hand, dann stelle ich ihm die Crew vor. Überschwänglich begrüßt er jeden und erzählt, wie »ab-so-lut endgeil« er *Clothelines from Hell* findet. Die Ausgeburt guter Laune wird sich vermutlich gut in unserem Tross einfügen. Ich zeige ihm seine Koje, und er feiert das kleine Schlafkabuff, als wäre es die Präsidentensuite in einem Fünfsternehotel.

Mit einem markerschütternden Pfeifen, auf das er uns innerhalb kürzester Zeit konditioniert hat, ruft Oleg zur Abfahrt. Sofort springen alle in den Bus, und wir setzen uns in Bewegung. Irgendjemand dreht »Ordered Eastwards« von *Hail of Bullets* voll auf, und wir öffnen das erste Bier des Tages. Irgendwie muss man ja das Frühstück runterspülen. Björn grinst und macht sich Notizen.

Die Fahrt entpuppt sich als Ausbund an Ödnis – eine Erfahrung, die für uns langsam zur Gewohnheit wird. Bisher war ich auf Autobahnfahrten immer gerne der Beifahrer. Ich mochte es, einfach die Fresse zu halten, aus dem Fenster zu schauen und die vorbeiziehende Landschaft auf mich wirken zu lassen. Ich fragte mich immer, wer hinter all diesen Fenstern wohnt und wie dort gelebt wird, wenn wir Städte passierten, ich war fasziniert von kreuzenden Booten und Schiffen, wenn wir Flüsse überquerten. Der Weg ist das Ziel, würde der Buddhist dazu vermutlich sagen. Aber inzwischen habe ich die Landschaft gründlich satt. »Baum Baum Wiese Baum Wiese Wiese Wiese Haus Baum Wiese Wiese Baum Baum Baum«, geht der Beat der Langeweile. Ich sitze in der Lounge im Heck des Busses und versuche, mir einigermaßen interessante Lügen über den Touralltag aus den Rippen zu leiern, um sie auf der Bandpage zu posten. Highlight ist ein Foto von Frankie, der auf dem Rastplatz an einen Baum pinkelt und währenddessen mit beiden Händen die Pommesgabel zeigt. Man lebt im Grunde nur für die ein, zwei Stunden am Abend, wenn erst die Nervosität und dann die Show steigt. Dann ist man wach, dann schießt das Adrenalin ein. Geht alles gut? Kriegt die

Band das Publikum auf ihre Seite? Taugt der Soundmann was? Hält die Technik durch? Macht Murat irgendwas Blödes (also etwas noch Blöderes als sonst)? Stirbt unser Vomitorist, weil er sich dann doch an einer Billardkugel verschluckt? Wie werden die Rezensionen zum Konzert aussehen? Fragen über Fragen, die sich jedes Mal stellen, ob man will oder nicht. Seit ich nicht mehr am Merchandise-Tisch die Stellung halten muss, stehe ich jedes Mal an der Bühnenseite und habe schwitzige Hände. Ein interessanter Effekt ist, dass ich die Songs, je öfter ich sie höre, immer besser finde. Zugegebenermaßen fand ich die Band zu Anfang der Tour »nur« gut, aber inzwischen liebe ich jede Note, jedes Riff, jedes Break und leide mit, wenn irgendwas schiefgeht, und seien es nur Kleinigkeiten wie eine verstimmte Gitarre oder eine verrutschte Trommel. Ich weiß gar nicht mehr, wie ich einen Abend ohne diese Songs aushalten sollte.

Murat und Stu vertreiben sich die Zeit mit Zocken, Tom-Tom liest Drummermagazine und Comics in seiner Koje und schaufelt dabei Unmengen an Schokokeksen in sich rein. Frankie berichtet Björn derweil, was bisher auf Tour so passiert oder, besser gesagt, nicht passiert ist und was die Band als Nächstes plant. Costa liegt hinter zugezogenem Vorhang in seiner Koje und macht sich mit einem Nickerchen fit für den Abend, nachdem er sich geräuschvoll einen runtergeholt hat. Jens hat sich neben Oleg auf einen Sitz gelümmelt und hört auf seinem antiken Discman Hörspiele. Lemmy tut, was er am besten kann, und schläft auf meinen Füßen, die durch seine Körperwärme schwitzen wie Sau, weswegen es in der Sitzecke seit Tagen leicht nach Hund mit Schmelzkäse riecht. Björn macht sich fleißig Notizen.

So geht das inzwischen tagein, tagaus. Routine hat sich eingeschlichen. Selbst die Aftershowpartys sind einer gewissen Ritualisierung unterworfen. Vielleicht sollte ich Kreuzworträtsel verteilen, damit nicht alle komplett verblöden. Durch spontane Festivalbuchungen verlängert sich die Tour noch um Wochen. Die Band ist auf dem Sprung an die Spitze, das spürt man. Und nach dem Sommer wartet schon eine neue Clubtour im Paket mit zwei, drei anderen Bands. Zu Weihnachten bekomme ich vielleicht Urlaub und ein neues Gehirn.

Das Schlimmste an der Langeweile ist, dass die Stimme in meinem Kopf immer wieder Gelegenheit hat, mich zu piesacken: »Lucy hat 'nen Neuen, Lucy hat 'nen Neuen!« Einmal habe ich bei dem Gedanken sogar gekotzt, dabei bin ich noch nicht einmal besoffen gewesen. Dass einem einfach so schlecht werden kann ohne gesundheitliche Beschwerden oder zwanzig Tequila intus, war mir neu. Die Scheidungspapiere waren ein Schlag in den Magen, aber dass sie schon wieder jemanden hat, das war ein Schlag durch den Magen mit anschließendem Herumwühlen in den blutspritzenden Eingeweiden bei vollem Bewusstsein.

»Weniger Zombiefilme gucken«, notiere ich auf meiner To-do-Liste.

Eigentlich könnte ich mich ganz gut darüber hinwegtrostficken. Nicht nur die Jungs greifen hier und da Mädels nach der Show ab, auch ich werde inzwischen regelmäßig angebaggert. Selbst wenn man keine Gitarre richtig herum halten kann, solange man irgendwie zur Band gehört, ist man für einen bestimmten Typ Frau sofort hochgradig interessant. Sogar Oleg kann davon ein Lied singen. Er hat mir ein Notizbuch gezeigt, in dem er fein säuberlich seine Tourvögeleien mit Datum, Ort und Stellungen notiert hat. In dem Buch sind nur noch vier Seiten frei. »Ist Heft Nummer drei«, hat er stolz erzählt. »Respekt«, habe ich geantwortet, und sein Grinsen wurde noch breiter.

Ich hab da keine Lust drauf und lasse sie alle abblitzen. Der alte Torben wäre so drauf gewesen. Der Neue will nur seine Frau zurück. Das kann man langweilig finden. Ich finde es richtig.

»Scheiße«, knurre ich und nehme einen Schluck Bier gegen die Melancholie. Der Bus schaukelt hin und her. Die letzte wirklich gut befestigte Straße haben wir vor zwei Stunden verlassen und hoppeln nun über Dorfstraßen, die anscheinend mal als Testgelände für Jeeps und Panzer konzipiert wurden. Ein hohes

Gefährt wie unser Bus verstärkt den Effekt noch, und ich komme mir vor, als würden wir auf einem Boot zu unserem Auftritt fahren. Hoffentlich wird niemand seekrank. Das wäre eine ziemlich blöde Ausrede für einen ausgefallenen Gig.

Björn gesellt sich zu mir. »Na, schon aufgeregt?«, verkennt er die Lage.

Ich schüttele den Kopf. »Nicht wirklich. Ich bin mir vielmehr unschlüssig darüber, was uns heute erwartet. Ich meine, wir fahren seit zwei Stunden über Land, da erwarte ich nicht allzu viel.«

»Na, wart's ab. Das Festival soll ziemlich geil sein.«

Ich sehe ihn skeptisch an. »Wenn es so geil ist, warum hab ich dann noch nie was davon gehört?«

Er lacht. »Sei doch nicht so skeptisch. Ich meine, viel weiß ich auch nicht darüber. Nur so viel, dass es dieses Jahr zum vierten Mal stattfindet und kaum Werbung dafür gemacht wird, weil der Veranstalter mit irgendwelchem IT-Kram saumäßig viel Kohle gemacht hat und das Open Air als so eine Art jährliche Privatparty mit ein paar Tausend Gästen ansieht. Das Ganze läuft nur über Mundpropaganda mit geilem Line-up und sehr günstigen Preisen. Dem Typen ist es völlig wumpe, wenn er ein paar Tausend Miese macht. Der hat einfach Bock. Ein Traum für jeden Metalfan, vermute ich mal: das eigene Festival, und du allein darfst bestimmen, wen du auf der Bühne sehen willst.«

»Das klingt echt cool«, stimme ich zu.

Er macht sich ein Bier auf und prostet mir zu. »Siehste, sag ich doch. Entspann dich, das wird bestimmt gut heute. Keine Kirmesmetaller und kein Ballermanntourismus. Die Leute, die da sind, haben auch Bock auf Metal.« Wir stoßen an.

»Weißt du denn, wer außer uns spielt?«, frage ich Björn.

Er schüttelt den Kopf. »Ich war bis gestern wegen einer Homestory über *Nightwish* in Finnland und bin erst zwei Stunden, bevor ich zu euch gestoßen bin, wieder in Deutschland angekommen. Da hatte ich keine Muße für Recherche.«

Ich zücke mein Handy und schreibe eine SMS an Gerald. Der

hat den Gig eingestielt, der sollte auch mehr wissen. Nach einer Minute kommt die Antwort.

»Das halbe Line-up besteht aus regionalen Bands«, lese ich vor. »Ansonsten sind am Start: *The Haunted, Asphyx, Destruction, Grand Magus, Sepultura* und, wow, *Motörhead.*«

»Klingt gut«, sagt Björn.

»EY, LEUTE«, brülle ich durch den Bus. »WIR SPIELEN HEUTE AUF DER GLEICHEN BÜHNE WIE *MOTÖRHEAD*!«

»Geil!«

»Ernsthaft?«

»Yeah!«

»Rock'n'Roll!«

»LEMMYYYY!« Letzteres nimmt Lemmy zum Anlass, seinen Kopf zu heben, schließlich könnte es was zu fressen geben. Ich tätschele seinen dicken Kopf. »Nicht du. Der andere Lemmy«, sage ich, und er schläft wieder ein.

Ich lehne mich zurück. Björn grinst mich an. Ich frage mich, ob er noch einen anderen Gesichtsausdruck auf Lager hat, aber ich vermute mal, dieses Grinsen ist festgewachsen. Ich komme selbst nicht umhin zu lächeln. Vielleicht wird's heute ein richtig guter Abend.

Aus Costas Koje dringen schon wieder die unverkennbaren Geräusche eines hingebungsvoll wichsenden Mannes.

Die Anfahrt zum Festival ist an Skurrilität kaum zu überbieten. Wir fahren seit einer halben Stunde über eine Straße, die sich nur durch eine bröckelnde Asphaltdecke von einem Feldweg unterscheidet. Sollte uns ein anderes Fahrzeug entgegenkommen, und sei es nur ein Mofa, dann muss einer von uns in die Botanik ausweichen. Nur gelegentlich sieht man kleine Höfe in der Ferne, sonst nur Äcker, Wiesen und Wälder und einmal ein etwa DIN-A4-großes Pappschild, das mit Edding beschriftet ist: »Festival«. Und darunter ein Pfeil, der uns geradeaus den Weg weist auf einer Straße, auf der es nur geradeaus geht. Und plötzlich steht da ein Typ in Warnweste und Tarnhose. Er hat einen Klapp-stuhl, einen Sonnenschirm, Dosenbier und einen Ghettoblaster am Wegesrand aufgebaut und bedeutet uns, stehen zu bleiben. Er unterhält sich kurz mit Oleg, brüllt »Have fun!« in den Bus, was sich anhört wie der Befehl eines fröhlichen Wikingers mit slawischen Wurzeln und händigt Oleg einen Parkausweis aus. Dann zeigt er ihm an, sich weiter geradeaus zu halten auf der Straße, die immer noch nur geradeaus führt. Wir fahren einen Hügel hinauf, und als wir die Kuppe erreichen, eröffnet sich vor uns ein kleines Tal. Ich fühle mich ein bisschen wie Frodo, als er das erste Mal auf Mordor hinabblickt. Mitten im Nirgendwo, zwi-schen all den grünen Wiesen und der Natur erhebt sich ein wun-dervolles Orklager. Eine riesige Bühne bildet den Scheitelpunkt des Areals, das sich fächerförmig weitet über die Marktmeile bis hin zu den Campingplätzen. Überall wuseln Menschen umher, und selbst aus der Ferne dröhnen zu uns die unverwechselbaren Klänge eines Soundchecks herüber. Kein Wunder, dass wir nie-mandem sonst begegnet sind, denn der Strom der anreisenden Zuschauer wird über zwei Straßen geleitet, die, von uns aus ge-sehen, auf der gegenüberliegenden Seite des Geländes enden. Nur die feinen Herren und Damen Rockstars dürfen den Ge-heimweg benutzen. Wir kurven den Hügel herunter und parken hinter dem Backstagebereich.

»Ich such mal die Anmeldung«, verkünde ich und steige aus. Aber bevor ich mich auf den Weg machen kann, kommt mir Miss Tschechien entgegen. Oder Miss Europa, Miss World oder Miss Universum, und wenn darüber etwas geht, dann auch gerne das. Meine Fresse, ist diese Frau schön, denke ich. Sie lächelt, und ich habe das unwillkürliche Bedürfnis, mir eine Sonnenbrille aufzu-setzen, so sehr strahlt dieses Lächeln. Sie hat ein Klemmbrett an ihre Brust gepresst und reicht mir ihre Hand.

»Hallo, ihr müsst *Clothelines from Hell* sein«, sagt sie mit ei-nem bezaubernden Akzent. Lucy, Lucy, Lucy, rufe ich mir ins Gedächtnis und will etwas sagen, aber da kommt nichts. Ich räuspere mich heftig, dann kriege ich ein »Ja, hallo, wir sind die Torben. Ich bin der Manager und heiße *Clothelines*« heraus.

Sie runzelt die Stirn.

»Äh, andersrum natürlich. Ich Torben, wir *Clothelines*. Haha.« Sie lacht, und ich könnte schwören, dass in diesem Moment der Weltfrieden beschlossene Sache ist. »Alles klar. Ich bin Marketa. Kommt mit mir backstage. Janko, der Veranstalter, möchte euch begrüßen.«

»Alles klar«, sage ich. »Ich hole nur grad die Jungs.« Als ich mich umdrehe, knalle ich fast in Frankie rein. Die »Jungs« stehen schon hinter mir und starren Marketa mit weit aufgerissenen Augen an. Stu sabbert ein bisschen. Ich würde ihnen gerne eine Standpredigt halten, aber verdammt, ich kann sie verstehen.

Lucy, Lucy, Lucy.

»Leute, der Veranstalter will uns Hallo sagen. Kommt mit«, sage ich und halte kurz inne. »Und benehmt euch mal ausnahmsweise.«

Marketa lacht und wendet sich dann um, wobei ihre blonde Mähne umherweht wie in einer Shampoowerbung. Wir dackeln ihr hinterher, und ich gucke interessiert in alle Richtungen, nur damit mein Blick nicht in Richtung von Marketas Hintern wandert, der nur knapp von einer Jeansshorts bedeckt wird. Die anderen sind nicht so anständig. Murat stolpert auf dem Rasen und legt sich der Länge nach hin, und Tom-Tom rennt vor ein Dixi-Klo. Ich hoffe inständig, dass Marketa sich von der Bühne fernhält, sonst ist an einen reibungslosen Ablauf der Show nicht im Entferntesten zu denken.

Sie führt uns in ein großes Pavillonzelt und macht sich dann wieder von dannen, was von der Truppe mit einem kollektiven traurigen Seufzer quittiert wird.

Ein ansehnlicher Hüne kommt breit lächelnd auf uns zu. »Hey, ihr müsst sein die *Clothelines*. Entschuldigen mein Deutsch, ich lerne noch. Ich bin Janko, ist mein Festival hier.« Er reicht jedem von uns die Hand, und ich könnte schwören, dass dabei etwas in meinen Fingerknochen knackt. Der Kerl ist ein Ausbund an Energie. Optisch ist er eine seltsame Mischung aus Bankangestelltem mit kurzem Haar und gepflegtem Äußeren und Kuttenträger mit geschmackssicherem *Bathory*-Shirt. Er führt uns im Backstage herum und erzählt, dass er sich einmal pro Jahr sein eigenes Festival gönnt, um seine Metalseele baumeln zu lassen. Den Rest des Jahres muss er seriös rüberkommen, um seine Geschäftspartner nicht zu vergraulen. Er nennt keine Summe, aber Janko muss zigfacher Millionär sein. Umso seltsamer und sympathischer ist seine kumpelhafte Art. Er reicht uns Bier aus einem Kühlschrank, und wir stoßen an. Er stürzt seins auf ex runter, dann gibt er uns Backstagepässe und ein Infosheet, dann muss er wieder los, die nächste Band begrüßen.

Die anderen machen es sich auf den Sofas bequem, schlürfen Bier oder machen sich an die Plünderung des opulenten Büffets. Ich gehe zum Bus zurück. Lemmy muss dringend mal Gassi gehen, wenn man nach seinen Blähungen während der letzten halben Stunde Fahrt geht.

Ich öffne die Bustür und rufe »Lemmy!«, da schießt mir etwas Braunes, sehr Ungeduldiges und Vierbeiniges zwischen den Beinen durch und reißt mich von den Füßen. Ich rappele mich wieder auf und brülle: »Lemmy, verdammt. Bei Fuß!«, als hätte das jemals was gebracht. Ich sehe nur noch, wie die Bulldogge zwischen den Containern hinter der Bühne verschwindet. Es ist immer wieder verblüffend, wie schnell dieser Hund werden kann, wenn es ums Kacken, Fressen oder Karnickelbumsen geht. Ich folge ihm mit seiner Leine. Ich erwarte, ihn irgendwo scheißend vorzufinden, doch als ich zwischen die Umkleide- und Technikcontainer gehe, ist von Lemmy nichts zu sehen.

»Lemmy!«, rufe ich ihn, aber natürlich verweigert die Töle den Gehorsam. In solchen Momenten weiß ich nicht, ob ich stolz oder sauer auf ihn sein soll. »LEMMYHIMMELARSCHUND-ZWIRN, KOMM HER!«

Ich werfe einen Blick unter die Bühne, aber da ist er auch nicht. Ich hoffe nur, er kaut nicht auf irgendeiner Starkstromleitung herum oder bespringt das Bein eines Musikers.

»LEMMY!« Immer tiefer dringe ich in das Labyrinth vor, und ich habe das Gefühl, trotz meines All-Area-Access-Passes an einem Ort zu sein, an dem ich nichts verloren habe.

»LEMMY!«, brülle ich erneut und biege um eine Ecke.

»LEMMYYYaaaahhhhhrgh...«

»Yeah, what's up?«, fragt Lemmy, der plötzlich vor mir steht. DER Lemmy. Der echte. Der wahre. Der Warzengott. Der Frontmann von *Motörhead*. Ich merke, wie jegliches Blut aus meinen Extremitäten sackt.

»What can I do for you, pal?«, fragt er mit seiner rauen Stimme und dem berühmten Nuscheln.

Ich starre und kann nichts sagen. Oh Gott, wie lange stehe ich hier schon und starre? Sekunden? Stunden?

»... ghaaa ...«, mache ich, und er sieht mich mit hochgezogener Augenbraue an und nimmt einen Schluck aus seinem Rotweinglas.

»Ähm ... gnahh ... I'm looking for my dog, Sir, I mean ... gnhaaa...«, stottere ich. In diesem Moment kommt Lemmy um die Ecke. Er hockt sich vor den Mann, dessen Platten ein komplettes Regal in meiner Sammlung einnehmen, wedelt fröhlich mit seinem Stummelschwanz und hechelt. Anscheinend hat er prächtig geschissen und jetzt Lust auf einen Schluck Rotwein. Oder darauf, irgendein Hosenbein zu begatten. Bitte nicht!!!

Lemmy Kilmister sieht mich an. »That's your dog?«

»Yes ...«

»And you named him ›Lemmy‹?«, sagt Lemmy und deutet auf die Bulldogge. »*This* dog?«

Ich könnte ihm jetzt erklären, dass sich mein toter Freund Sven diesen Namen ausgedacht hat, aber ich kriege nur raus: »Yes ...?«

Der *Motörhead*-Boss sieht mich an. Dann sieht er meinen

Hund an. Er sieht mich an. Ich versuche, mit aller Macht im Boden zu versinken, stattdessen werden nur meine Knie noch weicher.

»That's a good name for a dog«, sagt Lemmy und kniet sich nieder. Der Hund leckt sich aufgeregt die Lefzen, aber es gibt keinen Rotwein für ihn, stattdessen tätschelt ihm sein Namensvetter den Kopf und krault ihn hinter den Ohren.

Dann richtet er sich wieder auf und sieht mich an. »Take care about Lemmy«, sagt er, und ich nicke. »See you, pal. Enjoy our show.« Dann geht er weg. Lemmy winselt enttäuscht, weil der Mensch ihm keinen ausgegeben hat, dann kommt er zu mir getrottet.

»Weißt du, wer das war, Lemmy? Das war Lemmy. Ich habe mit Lemmy gesprochen, Lemmy.«

Lemmy bleibt davon unbeeindruckt.

»Ich wusste es! Ich wusste, dass Lemmy ein guter Name für einen Hund ist«, jubelt Sven, während ich seine Bulldogge füttere.

»Alter!«, sage ich immer noch fassungslos. »Ich hab mit Lemmy Kilmister gesprochen. Wie geil ist das bitte?«

»Ich weiß«, sagt Sven und grinst noch breiter als sonst. »Und das verdankst du mir.«

»Jaja, Danke.«

»Tja«, sagt er, setzt sich neben mich und legt mir seinen Geisterarm um die Schulter. »Jeder Mann sollte in seinem Leben ein Haus abgerissen, ein Kind geschubst und einen Baum angepinkelt haben. Aber mit Lemmy Kilmister reden, schlägt das alles um Längen. Dein Leben ist erfüllt, mein Alter.«

»Tja«, sage ich. »Zumindest macht es ab und zu richtig Bock.«

Er lacht.

Oleg kommt um die Ecke und sieht sich verwirrt um.

»Mit wem redest du?«, fragt er.

»Mit niemandem.«

Er schaut mich zweifelnd an, dann klettert er in den Bus.

»Deutsche. Alle bekloppt«, grummelt er laut.

Ich grinse.

»Wo er recht hat, hat er recht«, sagt Sven.

Die Show läuft super. Das Publikum ist von Anfang an völlig enthemmt, was vielleicht auch damit zusammenhängt, dass das Bier auf diesem Festival zu Spottpreisen vertickt wird.

Danach schauen wir uns *Motörhead* an. »Ich hab heute mit Lemmy geredet!«, brülle ich jedem ins Ohr, der es nicht hören will. Wir kehren im Dunkeln glücklich und ordentlich angenattert zum Bus zurück. Wir müssen noch in der Nacht losfahren, weil morgen ein Gig in Rumänien ansteht. Oleg will die Nacht durchfahren.

Wir kommen gerade am Cateringzelt vorbei, da sehen wir Marketa wieder. Sie ist am Knutschen und Fummeln. Mit ihrer Freundin. Ihrer brünetten Freundin, die ihr an Attraktivität in nichts nachsteht. Sie küssen und lecken sich, Hände wandern überall herum. Vergesst Michelangelo, da Vinci oder Derek Riggs. Das hier, dieser Anblick, das ist Schönheit und Kunst in Vollendung.

»Pfrbl...«, entfährt es der Band kollektiv. Tom-Tom kippt nach hinten um und bleibt glückselig grinsend und ohnmächtig liegen. Murat ist triebgesteuert und geistesgegenwärtig genug, um sein Smartphone zu zücken und zu filmen, aber ich nehme ihm das Gerät wortlos aus der Hand und schüttele den Kopf. Er will erst protestieren, überlegt es sich dann aber anders. Selbst er kapiert, dass man manche Dinge nicht für die Nachwelt festhalten kann.

Wir betrachten das Schauspiel eine Weile, wovon sich die zwei nicht weiter stören lassen. Dann wecken wir Tom-Tom auf und ziehen unseres Weges. Im Bus hat keiner mehr Bock auf einen Absacker oder Party in der Lounge. Stattdessen verziehen sich alle in ihre Kojen und schließen hastig die Vorhänge, und als der Bus wankend wieder das Festivalgelände verlässt, ist die Luft erfüllt vom Klang des Motors und dem fleischigen Geräusch mehrerer geriebener Penisse.

Trotz vierzehn Stunden Fahrt ist die Stimmung gut, um nicht zu sagen beunruhigend euphorisch. Vielleicht liegt es am Kollektivwichsen, aber ich glaube eher, dass es die Vorfreude auf den heutigen Gig ist. Nachdem gestern alles so astrein gelaufen ist, scheint es, als würde unsere kleine Tour durch einen Teil des ehemaligen Warschauer Paktes zu einem Triumphzug werden. Frankie hat angeblich zwei komplette neue Songs auf der Fahrt geschrieben, aber ich erzähle ihm lieber nicht, dass mich einer davon verblüffend an *Annihilators* »Alison Hell« erinnert. Sollen ihm das die anderen im Proberaum beibiegen. Das heutige Festival wirkt erneut gut organisiert, auch wenn es das erste Mal stattfindet. Bereits weit im Voraus ist das Gelände ausgeschildert. Wir singen »What shall we do with the drunken bassist?«, eine Variation des bekannten Shantys, die Stu eher so mittelgut findet. Er singt trotzdem aus vollem Hals mit.

Als wir am Festivalgelände ankommen, liegen wir mehr als gut in der Zeit.

»Hmm«, macht Oleg.

»Was ist los?«, frage ich. »Gibt's Probleme?«

Er zuckt mit den Schultern. »Es gibt keine Einweiser. Das ist scheiße.«

Er rollt langsam einen Feldweg entlang, der von einem Bauzaun gesäumt wird. Wir passieren diverse Einfahrten, bis wir an einer ein Schild mit der Aufschrift »Press, Bands, VIP« sehen. Dank Björn trifft alles auf uns zu. Oleg lenkt den Bus auf den Parkplatz, und wir steigen aus. Eigentlich kann man sich im Bus verhältnismäßig frei bewegen, aber es tut trotzdem gut, sich nach so einer langen Fahrt an der frischen Luft zu strecken. Das findet auch Lemmy, der aufgekratzt herumtobt und sich grunzend im Gras wälzt.

Ich lasse meinen Blick über das Gelände schweifen, das bemerkenswert menschenleer aussieht.

»Die Bühne sieht komisch aus«, sage ich.

Frankie tritt an meine Seite und folgt meinem Blick.

»Du hast recht. Da fehlt noch die Hälfte.«

»Da sind Bühnenarbeiter. Bauen die etwa jetzt erst alles auf?«

Er kneift die Augen zusammen. »Ehrlich gesagt sieht das eher aus, als würden die abbauen.«

»Fuck, stimmt. Wartet ihr hier, ich frag mal, was da los ist.«

Ich stapfe los, aber ich kann niemanden entdecken, der irgendwie verantwortlich aussieht. Auf der Händlermeile bietet sich das gleiche Bild wie überall: emsiges Treiben, das mehr auf das Ende als den Beginn eines Festivals hindeutet. Ich versuche, einige der Händler nach der Lage der Nation zu fragen, aber keiner von ihnen spricht Deutsch oder Englisch, und mein Rumänisch kann man als »nicht existent« einstufen. Ratlos kehre ich zum Bus zurück.

»Und?«, fragt Frankie, der genau wie die anderen nicht mehr ganz so gut gelaunt aussieht. Als Antwort zucke ich nur mit den Schultern.

»Hey, seid ihr aus Deutschland?« Ein Typ in Schwarz gesellt sich zu uns.

Ich nicke. »Ja, sind wir.«

Er reicht mir die Hand. »Hi, ich bin Alex. Wir sollten hier spielen. Ich bin der Frontmann von *Iron Mayhem* aus Berlin. Vielleicht habt ihr schon mal von uns gehört.«

»Nee, sorry.«

»Oh. Na ja, egal. Wir spielen *Iron Maiden*-Coversongs im Black-Metal-Style.

»Aha«, sage ich. »Klingt interessant.«

»Entschuldige«, mischt sich Frankie ein. »Du sagtest gerade ›sollten hier spielen‹. Was heißt das? Hast du eine Ahnung, was hier abgeht?«

Er seufzt. »Das Festival findet nicht statt. Ist abgeblasen.«

»Was?«, frage ich einen Deut zu laut. »Wieso?«

»Tja, ihr werdet lachen, aber der Veranstalter hat sich vor einer Stunde die Kasse gekrallt und sich damit verpisst. Ist auf und davon.«

»Du verarschst mich!«

»Leider nicht. Ich weiß, es klingt wie ein blödes Klischee, aber so was passiert. Der Typ hat den Vorverkauf abgewartet, die Händlermieten kassiert und sich dann aus dem Staub gemacht. Wichser gibt es immer wieder. Da kann man nichts machen.«

»SCHEISSE!«, brüllt Frankie und tritt ins Gras.

Oleg kommt aus dem Bus. Er kaut an einer riesigen Salami herum, seiner Leibspeise. »Was ist los?«, fragt er. »Was soll das Gebrüll?«

Frankie erklärt es ihm und betont, dass wir dadurch ziemlich gefickt sind, weil wir kaum noch Geld in der Reisekasse haben und die Gage von heute dringend gebraucht hätten.

Olegs Gesicht verfinstert sich immer mehr, während er zuhört. Als Frankie fertig ist, drückt ihm Oleg seine Wurst in die Hand. »Halt das mal einen Moment«, sagt er im Kommandoton und macht sich auf den Weg zu den Händlern. Sie sind ein gutes Stück entfernt, aber wir können deutlich hören, wie Oleg mit ihnen auf Russisch spricht. Es könnte sein, dass sie sich gegenseitig eins auf die Fresse androhen oder Rezepte für Zupfkuchen austauschen, das ist bei dieser Sprache immer schwer einzuschätzen.

Dann kommt Oleg entschlossenen Schrittes zurück. Er reißt Frankie die Wurst aus der Hand und steigt in den Bus. »Der Penner hat eine gute Stunde Vorsprung. Ich weiß, wo er langfährt, ich weiß sein Kennzeichen und was er für eine Karre fährt. Ich kann ihm den Weg abschneiden. Die Sau kriegen wir.« Er dreht sich in der Bustür um. »Ihr wartet hier. Bis auf Torben. Du kommst mit.«

Ich zeige mit dem Finger auf mich. »Ich? Wie jetzt?«

»Es kann sein, dass ich Hilfe brauche. Komm jetzt«, befiehlt er und verschwindet im Inneren des Busses. Der Motor springt an, und selbst er klingt irgendwie wütend. Ich springe in den Bus und bin noch nicht mal richtig drin, da gibt Oleg schon Gas und schließt die Tür.

»Wieso überlassen wir das nicht einfach der Polizei?«, frage ich.

Oleg fängt an, hemmungslos zu lachen. Anscheinend hat er keine allzu hohe Meinung von der lokalen Exekutive. »Vergiss es«, dröhnt er. »Die sind genauso nützlich wie dieser Haufen, der sich einfach beklauen lässt und nicht mal versucht, sich den Sack zu schnappen, der sie bescheißt.« Er deutet durch die Windschutzscheibe auf die Händler. »Nein, das müssen wir selbst erledigen.«

Wenn mich mal jemand gefragt hätte, ob man es schafft, mit einem Bus mit durchdrehenden Reifen loszufahren, hätte ich wohl geantwortet, dass ich das für eher unwahrscheinlich halte. Oleg schafft es.

Durchs Fenster sehe ich, wie die anderen sich in Sicherheit bringen, während Oleg wendet und dabei die halbe Parkplatzwiese umpflügt. Schwankend und mit brüllendem Motor donnern wir auf die Straße zurück, und ich presse mich panikartig in einen der Sitze, als der Bus beschleunigt wie ein Jet beim Start.

»Achduheiligescheiße«, entfährt es mir.

Oleg grinst zufrieden und beugt sich hochkonzentriert über sein großes Lenkrad, als wäre er beim Casting zum neuesten *Mad Max*-Streifen. Anscheinend kennt er sich in der Gegend wirklich gut aus, denn er pflügt mit einem Affenzahn über kleine Feldwege und Straßen, die allem Anschein nach höchstens von örtlichen Landwirten befahren werden. Wenn irgendwo Polizei zu patrouillieren droht, fällt er zügig auf die zugelassene Geschwindigkeit runter, um dann wieder wie ein Geisteskranker auf die Tube zu drücken, sobald die Luft rein ist. Ich klammere mich an einem Haltegriff fest und versuche, meine Hyperventilation unter Kontrolle zu kriegen. Ich unterdrücke den Film meines bisherigen Lebens, der sich vor mein inneres Auge zu drängen versucht, und erinnere mich stattdessen an die wilde Fahrt auf der Ladefläche eines Treckeranhängers im Allgäu*. Damals dachte ich, angsteinflößender kann eine Fahrt nicht sein. Jetzt sehne ich mich nach dem Trecker. Sehr sogar.

Eine gute Stunde lang formuliere ich in Gedanken immer wieder mein Testament um. Ich kann mich einfach nicht entscheiden, wer meine Plattensammlung kriegen soll. Am liebsten wäre mir ein Wikingerbegräbnis, bei dem man mich mit meinen CDs und meinem Vinyl in ein Holzboot legt, um es dann brennend den Kanal hinabtreiben zu lassen. Leider ist so was in Deutschland verboten und würde wohl auch nachhaltig meine CO_2-Bilanz versauen. Und ich frage mich, wem ich Lemmy aufhalsen könnte. Da wir uns ja wohl scheiden lassen, fällt Lucy als Erziehungsberechtigte flach.

»Entspann dich«, säuselt mir Sven ins Ohr. Er hat sich auf dem Sitz hinter mir materialisiert. »Ist doch ganz witzig.«

»Du hast gut reden«, knurre ich zwischen meinen zusammengepressten Zähnen hervor. »Dir kann ja nichts passieren, du bist schon tot.«

»Hey, das ist ganz schön mortistisch.«

»Was ist denn bitte ›mortistisch‹?«

»Das ist wie Rassismus oder Sexismus, nur mit Toten.«

»Das hast du dir doch ausgedacht.«

Oleg funkt dazwischen: »Redest du schon wieder mit dir selbst, bekloppter Deutscher?« Er lacht dreckig.

Ich gebe Sven mit einer Geste zu verstehen, dass er sich vom Acker machen soll, was sogar wörtlich zu nehmen ist, weil Oleg eine Abkürzung zwischen zwei Feldwegen quer durch ein Maisfeld nimmt.

Sven zuckt mit den Schultern. »Na gut, ich geh ja schon, damit dich nur ja niemand für bescheuert hält. Aber pass auf, ich mach das mit einem Special Effect.«

---

* In »Höllenglöcken«. Aber das wisst ihr natürlich. [Anm. des Autors]

Er grinst, dann verschränkt er die Arme vor seiner Brust, wird längs durch den Bus nach hinten gerissen und verschwindet durch das Heck aus dem Gefährt. Genau genommen verharrt er einfach nur an Ort und Stelle, während der Bus weiterfährt. Ich bin beeindruckt.

Mit quietschenden Reifen biegen wir endlich wieder auf eine Hauptstraße ein, und zehn Minuten später brüllt Oleg: »Ich glaub, da ist der Wichser. Ja, das ist er!«

Vor uns gurkt ein kleiner, alter, weißer Lada auf der Schnellstraße her. Irgendwie hatte ich mir einen Fluchtwagen düsterer, schneller und, na ja, beeindruckender vorgestellt. Aber vielleicht ist Unauffälligkeit für Betrüger Trumpf. Allerdings wundert es mich nun nicht mehr, wie wir ihn mit einem Bus einholen konnten. Oleg gibt noch mal richtig Gas. Der Motor röhrt gequält auf. Wir ziehen mühelos an dem Kleinstwagen vorbei, dann reißt Oleg abrupt das Steuer herum und tritt derart in die Bremse, dass es mich fast vom Sitz reißt. Die Straße ist ansonsten leer, sonst hätten wir jetzt eine satte Massenkarambolage am Start.

Der Lada hat keine Chance vorbeizukommen und stoppt hinter uns. Oleg greift unter seinen Sitz, holt ein gewaltiges Radkreuz hervor und drückt mir das schwere, eiserne Werkzeug in die Hand. »Hier, für alle Fälle«, sagt er. »Komm jetzt.«

Die Tür öffnet sich zischend, und wir steigen aus. Vom Fahrer des Ladas ist nicht viel zu erkennen außer kreidebleichen Fingern, die das Lenkrad umkrallen, und einem ebenso weißen Gesicht.

»Warte hier«, befiehlt mir Oleg. »Falls ich Hilfe brauche, gebe ich dir Bescheid. Dann benutz das Radkreuz.«

»Was? Wie? Soll ich dann Reifen wechseln oder was?«

Er stöhnt genervt. »Nein, den Schädel sollst du ihm einschlagen, das sollst du.«

»Den Schädel?«

»Oder gib ihm eins ins Genick. Oder ins Kreuz. Hauptsache mit Schmackes.«

»Ich soll ihm eins überziehen? Mit einem Radkreuz? Tickst du noch ganz sauber?«

»Nur im Notfall«, sagt er und stürmt los. Falls noch irgendwelche Zweifel meinerseits daran bestanden, dass er nicht alle Tassen im Schrank hat, dann sind diese jetzt endgültig ausgeräumt. Er stapft zum Wagen und holt den Fahrer ohne viel Federlesens raus. Er macht sich gar nicht erst die Mühe, die Tür aufzureißen, sondern zerrt den kreischenden Typen einfach durch das offene Seitenfenster. Er drischt ein, zwei Mal auf den Kerl ein, der keinerlei Anstalten macht, sich zur Wehr zu setzen. Dann brüllt Oleg sein Opfer zusammen, als wäre er der Shouter einer russischen Death-Metal-Band mit richtig schlechter Laune. Er schüttelt den kleinen Kerl durch, der irgendetwas kreischt. Seine Stimme klingt eher nach verängstigtem Chorknaben. Ich meine, »Okay, okay« zu verstehen. Ich glaube nicht, dass ich Oleg in irgendeiner Weise zur Hilfe eilen muss. Zum Glück. Er reißt den Veranstalter hoch auf die Füße und schubst ihn zum Kofferraum. Sie verschwinden hinter der Klappe, und ich kann Oleg noch ein bisschen brüllen hören, dann wird der Kofferraum lautstark wieder zugeschlagen. Oleg hält breit grinsend und triumphierend einen prall gefüllten blauen Müllsack hoch und kommt wieder zurück. Der Veranstalter ist verschwunden.

»Ich hab's«, verkündet Oleg fröhlich und klopft auf die Tüte, die voll mit Geldbündeln ist. Ich sehe zu dem Lada rüber.

»Wo ist der Kerl abgeblieben?«, frage ich.

»Im Kofferraum«, antwortet er lakonisch.

»Äh, du hast ihn doch nicht gekillt, oder?«

Er sieht mich an, wie man ein sehr dummes Kind ansieht, das gerade etwas sehr, sehr Dummes gesagt hat. »Was denkst du denn von mir? Ich bin Busfahrer und kein Mörder. Er soll nur Zeit haben, darüber nachzudenken, was für ein unartiger Junge er war.«

Wir steigen wieder ein. Ich hole mir ein Beruhigungsbier aus dem Kühlschrank und verziehe mich nach hinten in die Lounge.

»Bekluppter Deutscher«, höre ich Oleg noch lachen, dann startet er den Motor, wir wenden und fahren zurück zum Festivalgelände. Am Wegesrand bleibt ein Lada zurück, aus dessen Kofferraum vermutlich Rufe und Klopfgeräusche dringen.

Wir kommen uns ein bisschen vor wie Robin Hood und seine Mannen, als wir die Kohle unter den Bands und Händlern verteilen. Diejenigen, die schon abgehauen sind, haben Pech gehabt, der Rest kriegt einen kleinen Bonus obendrauf. Den paar Zuschauern, die noch da sind, geben wir ihre Eintrittskohle wieder, und ein paar der Bands improvisieren ein kleines Konzert. So macht es doch noch ein bisschen Spaß, auch wenn es schon ein interessanter Anblick ist, wenn die Jungs auf einer halb abgebauten Bühne zocken. Dann sehen alle zu, dass sie wegkommen, das aber nicht, ohne vorher den Bürocontainer des Veranstalters abzufackeln.

Auch wir steigen wieder in den Bus, der nach unserer Verfolgungsjagd aussieht, als hätte er an einer Mähdrescherrallye teilgenommen. Ein Gutes hat die Sache: Wir haben am nächsten Tag einen weiteren Festivalgig in Ungarn. So kommen wir mehr als rechtzeitig an und können notfalls türmende Veranstalter abfangen, bevor wir ihnen hinterherjagen müssen. Vielleicht läuft aber auch alles ganz normal, und wir haben ein bisschen Zeit für uns.

Björn ist völlig aufgekratzt und begeistert. Ich muss ihm haarklein alles erzählen, und er kriegt sich gar nicht mehr ein: »Wie geil! Das wird ein cooler Artikel. Schade nur, das ich nicht mitgekommen bin und keine Fotos machen konnte. Mann, das wär was gewesen«, sagt er.

Ich zucke nur mit den Schultern. Wahrscheinlich wären solche Fotos eher als Beweismittel eingestuft worden. Vielleicht ist es besser so, wenn das alles nicht dokumentiert wurde.

»Das muss unbedingt in die nächste Ausgabe!«, freut sich der Reporterschneekönig. »Könnt ihr mich bitte am nächsten Bahnhof rausschmeißen, dann fahr ich direkt in die Redaktion.«

»Du willst uns schon verlassen?«, frage ich, nicht ohne einen leicht beleidigten Unterton. Er lächelt verständig und klopft mir auf die Schulter. »Den Artikel schreib ich im Zug zurück, dann schaffe ich den Redaktionsschluss noch. Wir sehen uns bestimmt bald wieder. Aber die Story ist so heiß, was Krasseres wird auf eurer Tour ja nicht mehr passieren.«

Ich hoffe, er behält recht. Trotzdem ist es schade, dass er sich vom Tross absetzt. Er ist ein sympathischer Typ, und ich hatte kaum Zeit, ihn kennenzulernen. Auf Tour trifft man ständig Menschen, und kaum hat man sich ihren Namen gemerkt, sind sie schon wieder weg. Das stimmt mich ein wenig melancholisch.

Wir setzen ihn in der nächsten größeren Stadt ab, dann geht es weiter on the road. Wir fahren über die Autobahn, und mir kommt es vor wie Schweben auf Wolken.

Vor der Grenze müssen wir noch einmal tanken. Oleg hält an einer Raststätte und pumpt genug Diesel in den Bustank, um das gerade erst eingesackte bisschen Geld fast komplett wieder auszugeben. Wenn wir morgen kein Bargeld sehen, sind wir ziemlich am Arsch.

»Ich sehe mal nach dem Equipment«, brummt Costa, als Oleg bezahlen geht. »Nach eurer Amokfahrt sollten wir das lieber noch mal alles sichern.«

Er macht eine der Ladeluken auf. »SCHEISSE, VERDAMMT«, höre ich sein Brüllen, gefolgt von dem unverkennbaren Geräusch einer großen Menge Zeugs, das sich auf Asphalt ergießt. Anscheinend hat sich die komplette Ladung losgerissen.

»Öhm, Leute?«, ruft Costa. »Könnt ihr mal bitte kommen?«

Die Jungs und ich steigen aus dem Bus, um uns die Bescherung anzusehen.

Tatsächlich liegen T-Shirts, Kabel, Koffer, Teile eines Drumkits, und was man sonst noch so als Band braucht, auf dem Boden herum. Das wäre ja schon beschissen genug, immerhin haben wir kaum Ersatz dabei, falls Instrumente oder Technik beschädigt sein sollten. Ganz davon abgesehen, dass wir hier an der Raststätte den ganzen Krempel wieder einräumen dürfen. Aber das schert uns gerade nicht. Unsere Blicke werden vielmehr von dem angezogen, was Costa in der Hand hält. Sein Kopf ist puterrot, als er uns zornig ansieht.

»Okay, ich habe nur eine Frage«, knurrt er mit kaum unterdrücktem Missfallen. »Und ich möchte eine ehrliche Antwort.« Er hebt das Ding höher und streckt es uns entgegen. »Wessen beschissenes Maschinengewehr ist das?«

10

JAILHOUSE ROCK

Wir starren wie hypnotisierte Kaninchen auf den Gegenstand in Costas Hand.

Gegenstand? Ein Gewehr. Ein Maschinengewehr.

Ich blinzele. Es sieht so real aus. Nicht dass ich nicht schon mal die eine oder andere Knarre live gesehen hätte, aber das hier ist im wahrsten Sinne ein ganz anderes Kaliber als die Pistole im Halfter eines Polizisten oder ein Luftgewehr. Alles an diesem Teil strahlt Gewicht und Kraft aus. Für einen US-Amerikaner ist es wahrscheinlich, als würde man gerade einen Toaster hochhalten, aber als Deutscher kriegt man so was außer in Filmen nicht oft zu sehen. Selbst wenn sie nicht auf einen gerichtet ist, flößt so eine Waffe sofort Respekt ein. Fast so viel Respekt wie Costas wütende Miene.

»Ich hab gefragt, wessen Gewehr das ist!«, hakt er nach.

Oleg taucht hinter ihm auf, hingebungsvoll an einem Eis schleckend. Als er Costa und das MG sieht, bleibt er abrupt stehen, und sein Gesichtsausdruck switcht übergangslos von fröhlich und unbeschwert zu ertappt und schuldbewusst.

»Ups«, entfährt es ihm.

Costa dreht sich zu ihm um. Alle Blicke richten sich auf den Busfahrer.

Costa legt den Kopf schief.

»Oleg, weißt du was darüber?«

»Öhm ...«

»OLEG?«

»Vielleicht ...?«

Costa stapft ein paar Schritte auf ihn zu. Erst befürchte ich, dass er Oleg sofort eine verpasst, aber er bleibt kurz vor ihm stehen. Oleg rührt sich nicht, und er hält das Eis weiter so fest, dass es aussieht, als würde er Costa interviewen, während sein Mikrofon anfängt zu schmelzen und zu tropfen.

»Sag mal«, schnauzt Costa, »tickst du eigentlich noch ganz richtig? Da ist eine ganze Kiste von dem Scheiß drin!«

Ich zucke zusammen und bücke mich etwas, um einen Blick in den Laderaum zu werfen. Tatsächlich ist ganz hinten ein Flightcase zu erkennen. Die Kiste ist umgekippt und der Deckel aufgesprungen. Drei, vier baugleiche Maschinengewehre liegen verstreut davor, einige mehr sind noch in der Kiste. Insgesamt locker ein Dutzend.

»Fuuuck!«, entfährt es mir. »Alter, was wolltest du damit machen? Einen Krieg vom Zaun brechen?«

»Nein, Quatsch«, sagt Oleg.

»Was dann?«

»Verkaufen.«

»Verkaufen? An wen denn bitte?«

»Mafia.«

Er sagt das in einem so selbstverständlichen Ton, als hätte er geantwortet: »Olaf« oder »Herrn Schröder« oder »Mama«.

Frankie ist fassungslos: »Du wolltest Waffen an die Mafia verkaufen?«

Oleg zuckt mit den Schultern. »Ja, ich wollte eigentlich jemanden auf dem Festival treffen, der Interesse hat an Sachen aus ehemaligen NVA-Beständen.«

»*Sachen*«, schnauft Costa. »Das ist kein Kühlschrank! Das ist eine beschissene Kalaschnikow.«

»Gutes Gewehr«, sagt Oleg, »sehr zuverlässig.«

Ich schüttele verzweifelt den Kopf. »Bist du eigentlich komplett wahnsinnig geworden? Du kannst doch nicht einfach Waffen in unserem verdammten Tourbus schmuggeln! Hat dir jemand ins Gehirn geschissen?«

»Kein Grund, persönlich zu werden«, nuschelt Oleg traurig. »Man muss sehen, wo man bleibt als Busfahrer. Man verdient ja viel zu w... oh, Kacke!«

Wir stehen alle Oleg gegenüber, sein Blick fällt plötzlich auf etwas hinter unserem Rücken, das seine Gesichtsfarbe eine Nuance heller werden lässt. Ich höre eine sehr autoritär klingende Stimme hinter mir etwas fragen, vermutlich auf Rumänisch. Langsam, ganz langsam drehen wir uns um. Dort stehen zwei Polizisten. Mein Mund wird plötzlich sehr trocken.

»Oleg, was hat er gefragt?«, krächze ich mit schwacher Stimme.

»Er hat gefragt: ›Können wir Ihnen irgendwie behilflich sein?‹« Olegs Stimme klingt belegt wie ein Wurstbrot.

Costa entgleitet das Maschinengewehr, und es fällt laut klappernd auf den Asphalt. Die Polizisten starren lange auf das MG, dann richtet sich ihr Blick wieder auf uns. Sie sehen nicht mehr allzu hilfsbereit aus. Sie grinsen humorlos, und einer zieht seine Waffe. Wir nehmen langsam unsere Arme hoch.

***

Ich fasse es nicht, dass ich im Knast sitze. Im Prinzip hatte ich schon damit gerechnet, irgendwann dort zu landen, aber wenn, dann weil ich komplett besoffen von der Bullerei aufgelesen und in eine gemütliche, bundesdeutsche Ausnüchterungszelle verfrachtet worden wäre oder wegen Sachbeschädigung oder einer zünftigen Kneipenschlägerei. Aber doch nicht wegen Waffenschmuggels! Das ist überhaupt nicht mein Fachgebiet. Und doch nicht in einem kleinen Dorfknast irgendwo in Rumänien!

Nachdem man ausgiebig uns und unseren Bus gefilzt und uns Handschellen verpasst hatte, verfrachtete man uns in die weiße grüne Minna, und in mir kamen Vorstellungen hoch, wie ein rumänisches Gefängnis wohl aussehen könnte. In denen mischten sich *Die Verurteilten* und das Klo aus *Trainspotting*. Zum Glück wurde ich enttäuscht.

Der Knast ist einigermaßen modern, was natürlich auch einen Ausbruch nachhaltig erschweren könnte, aber im Umkehrschluss auch bedeutet, dass wir uns nicht mit Ratten und Kakerlaken um Wasser und Brot prügeln müssen. Trotzdem ist die Stimmung eher so mittel. Wir wurden zunächst allesamt in eine Zelle gesperrt, und dort gibt es nur schmale Sitzbänke, nackte Wände, nackten Boden und, da stimmt das Klischee wieder, ein Klo. Immerhin sperrt man uns nicht mit schlecht gelaunten Bikern, Nutten oder Zuhältern in eine Zelle. Lemmy könnte mich nicht beschützen, der ist ausgebüxt, als man uns in den Knast führte. Ich hoffe, er kommt zurecht. Aber solange es gut gefüllte Mülleimer gibt und jemand Nettes ihm eine Schale Bier spendiert, wird er irgendwie klarkommen.

Oleg sitzt in einer Ecke, hat die Augen geschlossen und summt leise. Vermutlich sucht er seinen inneren Mittelpunkt.

»Oleg«, sage ich, er öffnet die Augen.

»Was?«, fragt er.

»Anstatt hier rumzusitzen und zu meditieren, als wenn nichts gewesen wäre, könntest du mal dafür sorgen, dass wir hier wieder rauskommen!«

Er zuckt mit den Schultern. »Ach, jetzt können wir nicht viel machen. Nur warten.«

»Warten?«

»Dass wir dem Richter vorgeführt werden. Dem erzähl ich dann alles, und ihr könnt vielleicht wieder nach Hause.«

Stus Gesichtsausdruck wird noch ein wenig finsterer als vorher. »Was bitte meinst du mit ›vielleicht‹?«

Oleg guckt völlig unschuldig aus der Wäsche. »Na ja, mitgefangen, mitgehangen.«

»ICH GEB DIR GLEICH ...« Stu springt auf und will auf Oleg losgehen, was ich für keine gute Idee halte, auch wenn ich seinen Impuls sehr gut nachvollziehen kann. Ich würde unserem waffenhandelnden Kutscher auch gerade am liebsten die Scheiße aus dem Leib prügeln, aber ich vermute, dass ich dabei ziemlich fix den Kürzeren ziehen würde. Außerdem brauchen wir ihn noch. So paradox es klingt: Ausgerechnet derjenige, der uns in diese Schwierigkeiten gebracht hat, ist unsere beste Chance, da wieder rauszukommen. Ich hatte intensiv versucht, mit den Polizisten zu verhandeln, ihnen klarzumachen, dass wir Verpflichtungen haben und Konzerte spielen müssen, erst auf Deutsch, dann auf Englisch und schließlich auf Hände-und-Füße-Esperanto, dem international anerkannten Waldorftanz des sprachunfähigen Ausländers, aber entweder konnten oder wollten sie mich nicht verstehen. Vor allem bei meinen Versuchen auf Englisch hatte ich das Gefühl, dass ich sehr wohl verstanden wurde, man aber einfach keine Lust hatte, mich einer Antwort zu würdigen. Oleg ist der Einzige von uns, der sich verständlich machen kann, deswegen sollte man jetzt nicht auf ihn losgehen, sondern die Wut runterschlucken und ihm einen Olivenzweig reichen. Außerdem möchte ich nicht, dass er wütend auf mich wird und ich in einem Kofferraum ende. Der Typ hat schließlich Kontakte zur Mafia!

Zum Glück halten Frankie und Tom-Tom Stu sofort fest und drücken ihn zurück auf seinen Sitzplatz. Oleg hat nicht mal mit der Wimper gezuckt. Entweder weiß er, dass Stu ihn nicht wirklich angreifen würde, oder dass er schneller wimmernd vor ihm auf dem Boden läge, als man »Gaffatape« sagen kann.

»Es ist so«, fährt Oleg ungerührt fort. »Wem die Knarren gehören, interessiert die Bullen hier nicht die Bohne. Es geht hier nicht um Recht oder Unrecht. Es geht ums Geschäft.«

»Was soll das heißen? «, frage ich.

Er reibt seine Hände. »Na ja, die werden hier nicht so gut bezahlt wie ihre deutschen Kollegen ...«

»Du meinst, die wollen Bestechung kassieren?«

Er sieht mich vorwurfsvoll und ein bisschen mitleidig an. »Nein, natürlich nicht. Das ist ein sehr böses Wort. Es geht mehr um ein ... Sponsoring aus privaten Quellen.«

»Na, super«, stöhnt Frankie. »Und wie viel ›Sponsoring‹ ist nötig, damit wir hier rauskommen?«

Oleg überlegt kurz. »Nicht viel. Ich denke, von jedem von uns sollte für sie eine *Playstation* rausspringen.«

»Eine?«, fragt Frankie.

»Ja. Dann können sie *GTA* spielen. Das ist quasi virtuelle Polizeischulung.«

»Echt jetzt?«, fragt Murat blöde.

Oleg sieht ihn mitleidig an. »Das war nur ein Beispiel.«

»Verdammt«, stöhne ich. »Mit der Kohle, die wir haben, könnte ich nicht mal eine ›Du kommst aus dem Gefängnis frei‹-Karte bei *Monopoly* kaufen.«

»Was ist mit dem Rest von der Gage?«

»Das ist nicht mehr viel«, sage ich.

»Und jede Wette«, sagt Oleg, »dass bei der Durchsuchung des Busses kein Bargeld gefunden wurde.«

»Ein bisschen war sicher noch da!«, wende ich ein.

»Da wurde sicherlich kein Bargeld gefunden, kannste im Polizeiprotokoll nachlesen.« Er grinst spöttisch.

»Das zieh ich ihnen von meiner *Playstation* ab!«, mault Tom-Tom.

»Hat irgendjemand noch was auf dem Konto und könnte was abheben?«, fragt Murat.

»Siehst du hier irgendwo einen Knastgeldautomaten, du Spatzenhirn?«, mosert Tom-Tom, und Murat macht ein beleidigtes Gesicht.

»Nur Bares ist Wahres«, sagt Oleg.

»Wir sind am Arsch!«, jammert Jens. Für jemanden, der sich allabendlich Billardkugeln in den Rachen stopft, ist er erstaunlich dünnhäutig. Seit unserer Verhaftung ist sein Gesicht kreidebleich, und er zittert leicht.

Costa erhebt sich. »Dann sollten wir fragen, ob wir telefonieren können, damit jemand uns Geld bringt.«

Alle nicken.

»Ich kann versuchen, sie zu fragen«, sagt Oleg. »Wer führt das Telefonat?«

»Torben«, entscheidet Frankie.

Ich überlege kurz, dann nicke ich. »Ich versuch, Gerald zu erreichen.«

Der wird sich freuen, denke ich. Wer weiß, wie lange dieser Mist dauert,wie viele Konzerte wir deswegen absagen müssen und wie viel Kohle uns dadurch hinterher fehlt. Aber vielleicht findet er die Geschichte gar nicht mal so ungeil. Macht sich auf jeden Fall gut, wenn er der Band ein Bad-Boy-Image andichten will. Heutzutage ist im Metal sowieso alles viel zu brav geworden. Da können ein paar Rabauken nicht schaden: heute Knast, morgen zerstörtes Hotelzimmer, übermorgen *Rock'n'Roll Hall of Fame*. Positives Denken ist wichtig, das lernt man im Knast.

Oleg stellt sich ans Zellengitter und ruft. Es dauert etwas, bis eine gelangweilte Wache herangeschlurft kommt. Inzwischen bin ich mir völlig sicher, dass sie uns bis zur Zahlungswilligkeit weichkochen wollen. Oleg redet auf den Polizisten ein, und irgendwann schleicht sich ein spöttisches Lächeln in dessen Gesicht. Er fragt etwas, und Oleg zeigt auf mich. Die Wache nickt und herrscht Oleg an, worauf dieser sich von der Tür zurückzieht. Sie wird geöffnet, und ich trete auf den Gang. Etwas zu lautstark knallt die Tür wieder zu. Mit einem knappen Nicken weist mir der Polizist den Weg. Ich gehe voran durch einen dunklen Gang, und dann zeigt er auf eine Tür. Dahinter erkenne ich eine Kammer mit Telefon. Ich dachte, ich würde mein Handy wiederkriegen.

»Handy?«, frage ich ihn, dann fällt mir ein, dass »Handy« einer dieser dämlichen deutschen Anglizismen ist, die ein Engländer und auch sonst niemand je gebrauchen würde. »Äh, Smartphone?« Ich halte meine Faust mit abgespreiztem Daumen und kleinem Finger ans Ohr und lächele den Mann hoffnungsvoll und wahrscheinlich sehr debil an. »Cellphone? Mobile phone?«

»Telephone!«, raunzt er und zeigt auf das Kabuff. Ich nicke und quetsche mich hinein. Durch ein kleines Fenster starrt mich der Wachmann finster an. Er hält seine Hand mit abgespreizten Fingern hoch.

»Five minutes«, sagt er. Ich nicke.

Ich nehme den Hörer ab und will wählen, da fällt mir ein, dass ich Geralds Nummer überhaupt nicht weiß. Genau genommen weiß ich so gut wie gar keine Telefonnummer auswendig.

»Scheiße«, stöhne ich.

Verfluchtes Handyzeitalter! Tausend Nummern eingespeichert, aber keine einzige weiß man mehr auswendig. In meiner Kindheit kannte ich noch alle meine Freunde mit Vor- und Nachnamen, Hobbys, Anschrift und vor allem vollständiger Telefonnummer. Einen Moment lang bin ich drauf und dran, in dieser muffigen kleinen Kabine irgendwo am rumänischen Arsch der Welt in Panik zu geraten, dann habe ich einen Geistesblitz.

Ich wähle die einzige Nummer, die mir einfällt.

***

Als es dunkel wird, kommen mehrere Wachmänner angestapft und brüllen herum. Wir springen erschrocken auf. Als Deutsche haben wir viel zu viele Nazifilme gesehen, um bei solchen Klängen nicht sofort hart beunruhigt zu sein. Dieser Kasernenhofton klingt nach sofortigem Erschießungskommando.

»Wir werden für die Nacht in Doppelzellen verlegt«, übersetzt Oleg. »Stellt euch in Zweiergruppen auf, wie ihr auf die Zellen aufgeteilt werden wollt.«

»Oh, Doppelzimmer. Das ist ja wie im *Four Seasons* hier«, ätzt Costa. Er gesellt sich zu Murat, die beiden kommen prima miteinander klar. Murat labert immer, und Costa besitzt die Fähigkeit, zu ignorieren wie ein Weltmeister. Frankie und Tom-Tom finden sich, Stu addiert sich zu Jens, ich gehe freiwillig mit Oleg in eine Zelle. Im zweireihigen Gänsemarsch folgen wir den Wärtern.

Ein Duo nach dem anderen wird mit einem wirschen Fingerzeig einer Zelle zugewiesen, zuletzt Oleg und ich.

Krachend knallt hinter uns die stählerne Tür zu. Jetzt fühle ich mich wirklich eingesperrt. Es gibt keine Gitter mehr, nur noch nackten Beton, das Metall der Tür und ein kleines Fensterchen. Einen Moment lang bekomme ich Platzangst. Es ist eine Sache, sich vorzustellen, wie es wäre, im Bau zu sitzen, aber eine ganz andere, wenn es wirklich passiert. Ich schätze die Größe der Zelle auf maximal zwölf Quadratmeter, aber ich kriege ernsthaft Beklemmungen, als ob ich in einer engen Röhre feststecke – ohne Licht und ohne die Möglichkeit, mich zu bewegen, vorwärts oder rückwärts voranzukommen. Mein Puls beschleunigt, mein Brustkorb scheint auf einmal Tonnen zu wiegen. Es ist dieses Gefühl, hier nicht mehr rauszukommen und lebendig begraben zu sein. Wenn ich mir vorstelle, Jahre in so einer Zelle verbringen zu müssen, wird mir körperlich schlecht. Klar, wenn ich mal von einem besonders widerwärtigen Verbrechen hörte oder las, flutschte mir auch schon mal eine Todesstrafenbefürwortung über die Lippen, aber ich glaube, eingesperrt zu sein, bis man verrottet, ist die viel härtere Strafe.

»Beruhig dich«, sagt Oleg. Er hat gemerkt, dass ich gerade mit Hyperventilation liebäugele. »Es ist nur für eine Nacht. Morgen kommt ihr raus. Nimm es als eine Übernachtung in einem schrägen Hotel mit Themenzimmer.«

Tatsächlich komme ich ein bisschen runter. Er hat recht. Ich sollte es als gewonnene Erfahrung ansehen. Und als Mahnung, falls ich mal wieder auf so Ideen komme, wie Schlägereien anzuzetteln, Whisky im Supermarkt zu klauen, weil ich grad die PIN von meiner EC-Karte vergessen habe, oder zu gucken, ob man mit einem Fiat 500 eine Straßenlaterne umwemmsen kann*.

»Oben oder unten?«, fragt Oleg.

Halb in Gedanken über die Besserung meiner moralischen

---

* Ist schwierig, aber es geht.

Grundsätze versunken, nuschele ich: »Ich liege am liebsten unten«, da fällt mir auf, dass es gar keine Sexfrage war, sondern Oleg die Aufteilung des Etagenbettes meinte. Mist! Dabei durfte ich schon auf Klassenfahrten so selten oben liegen, aber Oleg hat sich schon hochgeschwungen und macht sich auf der Matratze lang.

Ich lehne mich an die kalte Wand. Außer dem Bett gibt es einen kleinen Tisch mit zwei Stühlen, ein kleines Regel und ein Klo, das aus unfreundlich wirkendem Stahl gemacht ist und für dieses Umfeld absurd sauber aussieht, was wohl auch die Ursache für einen penetranten, chemischen Zitrusduft in der Zelle sein dürfte. Heimelig hier. Wohnst du noch, oder sitzt du schon?

»Sag mal, Oleg. Was sollte der Scheiß mit den Knarren eigentlich? So wenig verdienst du doch bestimmt nicht.«

Er brummt leise, und einen Moment glaube ich, dass er schon eingeschlafen ist. Mit geschlossenen Augen antwortet er: »Na ja, ich hab eine große Familie, und nicht jedem von uns geht es so gut wie mir. Ich muss die irgendwie alle mit durchbringen, und da muss man schon mal kreativ sein.«

»Kreativ!«, schnaube ich verächtlich.

»Ihr Deutschen seid immer so diszipliniert und auf eure Regeln bedacht. Manchmal glaube ich, ihr würdet lieber vor Hunger verrecken, als mal einen Apfel zu klauen. Aber was bringt es zu verhungern? Ihr habt euch so sehr daran gewöhnt, dass man euch in eurer Luxusgesellschaft den Arsch hinterherträgt, dass ihr euch gar nicht vorstellen könnt, dass andere Menschen für ihren Lebensunterhalt regelrecht kämpfen müssen. Und manchmal muss man auch mal die Regeln ein bisschen verbiegen.«

»›Ein bisschen verbiegen‹ ist gut. Waffenhandel finde ich schon krass. Hast du gar kein schlechtes Gewissen? Ich meine, mit deinen Waffen werden Menschen gekillt.«

»Ich hab sie nicht gebaut, Torben. Sie sind mir nur, sagen wir, *in die Hände gefallen*, und ich wollte sie bloß weiterverkaufen. Wäre ich es nicht gewesen, dann hätte es ein anderer gemacht, vielleicht wäre der ein totales Arschloch gewesen. So wär die Kohle wenigstens bei einem netten Kerl geblieben.«

So wie Oleg das mit seinem Akzent im ruhigen Tonfall erzählt, klingt es verblüffend plausibel für mich. Erschreckend plausibel.

Plötzlich knallt eine kleine Klappe in der Tür laut auf, und zwei Teller und Tassen werden abgestellt. Die Wache bellt etwas.

»Abendbrot«, übersetzt Oleg unnötigerweise.

Auf den Tellern sind Stullen mit Wurst und Käse. Ich schnuppere an der Tasse: Kamillentee. Na super, Krankenhauskost im Knast. Es wird immer besser. Ich stelle meine Tasse und meinen Teller auf den Tisch und reiche Oleg seine Mahlzeit hoch. Die Klappe knallt wieder zu. Oleg begibt sich in den Schneidersitz und macht sich über seine Mahlzeit her. Ich schaue mein Brot unschlüssig an. Ich habe zwar Hunger, aber keinen Appetit.

»Mach dir keine Sorgen«, sagt Oleg kauend. »Ich erkläre denen, dass alles auf meine Kappe geht, ihr bezahlt eure ›Gebühr‹, dann könnt ihr weiterfahren.«

»Und mit wem? Ich habe keinen Busführerschein.«

Er überlegt kurz. »Für die Fahrt zum nächsten Gig kann ich einen Freund anrufen. Bis dahin sollte euch Gerald jemand Neues geschickt haben.«

»Aha. Und wie willst du den erreichen?«

Er winkt ab. »Ach, das kriege ich morgen schon irgendwie hin, dass die mich telefonieren lassen.«

»Und was wird aus dir?«

Er wedelt unschlüssig mit dem Rest seines Brotes herum. »Ich werde wohl ein, zwei Wochen hier verschimmeln, bis ich was organisiert habe.«

»Hm«, sage ich. Er organisiert also was. Hier gelten wohl wirklich andere Regeln als bei *Hinter Gittern* oder auf dem *Großstadtrevier*.

Eine Viertelstunde später wird die Klappe wieder aufgerissen, und wir stellen unser Geschirr ab.

Kurz danach gehen die Lichter aus, und ich lege mich schlafen. Ich bin schon fast weg, als Oleg flüstert.

»Torben?«

»Ja, was ist?«

»Es ... es tut mir leid, dass ich euch da reingeritten hab. Ihr seid eine echt nette Truppe. Das war scheiße von mir.«

»Ja, das war es. Aber schön, dass es dir leidtut.«

»Nacht.«

»Nacht.«

***

Der nächste Tag zieht sich wie Kaugummi. Wenn ich vorher gedacht habe, die Nachmittage vor Auftritten wären langweilig, dann kommen sie mir jetzt wie Achterbahnfahren auf der Kirmes vor. Nach dem Frühstück, diesmal Stullen und Pfefferminztee, bleibt eigentlich nur das Warten aufs Mittagessen. Dass Oleg und ich nicht viel gemeinsam haben, merken wir ziemlich schnell, als uns nach einer Stunde schon der Gesprächsstoff ausgeht. Wenigstens gibt uns die Wache nach ein wenig Bettelei ein Kartenspiel. Dazu mussten wir hoch und heilig versprechen, uns mit den Kanten nicht die Pulsadern aufzurubbeln. Nach dem Mittagessen, das irgendwas Suppiges mit unansehnlichem totem Tier drin darstellt, dürfen wir für eine Stunde in den Hof, der von hohen Mauern umgeben ist. Viel Platz ist hier auch nicht, schließlich ist dies nur ein Dorfknast, aber wenigstens gibt es einen Basketballkorb, und einen Ball kriegen wir auch. Die anderen wiederzusehen, fühlt sich ein bisschen an, wie aus dem Krieg zurückzukehren, obwohl wir uns gerade mal etwas mehr als achtzehn Stunden nicht gesehen haben.

Wir spielen ein paar Runden, dann werden wir wieder in die Zellen gescheucht, und ich langweile mich weiter zu Tode. In einem richtigen Knast gäbe es wenigstens Möglichkeiten zu arbeiten oder eine kleine Bibliothek oder etwas in der Art. Dies hier ist aber nur eine Wartestation, bis man verlegt wird oder so weit ausgenüchtert ist, dass man wieder alleine auf die Straße darf.

Es ist 16 Uhr durch, als die Tür geöffnet wird und die Wache etwas sagt, das Oleg mit »Besuch« übersetzt. Einerseits bin ich froh, dass sich endlich was tut, aber um noch rechtzeitig zu unserem Auftritt zu kommen, ist es leider längst zu spät.

Ich werde in einen anderen Teil des Gebäudes geführt, und als mich der Wachmann um eine Ecke in den Besuchsraum dirigiert, sehe ich ein vertrautes Gesicht und möchte fast einen Freudensprung machen.

»Hallo«, sage ich.

»Hallo«, sagt Lucy.

***

»FREIHEIT!«, brüllt Murat und reißt dramatisch die Arme in die Luft. Dann umarmt er eine Laterne und einen Stromkasten. Der Polizist sieht ihm skeptisch hinterher, und einen Augenblick lang fürchte ich, dass er Murat direkt wieder einkassiert wegen unzüchtigen Begrabbelns öffentlichen Eigentums, aber dann zieht er die Tür zum Gefängnis hinter sich zu.

Ich sehe an dem Gebäude hoch. »Ein bisschen vermissen werde ich den Bau schon«, sage ich. Lucy guckt mich nur finster an.

»Du bist nicht witzig«, sagt sie.

»Entschuldige, aber du musst zugeben, dass ich jetzt so was wie ein Outlaw bin.«

»Schöner Outlaw«, schnaubt sie. »Du warst einfach nur so blöd, dich mithängen zu lassen.«

Ich zucke mit den Schultern. »Das wird meine Biografen später nicht kümmern.«

Sie zeigt mit dem Finger auf mich. »Kümmere du dich lieber darum, dass ich meine Kohle wiederkriege. Ich musste mein komplettes Sparbuch plündern.«

Ich ziehe mein Smartphone aus der Tasche und winke damit

hin und her. »Jetzt, wo ich wieder mit der zivilisierten Welt Kontakt aufnehmen kann, ist das nicht das Problem. Ich werde Gerald gleich anrufen.«

»Mach das.«

Wir begeben uns zum Auto, neben dem Wagen von Lucys Vater steht Lara und winkt. Neben Lara sitzt Lemmy und wedelt.

»Du hast Lara mitgebracht?«, frage ich erstaunt.

Lucy sieht mich an, als wäre ich leicht bekloppt. »Meinst du, ich fahre fast vierundzwanzig Stunden alleine?«

Ich sage nichts, weil ich es durchaus merke, wenn ich blöde Fragen gestellt habe. Stattdessen schmuse ich Lemmy, der halb durchdreht vor Wiedersehensfreude, und umarme Lara zur Begrüßung lang und herzlich. Bei Lucy hatte es zuvor leider nicht mal für einen Händedruck gereicht. Verständlich. Frankie hat sie deutlich enthusiastischer begrüßt, aber der hat ja auch nicht irgendeine Trulla im Ehebett gevögelt.

»Schön, euch zu sehen«, sagt er. »Begleitet ihr uns zu unserer Show in Ungarn morgen?«

Lucy schüttelt den Kopf. »Nee, wir nehmen uns ein Zimmer und fahren morgen wieder heim.«

»Ach, kommt schon«, bettelt Frankie. »Immerhin habt ihr uns aus dem Knast befreit. Wir laden euch den ganzen Abend über ein. Macht Party mit uns, bittebittebitte.«

Lucy guckt Lara an, und Lara macht einen auf traurigen Beagle. »Also ich würde schon gerne ...«, sagt sie.

Lucy lacht, und es ist ein schönes, wohlklingendes Lachen. Keine Ahnung, wie lange ich es schon nicht mehr gehört habe. Es kommt mir vor, als wären es Jahre.

»Na gut«, sagt sie. »Überredet.«

Alle jubeln, als wäre Weltfreibiertag. Lucy sieht mich an. »Wenn das okay ist.«

»Unbedingt«, sage ich gespielt locker und muss mich sehr beherrschen, nicht total debil zu grinsen.

Oleg hat Wort gehalten und uns einen Busfahrer organisiert, der aussieht, als wäre er der Großvater von Al Bundy, und sehr nett ist, aber kaum Deutsch und ein sehr witziges Englisch spricht.

Gerald ist, wie nicht anders zu erwarten, zwar sauer über die ausgefallenen Gigs, aber gleichzeitig sehr erpicht darauf, sofort eine Pressemeldung zum neuesten Rock'n'Roll-Skandal rauszuhauen.

Als Nächstes steht eine Clubshow in einem kleinen Dorf irgendwo in Ungarn auf dem Plan. Als wir vor dem Laden parken, verdeckt unser Bus die komplette Hausfront, und ich frage mich, wie in der kleinen Bude ein Konzert ablaufen soll. Der Saal entpuppt sich als alter Weinkeller unter dem Anwesen, das Gewölbe fasst immerhin zweihundert Zuschauer. Am Abend kommen mehr als dreihundert, und von Brandschutzbestimmungen oder Einlassstopp scheint hier noch nie jemand etwas gehört zu haben.

Trotz des Gefühls, Teil eines riesigen Schichtsalats aus Fleisch zu sein, haben die Leute mächtig Spaß, und schon bei den lokalen Vorbands kocht der Saal. Von der DJ-Kanzel aus beobachte ich später, wie Frankie und die Jungs loslegen und die Meute abgeht, als gäbe es kein Morgen. An der Theke feiert Lara gerade mit so ziemlich jedem Dorfbewohner Verbrüderung. Ich muss frische Luft schnappen. Ich hole mir ein Bier aus dem winzigen Backstage und gehe raus auf die Straße, die von noch mehr Metalheads bevölkert ist, die einfach nur da sind, um zu labern und zu trinken und gelegentlich auf das Wummern zu lauschen, das aus dem Keller nach oben dringt. Hier und da scheppert ein kleiner Ghettoblaster. Zwischen den ungarischen Metalheads stromert Lemmy herum und überwindet mühelos Sprachbarrieren durch allgemein verständliches Wedeln und Jaulen, um sich Würstchen, Frikadellen oder Bier zu erbetteln. Lucy sitzt auf der anderen Straßenseite auf einer kleinen Mauer, beobachtet belustigt das Treiben und nippt an einer Cola.

»Darf ich mich zu dir setzen?«, frage ich und klinge wie

ein schüchterner Tanzschüler, der seinen Schwarm auffordern möchte.

Sie nickt, und ich schwinge mich mit einem Hopser auf die Mauer neben sie. Fühlt sich gut an. Eine Weile schweigen wir und gucken Dorfstraßen-TV.

Ich nehme einen Schluck von meinem Bier, dann unterbreche ich die Stille. »Ich habe mich noch gar nicht richtig bei dir bedankt.«

»Stimmt. Hast du nicht.«

»Danke, dass du uns rausgeholt hast und die weite Strecke gefahren bist. Das war toll.«

»Schon gut«, sagt sie.

Dann verfallen wir wieder in Schweigen. Es fühlt sich vertraut an, sie so nah neben mir zu haben. Vertraut und richtig.

Ich lege meinen Arm um ihre Schulter.

Sie zuckt zusammen. »Oh, oh, Seemann, mal ganz langsam. Was soll das werden?«, fragt sie und schubst meinen Arm von ihrer Schulter.

Erschrocken starre ich sie an. »Ich weiß nicht. Ich dachte ...«

»Du dachtest? Das wäre ja mal was ganz Neues.«

»Na ja, du hast dein Konto geplündert und bist durch halb Europa geheizt, und da dachte ich wohl, du hättest ...« Himmel, ich sollte mir angewöhnen, meine Sätze auch zu Ende zu bringen.

»Das vergiss mal ganz schnell, Torben. Es hat sich nichts geändert.«

Ich sacke zusammen. Das war kein Satz, das war ein Tritt in die Eier und in die Fresse. Gleichzeitig. Ich bin so ein Idiot.

»Aber warum hast du das dann gemacht?«, frage ich.

Sie zuckt mit den Schultern. »Ich konnte doch Frankie und die Jungs nicht hängen lassen.«

»Aha«, sage ich blöde.

Sie atmet tief durch, dann noch mal, dann sagt sie: »Außerdem wollte ich nicht, dass der Vater meines ungeborenen Kindes im Knast verrottet«, und nimmt einen Schluck von ihrer Cola.

»Aha«, sage ich. »Verstehe.«

»Tja«, sagt sie.

»Tja«, sage ich.

Dann falle ich hintenüber von der Mauer.

***

»Geht's wieder?«, fragt Lucy. Sie klingt nicht sonderlich besorgt, sondern eher, als wüsste sie die Antwort schon.

»Ja, aber ich glaub, ich bleib noch ein bisschen liegen, wenn das okay ist.«

Sie nippt an ihrer Cola. »Wenn es so bequem ist ...«

Ich bin auf grobem Kies gelandet, also kann von bequem echt nicht die Rede sein. Aber das ist mir gerade herzlich egal. Ich möchte einfach nur hier liegen, auf meinem T-Shirt Bier und den ungarischen Himmel über mir. Meine Beine hängen an der Mauer. Gut so, bei Schock soll man die Beine hochlegen, so viel weiß ich noch aus dem Erste-Hilfe-Kurs.

»Du bist schwanger?«

»Yep.«

»Ernsthaft jetzt? Du willst mich nicht verarschen?«

Bitte sag, dass du mich verarschst. Bitte. Aber den Gefallen tut sie mir nicht. Nicht dieses Mal.

»Nope.«

Ich reibe mein Gesicht mit beiden Händen. »Und ich bin der Vater?«

»Natürlich, wer sonst?«

»Na, dein neuer Freund vielleicht?«

Sie zögert kurz. »Nein, dafür bin ich schon viel zu weit. Das ist passiert, bevor wir uns getrennt haben.«

Ich will erst losmeckern, dass von »wir« eigentlich nicht die Rede sein kann, halte aber lieber die Klappe.

»Aber du hast doch die fucking Pille genommen.«

»Ja, aber hundertpro funktioniert die auch nicht. Passiert.«

Passiert. Das sagt sich so leicht. Wozu bin ich eigentlich x-mal als Kind und Jugendlicher auf meine Fahrradstange geknallt und hab mich anschließend stundenlang unter höllischem Klötenschmerz gewunden, wenn meine Eier dann heute doch ein Powersperma produzieren, das sogar die Pille einfach weglasert?

»Und was willst du jetzt machen?«, frage ich, kämpfe mich wieder auf die Füße und klettere ungeschickt zurück auf die Mauer.

»Was soll das heißen, was ich jetzt machen will?«

»Na ja, willst du es behalten oder ...« Das böse Wort kommt mir nicht über die Lippen. Komisch, sonst hätte ich damit keine Probleme, aber es ist was anderes, wenn es einen selber betrifft.

»... abtreiben? Tickst du noch ganz sauber? Selbst wenn ich es wollte, und das will ich nicht, wäre es dafür inzwischen schon viel zu spät. Du wirst Vater, Torben, finde dich damit ab.«

»Vater«, wiederhole ich dieses auf einmal sehr seltsam klingende Wort. Dann rucke ich hoch, weil ein kleiner Hoffnungsschimmer in mir aufglimmt. »Heißt das, du kommst wieder zu mir zurück?«

Sie verdreht die Augen. »Ja klar, nur weil du mir ein Kind an die Backe gebumst hast, ist alles vergeben und vergessen. Träum weiter. Wir leben nicht im Mittelalter. Wir klären das, wenn es so weit ist, wer wann welche Pflichten übernimmt. Falls du überhaupt dazu bereit bist.«

»Ja, klar, bin ich«, lüge ich unfassbar schlecht.

Sie hopst von der Mauer runter. »Du kriegst das schon irgendwie hin. Ich will jetzt noch was vom Konzert sehen.« Zielstrebig stapft sie zum Eingang. Ich folge ihr auf wackeligen Beinen. Ich brauche definitiv noch ein Bier.

Wir kämpfen uns zur DJ-Kanzel hoch. Die Luft ist inzwischen zum Schneiden dick, die Stimmung ungebrochen auf dem Siedepunkt. Auf der Bühne ist nicht viel mehr Platz als im Auditorium, und alle Bandmitglieder sind samt und sonders klatschnass geschwitzt. Trotzdem geben sie alles und versprühen eine Spielfreude, dass es nur so knattert. Nur Stu guckt ein bisschen angefressen aus der Wäsche. Ich ahne, welche Laus ihm auf der Leber rumtrampelt, und scanne das Publikum. Tatsache: In der zweiten Reihe leuchten rote Haare, und darunter schmachtet die Stalkerin Stu an. Das ist langsam echt nicht mehr lustig.

»Scheiße, verdammt«, brülle ich und haue mit der Faust auf das Pult vor mir.

»Was ist los?«, schreit Lucy.

Ich zeige auf den Rotschopf. »Siehst du die mit den roten Haaren?«

»Ja. Was ist mit der? Hast du mit der auch gevögelt?«

»NEIN, verflucht! Das ist 'ne Stalkerin, die uns verfolgt. Oder besser gesagt: Sie verfolgt Stu.«

»Stu? Ernsthaft?« Sie lacht.

»So witzig ist das gar nicht«, schimpfe ich. »Der arme Kerl wird schon leicht paranoid wegen der Scheiße. So was kann übel ausarten.«

Lucy sieht mich an, als schätze sie ab, ob ich sie verschaukeln will.

»Halt mal«, sagt sie, drückt mir ihre Cola in die Hand und verschwindet von der Kanzel.

Gleich darauf sehe ich, wie sie im Zuschauerraum auftaucht. Geschickt und mit Nachdruck bahnt sie sich ihren Weg durch die tobende Menge, und ich frage mich, ob sie so was in ihrem Zustand tun sollte, aber dann sage ich mir, dass Lucy schon weiß, was sie tut. Das weiß sie immer.

Ich beobachte, wie sie der Stalkerin auf die Schulter tippt, und im dritten Anlauf dreht die sich zu Lucy um, und die beiden reden miteinander. Lucy macht ein paar Gesten, die ich in dem Gewimmel nicht richtig erkenne, und schreit auf die Rothaarige ein, bis jene ein paar Mal ratlos zwischen Stu und Lucy hin- und herguckt, dass es fast aussieht wie horizontales Headbangen.

Dann geht die Stalkerin, und zwar im Eiltempo. Stu hat das

Ganze wohl mitgekriegt und sieht Lucy fragend an, aber die reckt nur ihren Daumen hoch, und Stu kriegt das Grinsen. Jetzt ist die komplette Band voll bei der Sache.

Ich habe keine Ahnung, was Lucy zu der Stalkerin gesagt hat, aber das ist auch Wurst. So ist sie halt. Sie löst Probleme. Oft genug waren das meine Probleme. Unter anderem deswegen liebe ich sie, für diesen Tatendrang und die Fähigkeit, Dinge anzugehen und Schwierigkeiten auszuräumen.

Sie ist eine starke Frau.

Und ich bin ein Idiot.

Ich habe das dringende Bedürfnis, mich heillos zu besaufen, um diesen Umstand vielleicht vergessen zu können.

Stattdessen gebe ich Costa Bescheid, dass mir nicht so gut ist, und verschwinde im Gasthaus, in dem wir heute untergebracht sind.

Auf der Straße vor meinem Fenster ist bis tief in die Nacht noch Halligalli angesagt. Aber was mich wach hält, ist die Erkenntnis, wie sehr ich es verbockt habe.

Als ich am nächsten Morgen nach vielleicht drei Stunden Schlaf wieder aufwache, ist Lucy schon abgefahren.

Wahrscheinlich heim zu ihrem neuen Freund. Dafür, dass ich tags zuvor kaum etwas getrunken habe, ist mir erstaunlich heftig nach Kotzen zumute.

II

LOST IN THE SUPERMARKET

U nser neuer Busfahrer heißt Schröder, einfach Schröder und ist nicht nur ein paar Jährchen (und noch ein paar Jährchen) älter als Oleg, sondern auch deutlich ruhiger. Mir ist das nur recht, aber manchmal habe ich das dringende Bedürfnis, seinen Puls zu fühlen. Vielleicht bleibt einem als Fahrer mit über dreißig Jahren Berufserfahrung, wie er in einem seiner wenigen kommunikativen Momente berichtete, nur übrig, entweder als völliger Choleriker und mit einem Herzinfarkt bei Tempo 80 zu enden oder ein geradezu buddhistisches Gemüt zu entwickeln, damit einem all die Raser, Lichthupenepileptiker, Rettungsgassenverstopfer und Reißverschlussverweigerer kilometerweit am Arsch vorbeidonnern. Bis jetzt habe ich von ihm selbst im fiesesten Gedränge auf der Autobahn noch kein wütendes Wort vernommen und keine Veränderung der Gesichtsfarbe oder ein Anschwellen von Halsadern festgestellt. Auch das zunehmend nervtötende Verhalten der *Krabbelgruppe Maikäfer*, oder wie die Band noch gleich heißt, die ich betreue, bleibt von ihm unkommentiert. Ich vermute, wenn man Einfach Schröder dazu bringen will, die Faust zu ballen, muss man ihm die Finger brechen.

Eigentlich finde ich es gut, dass er die meiste Zeit die Klappe hält. Wir liegen faul in der Mittagssonne auf Klappstühlen und chillen hart, soweit man das auf einem staubigen, geschotterten Parkplatz kann, der direkt an einer viel befahrenen Bundesstraße liegt. Seit Einfach Schröder das Regiment im Bus übernommen hat, sind wir stets hervorragend im Zeitplan und können uns ausgedehnte Pausen gönnen.

Der Rest der Mannschaft hat eine alte Pommesbude gestürmt, die eine architektonische Reminiszenz an einen Fliegenpilz darstellen soll. Mit dem roten Dach und den weißen Punkten wirkt es allerdings eher wie das Haus eines Psychopathen mit Märchentick. Außerdem weiß ich nicht, ob man als Gastronom seine Kunden mit einem giftigen Pilz anlocken sollte. Als ich darüber nachdenke, vermisse ich den Grill von Heinz.* Der braucht keine Fliegenpilzarchitektur, um auf das Gefahrenpotenzial seiner Pommes aufmerksam zu machen. Dafür ist sein Fraß hervorragend gegen Kater geeignet, ich könnte ihn gerade gut gebrauchen. Der gestrige Abend ist etwas ausgeartet. Seit unserem Knastaufenthalt und meinem Wiedersehen mit Lucy schütte ich Abend für Abend ziemlich viel in mich hinein. Das liegt nicht ausschließlich am neuerlich aufgekochten Trennungsfrust, auch der Job wird immer nerviger. Ich komme mir bei den praktischen Dingen des Tourlebens zunehmend überflüssig vor, weil Costa alles im Griff hat, Jens ihm immer mehr als Zusatzroadie zur Hand geht und Einfach Schröder sich als kompetenter und fleißiger Helfer in allen Lebenslagen entpuppt. So bleibt mir eigentlich nur der langsam überhand nehmende Papier- und Telefonierkram und das Beaufsichtigen des Sacks Flöhe, der sich »Band« nennt – also genau die frustrierendsten Aufgaben. Wenn ich mal irgendwo mit anpacke, dann störe ich meistens nur. Morgen fahren wir nach Hamburg, um ein Video zu drehen, dann stößt Lara als Fotografin zum Tourtross. Nicht mehr lange, und ich verliere den Überblick. Wobei ich mich natürlich auf Laras Gesellschaft freue.

Stöhnend erhebe ich mich von meinem Klappstuhl. »Ich

---

* Leser von »Jungsmusik« wissen Bescheid. Es sei denn, sie waren bei Heinz essen. Dessen Pommes haben schon bei mehreren Gästen zu Gedächtnisverlust geführt.

gehe mir mal die Beine vertreten«, informiere ich Einfach Schröder. Er brummt nur »Mhm«. Zur Kenntnis genommen, interessiert mich aber null, heißt das wohl.

Ich gehe nicht weit. Neben dem Parkplatz steht eine große, alte Eiche umgeben von einer Bank und einem kleinen Platz, der eingekeilt ist zwischen Bundesstraße und ein paar windschiefen, alten Häusern. Vermutlich war das mal der Thingplatz, vielleicht ist es aber auch einfach nur ein Baum in einer kleinen Stadt. Neben der Eiche plätschert lustlos ein kleiner Brunnen. Auf dem Rand sitzt Sven und lässt eine Hand durch das Wasser gleiten.

»Du siehst kacke aus«, begrüßt er mich.

Ich zucke mit den Schultern. »Mir geht's immer noch besser als dir.«

»Touché, Arschnase.« Er lacht. Ich setze mich neben ihn und hebe Lemmy auf die Ummauerung des Brunnens. Der schaut kurz unschlüssig auf das klare Wasser, kommt dann zum Schluss, dass der kleine Brunnen nicht tief genug zum Ertrinken und kühles Nass jetzt genau das Richtige ist, und lässt sich mit der Eleganz eines Kartoffelsacks hineinfallen. Zufrieden tappst er herum und beißt ab und zu ins Wasser, um enttäuscht festzustellen, dass es weder Bier noch Futter ist.

»Was bedrückt meinen besten Freund?«, fragt Sven ohne den Anflug von Sarkasmus.

Ich atme tief durch und sehe ihn ratlos an. »Das Übliche, denke ich.«

Sein Gesicht wird ernster. »Dass Lucy 'nen Neuen hat?«

Ich nicke. »Ich mache ihr keinen Vorwurf.« Ein bitteres Lachen platzt aus mir heraus. »Ja, klar, das wäre noch schöner. Ich halte ihr vor, dass sie sich jemanden sucht, der nicht so ein untreues Arschloch ist wie ich. Nein, ich verstehe sie. Aber das macht es nicht besser oder einfacher. Eher im Gegenteil. Am liebsten würde ich in der Zeit zurückreisen, um mir selbst in die Fresse zu hauen, bevor ich so einen Mist bauen kann.«

»Nobody is perfect«, sagt Sven. »Sei nicht so hart zu dir selbst. Du hast einen Fehler gemacht, das kann ja durchaus mal passieren.«

Ich schüttele den Kopf. »Nein, das darf nicht passieren. Wir haben uns was versprochen. So was hat doch Gewicht, einen Wert, sonst würde man es doch nicht tun! Ich meine, ich kann verstehen, dass man nach sieben oder zehn oder fünfundzwanzig Jahren merkt, dass man sich auseinandergelebt hat, aber wenn man schon nach einem Jahr fremdgeht, dann gehört man vielleicht von vornherein gar nicht zusammen ...«

»HALT DEIN MAUL!«, brüllt Sven unvermittelt. Ich zucke zusammen und falle fast zu Lemmy in den Brunnen.

»Was bitte?«, frage ich, aber Svens Gesicht ist schon direkt vor meinem, er sieht echt böse aus, und tippt mir mit seinem ätherischen Finger auf der Brust herum.

»SAG DAS NIEMALS NICHT WIEDER! Du und Lucy, ihr gehört zusammen, das weiß ich, das weiß jeder, der euch kennt, und das weiß vermutlich auch sie! Und *du* weißt es auch. Du hast lange genug gebraucht, um das zu kapieren, und du hattest genug Weiber, die dir alle nichts bedeutet haben, und bist immer wieder bei Lucy gelandet. Und glaub mir, ich kenne dich gut genug, um zu wissen, dass dir das eine scheiß Angst macht, weil du, verdammt noch mal, nicht erwachsen werden willst und Schiss hast, du könntest irgendwas verpassen! Aber du solltest langsam mal Arsch in der Hose beweisen und eingestehen, dass dir ein Leben mit Lucy wichtiger ist, als irgendwelche besoffenen Schnallen zu nageln und am nächsten Tag nicht mal mehr zu wissen, ob du während des Vögelns nicht einfach eingeschlafen bist, weil es im Grunde genommen langweilig und scheißegal ist. Du bist nicht fremdgegangen: Du hast dich nur mal wieder total kindisch benommen und versucht, deine Beziehung und deine Ehe zu torpedieren, anstatt mal mit Lucy darüber zu reden. Du bist ein Feigling.«

»Ey ...«

»Das sage ich dir als Freund!«

Sven schnauft verächtlich und lehnt sich wieder zurück.

Ich sacke ein bisschen mehr in mich zusammen. Mein Kopf dröhnt, die Sonne brennt, und mein eingebildeter, toter Freund hat mich amtlich zusammengeschissen. Ich fühle mich, als hätte mich eine Bande Berufsschläger ordentlich durchgelassen.

»Du hast ja recht«, nuschele ich kraftlos.

»Natürlich habe ich recht«, sagt er immer noch wütend. »Das weißt du.«

Ich nicke, und einen Moment lang ist mir, als müsste ich gleich losheulen.

»Na, na«, sagt Sven und klopft mir substanzlos auf die Schulter. »Du weißt: Es ist mein Job als Freund, dir hin und wieder den Kopf geradezurücken.«

Ich nicke und schlucke einen großen, dicken Kloß herunter. »Ist schon richtig so.«

»Statt dich selbst zu bemitleiden, solltest du drüber nachdenken, wie Lucy sich fühlt, wenn du so mit ihr umgehst. Ihr werdet jetzt Eltern, da solltest du mal erwachsen werden. Zumindest ein bisschen.«

Ich richte mich etwas auf. »Ich werd's versuchen.«

»Na, siehste«, sagt Sven. »Mehr wollte ich gar nicht hören.« Er steigt auf die Brunnenumrandung, nimmt Maß und springt dann mit einer eleganten Arschbombe ins Wasser zu Lemmy. Kaum ist er eingetaucht, ist er auch schon verschwunden. Seine Spezialeffekte werden immer besser. Genau wie seine Moralpredigten.

Vom Parkplatz ertönt die Hupe unseres Busses: das Zeichen von Einfach Schröder, weiterzufahren.

»Komm, Lemmy«, sage ich und ernte einen verständnislosen Blick. Jeder andere Hund würde den Hopser mühelos schaffen. Lemmy natürlich auch, er hat nur einfach keinen Bock. Also greife ich ins Wasser, wuchte die Bulldogge über den Rand und setze ihn auf dem Boden ab. Zum Dank schüttelt er sich ausgiebig und regnet mich voll.

Überraschenderweise haben auch die anderen mitgekriegt, dass es weitergeht, und kommen brav zum Bus gedackelt. Frankie gefällt mir gar nicht. Er ist schon den ganzen Tag blass um die Nase, aber jetzt sieht er aus, als wollte er dem Weißen Riesen Konkurrenz machen.

»Mensch, Frankie, waren die Pommes so miserabel?«

Er winkt müde ab. »Hab nur nicht so gut geschlafen.«

»Aha, und wie lange schon nicht? Sieht mir nach einem Monat Schlafentzug Minimum aus.«

»Alles halb so wild.«

»Von wegen. Du haust dich für den Rest der Fahrt aufs Ohr«, sage ich in dem strengen Onkelton, den ich mir während der letzten Wochen immer mehr angewöhnt habe.

Einen Moment scheint Frankie Protest einlegen zu wollen, dann fügt er sich den Argumenten der Vernunft und schleicht in seine Koje.

»Und dass ihr ihn ja pennen lasst!«, ermahne ich den Rest der Truppe. »Kein Dekorieren, keine Finger in warmes Wasser tauchen und keine Haare irgendwo festknoten. Haben wir uns verstanden? Und keine Scherze mit Gaffatape!«

Alle nicken, Murat sieht ein bisschen ertappt aus.

***

Die Show am Abend ist nicht besonders voll, aber auch kein Misserfolg. Die Tourtermine sind momentan ein Flickwerk aus spontanen Buchungen, Ersatz für ausgefallene Bands und Festivalauftritten am Nachmittag. Die Band muss unter allen Umständen den Leuten gezeigt werden, hat Gerald mir erklärt. Eine richtig durchgeplante Tournee wird es im Herbst geben, aber bis dahin dürfe man auf keinen Fall auf der faulen Haut liegen und abwarten. Der nicht mehr ganz so kleine Hype um die Gruppe müsse geschürt werden. In Hamburg soll innerhalb eines Tages ein neues Musikvideo zusammengedreht werden. Präsenz ist gerade das Wichtigste, die Musik zweitrangig. Wenn man darüber nachdenkt, macht es einen traurig. War ich nicht mal Teil der Metalszene geworden, weil ich den Personenkult im Pop so scheiße fand? Weil es nur um die Musik ging? Aber die Zeiten haben sich wohl geändert, das merke ich an mir selbst. Liest man mal ein Jahr kein Interview mit einer Band, geht man davon aus, dass sie sich aufgelöst hat, sämtliche Bandmitglieder die Instrumente an den Nagel gehängt haben oder gleich kollektiv verstorben sind. Kommt nach zwei Jahren ein neuer Tonträger raus, wird das gleich als Comeback gehandelt. Die Schnelllebigkeit des Medienzeitalters hat auch die Metalheads fest in ihrer hässlichen Hand.

Ich verfolge das Konzert mit nur geringem Interesse. Die Ansagen von Frankie kann ich inzwischen mitsprechen. Ob ihm bewusst ist, wie sehr er sich ständig wiederholt? Heute kommen seine Ansagen etwas schwach und blutleer rüber. Er sieht zwar nicht mehr ganz so bleich aus, da hat die Mütze Schlaf wohl geholfen, aber fit ist er noch lange nicht. Sein Gesang war auch schon mal kraftvoller, und es mag normal sein, bei einer Show zu schwitzen, aber ich kenne ihn gut genug, um zu sehen, dass er deutlich mehr ölt als sonst. Die Band zieht wohlweislich einen Song aus der Zugabe nach vorne und verzichtet drauf, noch mal auf die Bühne zu kommen. Dem Publikum scheint es, bis auf einer Handvoll enthusiastischer Fans, eher egal zu sein. Der Abend wird wohl nicht als Ruhmesblatt in die Bandgeschichte eingehen.

Die Jungs lassen sich davon nicht mehr aus dem Konzept bringen. Es ist ein Ritual geworden, dass wir uns direkt nach dem Gig im Kreis aufstellen, jeder reißt eine Dose Bier auf, und wir stoßen auf den Abend an, egal wie er gelaufen ist. »Steckste nicht drin«, sagt man so schön, und so manchen Faktor kann man nun mal nicht kontrollieren. Ob die Halle gut oder schlecht ist, die Technik muckt oder das Publikum einfach einen schlechten Tag hat, können wir nicht beeinflussen. Das haben inzwischen auch

die Jungs gelernt und sehen einen mauen Abend deutlich entspannter als noch vor ein paar Wochen.

Während sich alle mit ihren Rockstarhandtüchern den
Schweiß aus den Haaren rubbeln, lege ich Frankie eine Hand
auf die Schulter.

»Ist bei dir alles klar, Frankie?«

Er wedelt schwach mit der Hand herum. »Klar. Alles prima.
Nur ein bisschen müde, das ist alles.«

»Wirklich?«

Er nickt. »Ich bin wieder auf dem Damm. Kein Problem.«

»Okay. Wenn du das sagst ...«

Ich drehe mich um und will den anderen grad eine kleine
Manöverkritik zum Abend geben, da rummst es hinter mir, als
würde ein sehr großer Sack Kartoffeln umfallen. Ich fahre um:
Frankie liegt auf dem Betonboden der Halle, alle viere von sich
gestreckt und mit verdrehten Augen. Seine Bierdose kullert davon und hinterlässt eine Spur verschütteter Flüssigkeit.

»Frankie, verdammt!«, rufe ich.

»Mir geht's gut«, nuschelt er.

»Ja klar, das sehe ich.« Ich kann buchstäblich zusehen, wie
das letzte bisschen Farbe aus seinem Gesicht weicht. »Komm
hoch, wir bringen dich ins Krankenhaus.« Murat und Stu helfen
mir, Frankie wieder in die Senkrechte zu bringen.

»Kann mal jemand ein Taxi rufen?«, brüllt Tom-Tom das The-
kenpersonal an.

»Mir geht's gut«, brabbelt Frankie.

Stu und ich legen seine Arme über unsere Schultern und tragen ihn nach draußen. Fünf Minuten später bugsieren wir ihn
ins Taxi.

»Mir geht's gut«, sagt Frankie. Dann kippt er um und schläft
in meinem Schoß ein.

»Bloß ein Schwächeanfall infolge eines grippalen Infekts«, sagt
der Arzt genervt. Anscheinend ist ihm ein grippaler Infekt nicht

lebensbedrohlich genug, um ihm damit die einzige Pause der Nachtschicht zu versauen.

»Muss er hierbleiben?«, frage ich.

Er schüttelt den Kopf. »Nein, das muss nicht sein. Ich verschreibe ihm ein paar Medikamente, die muss er die nächsten Tage einnehmen. Dazu auf jeden Fall Bettruhe und gesundes Essen, dann sollte er in vier bis fünf Tagen wieder auf den Beinen sein.«

Ich nicke, aber der Bandmanager in mir denkt nur: »Scheiße.«

Der Arzt macht sich wieder an die Arbeit, ich gehe ins Wartezimmer zu den anderen und erkläre die Lage.

»Shit«, sagt Murat. »Aber was sein muss, muss sein.«

Er hat recht, aber wir haben Termine. Wenn Frankie wieder »auf den Beinen« ist, heißt das noch lange nicht, dass er auch sofort wieder auftrittsfähig ist. Es könnte eine Woche oder zehn Tage dauern. Ich zücke mein Smartphone und tippe auf den am häufigsten gewählten Kontakt.

»Was gibt's?«, ertönt eine müde Stimme.

»Hey, Gerald, hier Torben. Hab ich dich geweckt?«

»Ja, aber das ist egal. Was kann ich für dich tun?«

»Frankie ist krank.«

Kurze Stille am anderen Ende. »Oh. Was hat er denn?«

»Er hat sich eine fiese Grippe eingefangen. So wie es aussieht, müssen wir die Termine für die nächsten zehn Tage canceln, bis er wieder fit ist.«

»No way«, sagt Gerald bestimmt.

»Wie jetzt, ›no way‹? Hast du nicht zugehört? Er kann nicht auftreten, der Mann sieht aus, als wäre er ein alter Aufnehmer. Wir können so keine Gigs durchziehen.«

»Ihr müsst aber.«

»Und wie sollen wir das anstellen? Frankie ist der Frontmann, da haben wir keinen Ersatz. Außerdem könnte sich keiner das Material so schnell draufschaffen. Es ist einfach nicht drin, die nächsten Gigs zu spielen oder morgen in irgendeiner zugigen Industriehalle ein Video zu drehen.«

»Pass auf«, sagt Gerald ungeduldig, als würde er mit einem begriffsstutzigen Kind reden. »Wir brauchen dieses Video, und wir können die Gigs nicht absagen. Die Tour ist sowieso schon viel zu teuer. Wir finanzieren das nur deswegen, weil wir an *Clothelines* glauben und langfristig planen. Wenn wir jetzt noch Konventionalstrafen für ausgefallene Auftritte zahlen müssen, drehen wir den Hahn zu, und das war es dann, verstanden?« Er klingt richtiggehend bösartig. So kenne ich ihn gar nicht.

»Und was sollen wir deiner Meinung nach tun? Spekulierst du auf ein neues Video für YouTube? Sänger stirbt auf Bühne oder so was?«

»Jetzt werd mal nicht dramatisch.«

»Ist doch wahr. Der arme Kerl ist heute nach'm Gig zusammengeklappt. Ich werde nicht zulassen, dass er sich kaputt schuftet.«

Gerald seufzt. »Das will ich auch nicht. Pass auf, ihr setzt euch jetzt sofort in den Bus und fahrt nach Hamburg. Ich schicke dir gleich eine Adresse, da fahrt ihr hin.«

»Und was ist da?«

»Ein Arzt.«

Ich stutze. »Was für ein Arzt?«

»Die Sorte Arzt, die in solchen Situationen helfen kann und weiß, wie man die Klappe hält.«

Mein Mund klappt auf. »Was bitte? Willst du Frankie wieder hochspritzen lassen mit irgendwelchen Drogen, oder was?«

»Halt den Rand, Torben. Von so was kann keine Rede sein.« Ich glaube ihm kein Wort.

»Tu es einfach, okay?«, sagt er und legt auf.

Frankie kommt aus dem Behandlungszimmer geschlurft. Er sieht immer noch jämmerlich aus und versucht gar nicht mehr zu kaschieren, dass er krank ist. Er hat auch nichts dagegen einzuwenden, dass Murat ihn stützt, als wir zum Parkplatz des Krankenhauses gehen. Widerstandslos lässt er sich von uns in die Koje bugsieren und Schuhe, Hose und Shirt ausziehen. Die anderen verschwinden schnell, ich bleibe noch kurz bei ihm.

»Hör zu, Frankie«, sage ich. »Ich habe mit Gerald telefoniert. Er will unbedingt, dass wir schon heute Nacht nach Hamburg hochfahren und dich da von irgendeinem Kurpfuscher fit spritzen lassen. Ich halte das aber für eine scheiß Idee. Ich sage, wir fahren nach Hause, canceln erst mal alles, und du wirst in Ruhe gesund.«

»Nein«, sagt er und fasst mich am Arm. Himmel, er sieht echt beschissen aus, wie eine Mischung aus Zombie und irgendwas, das man im Rinnstein gefunden hat. »Kommt nicht in Frage, lass uns nach Hamburg fahren.«

»Frankie. Der will dir irgendeine Scheiße spritzen, nur damit du funktionierst. Das kann nicht gut sein.«

Er schluckt mühsam. »Nein. Ich will das.«

»Frankie ...«

»Wir haben zu lange und zu hart gearbeitet für diese Band. Für die Chance, was daraus zu machen. Wenn ich mir dafür jetzt ein bisschen Dreck spritzen lassen muss, dann ist das okay für mich. Lass uns hinfahren. Bitte, Torben.«

Er sieht mich an, aus seinen Augenwinkeln quellen schwach ein paar Tränen. Er ist sogar zum Flennen zu fertig. Aber sein Blick zerreißt mir das Herz. Ich fühle mich, als würde ich versuchen, einer Mutter ihr einziges Kind wegzunehmen.

»Also gut. Aber du schläfst jetzt erst mal. Bis Hamburg sind es mehr als drei Stunden.«

Er nickt dankbar. »Okay«, sagt er und schläft augenblicklich ein. Ich gehe nach vorne zu Einfach Schröder und gebe ihm die Adresse, die Gerald mir geschickt hat.

***

Frankie ist gut drauf. Viel zu gut für meinen Geschmack. Ich weiß, wie er sich normalerweise benimmt und bewegt, aber das ist nicht er, auch wenn sein Ausweis vielleicht etwas anderes behauptet.

Er starrt mit einem Blick in die Kamera, als wäre er bei einem

Klaus-Kinski-Ähnlichkeitswettbewerb. Es passt gut zum Song, aber es bereitet mir auch mächtig Sorgen.

Mitten in der Nacht sind wir bei dem Arzt angekommen, der uns in Schlafanzug und Kittel empfing. Er roch ranzig und unternahm auch sonst keine Anstrengungen, sympathisch zu wirken. Er verabreichte dem zitternden Frankie drei fies große Spritzen und gab uns ein Döschen mit Pillen mit. Was das für Pillen sind, konnte ich nicht eruieren, die Beschriftung besteht aus asiatischen Schriftzeichen. Frankie würde sich in den nächsten Stunden mehrmals erbrechen, sagte der Doc, aber das sei normal. Dann nannte er uns eine ganze Latte möglicher Symptome, bei deren Auftreten wir unverzüglich einen Notarzt rufen sollten.

»Dann geht es um Minuten«, sagte er noch. Und wir sollten Gerald schön grüßen. Ich dachte nur, dass ich Gerald mordsmäßig in den Arsch treten würde, wenn Frankie wegen dieses Todescocktails was passieren sollte.

Wie vorhergesagt, erbrach Frankie den Rest der Nacht sämtliche Nahrung der gefühlt letzten acht Wochen, danach schlief er zwei Stunden, und als er aufwachte, hatte sich unser Frontmann in ein Huhn auf Crack verwandelt. Er strotzte nur so vor Tatendrang und pumpte sich auf, als hätte er einen Liter Testosteron mit Red Bull runtergekippt.

Aber er funktioniert seither. Der Dreh dauert jetzt schon sechs Stunden, aber bei ihm ist noch keine Spur Müdigkeit zu erkennen.

Ich beobachte das alles und fühle mich wie ein Drogendealer. Es ist kein besonders angenehmes Gefühl.

»Was ist denn mit dem kaputt?«, fragt Lara.

Sie ist seit Beginn des Drehs vor Ort und schießt Fotos. Ich bin echt froh, dass sie dabei ist. Ein Stück Heimat in Form einer 1,60 Meter großen, Lederjacke tragenden Frau mit den Trinkgewohnheiten eines Bauarbeitertrupps.

»Voll auf Drogen«, sage ich trocken.

Sie sieht mich mit weit aufgerissenen Augen an. »Jetzt schon?

Das ging schnell. Ich hab den Jungs ein Jahr gegeben, bevor sie abrutschen.«

Ich muss sehr laut loslachen und schlage mir reflexartig beide Hände vor den Mund, um die laufende Szene nicht zu stören. Die Folge ist eine Menge Rotz und Spucke an meinen Händen, weil ich mich nicht mehr einkriege. Als ich wieder Luft bekomme, wische ich mir den Schmodder mit einem der stets und überall herumliegenden Rockstarhandtücher ab. Die sind vielleicht das Beste am Leben on the road. Sie tauchen auf wie von Geisterhand, liegen stets in Reichweite und sind selbst in den versifftesten Drecksläden strahlend weiß, duftend und weich. Sie stellen einen seltsamen Ruhepunkt dar, und ich bin nicht der Einzige, der sein Gesicht regelmäßig darin vergräbt, um die Außenwelt abzudämpfen und den Weichspülerduft einzuatmen. Der riecht nach Normalität, von der man ab und zu mal einen Spritzer braucht, um nicht durchzudrehen.

»Nicht, was du denkst«, kläre ich sie auf und erzähle von Doktor Frankstein und seinen asiatischen Supermedikamenten.

»Uiuiui«, sagt Lara. »Solchen Dreck haben sich auch einige meiner Fotomodels reingepfiffen, wenn sie mal nicht aufm Damm waren. Das Zeug ist teuflisch. Wirkt super, aber man muss aufpassen, dass die Leute nicht einfach kollabieren. Behalt ihn bloß im Auge. Manche drehen auch voll am Rad davon.«

»Hm, ja, so was befürchte ich auch. Hoffen wir mal das Beste.«

»Das Business kann manchmal ganz schön dreckig und widerwärtig sein«, seufzt sie. Ich brumme zustimmend. Wir sehen zu, wie eine weitere Einstellung im Kasten landet. Frankie guckt noch einmal besonders manisch, dann ruft der Regisseur eine halbe Stunde Pause aus.

Die Jungs fläzen sich in eine Sofaecke und stürzen Unmengen Wasser runter, nicht aus Vernunftgründen, sondern weil die Studiolampen eine Bullenhitze verströmen und einen regelrecht ausdörren. Frankie wirkt von einer Sekunde auf die andere wie ausgeknipst und hängt apathisch in seinem Sessel.

Ich bringe ihm eine Flasche Wasser: »Hier. Du musst trinken.«

Er sieht mich an mit einem Gesichtsausdruck wie ein kleines Kind, dem man gerade erzählt hat, dass sein Lieblingskaninchen gestorben ist. Widerwillig nuckelt er an der Flasche. Ich wechsele einen Blick mit dem Rest der Band, aber für die scheint die Welt in Ordnung zu sein.

Ich gehe zum Tourbus zurück, vor dem sich Jens auf seinen Auftritt im Video vorbereitet. Die Band hat einstimmig beschlossen, dass er dabei sein muss.

»Nervös?«, frage ich.

Er würgt eine Billardkugel hoch: die schwarze Acht. »Ein bisschen. Aber ich freu mich drauf.«

»Viel Spaß«, sage ich. »Ich muss mich um Papierkram kümmern.«

»Na dann, dir auch viel Spaß.« Er grinst dumm und verschluckt zwei Billardkugeln.

»Haha«, sage ich humorlos und klettere in den Bus. In der Lounge, die auch mein mobiles Büro darstellt, wartet ein ganzer Karton Quittungen darauf, sortiert zu werden.

»Ich hasse den Job«, sage ich zu mir selbst. Lemmy nimmt das zum Anlass, seinen Kopf aus meiner Koje zu stecken. Eigentlich hatte ich ihm verboten, in meinem Bett zu pennen, aber der Hund hat zu Verboten ein ähnliches Verhältnis wie Politiker zur Wahrheit: Das ist was für andere. Inzwischen rieche ich permanent nach Hund. Aber es ist mir egal. Vor einer Weile hätte mich das genervt, weil ich immer darüber nachgedacht hätte, ob das vielleicht die Frauen abschrecken und mir Anbaggerchancen versauen könnte, aber das ist mir inzwischen einerlei. Rieche ich halt nach Bulldoggenpups, was soll's.

Wieder starre ich auf den Berg Papiere.

»Ich brauche erst mal Kaffee«, sage ich und gehe in die Busküche. »Ich hasse diesen verkackten Job. Echt jetzt.«

***

»Ich *liebe* diesen Job«, rufe ich und versprühe aus meinem Mund Reis und toten Fisch im Backstage. Wir vertreten die Thrasher von *Wodos*, deren Frontmann sich bei einem Jagdunfall selbst ins Bein geschossen hat, was mal wieder beweist, dass Jagd und Jägermeister nicht unbedingt eine gute Kombination darstellen. So konnten wir kurzfristig eine Lücke im Tourplan schließen zwischen Videodreh und Soloshow. Ein Day-off wäre mir eigentlich lieber, auch um Frankie ein bisschen Ruhe zu gönnen, aber erstens muss die Band nur eine halbe Stunde auf die Bretter, und zweitens gibt es bei dieser Mischung aus Festival und Stadtfest ein pervers gutes Catering. Das Event wird zwar von der hiesigen Stadtverwaltung auf die Beine gestellt und von einer Betonfirma, einer Fahrschule, der lokalen Sparkasse und einer Getränkefabrik gesponsort, das Booking hat man aber leichtsinnigerweise an diverse ansässige Ortsgruppen verteilt. Da gibt es die Bühne der evangelischen Kirche, auf der sich Schülerbands vor Nervosität beinahe einpinkeln, die Junge Union schickt absurde Tanzgruppen auf die Bretter, eine Disco ballert alles mit Schlager und billigstem Technodiscofox zu, aber es gibt eben auch die Bühne eines Jugendzentrums, und dessen Booker ist nun mal beinharter Metalfan und hat mithilfe öffentlicher Gelder ein Line-up zusammengestellt, das einigen Dutzend Headbangern ein seliges Grinsen und den meist grauhaarigen Restbürgern das nackte Entsetzen ins Gesicht zaubert. Es ist ein herrlicher Anblick. Abgesehen vom Spaß, mal wieder Angst und Schrecken unter Spießbürgern zu verbreiten, erfreuen wir uns an der ansonsten astreinen Gastfreundschaft. Wir fressen uns durch Grillgut, hausgemachten Kuchen, Sushi und Süßkram und saufen hektoliterweise ein lokales Helles, das die sonst übliche Industrieplörre wie labberige Fassbrause dastehen lässt. Zudem taut auch die Crew auf, die uns betreut. Nachdem die Mitglieder einer Nachwuchs-Hip-Hop-Combo nach dem Kiffen ihren Backstagebereich vollgegöbelt haben und ein Schlagerfuzzi, der irgendwann vor drölfzig Jahren mal so was wie einen Hit gehabt hat, des Geländes verwiesen wurde, weil er der Meinung war, eine Hostess gehöre zum Catering dazu, setzt sich bei unseren Gastgebern die Erkenntnis durch, dass ausgerechnet die bösen Langhaarigen die angenehmste Klientel darstellen. Brav bedanken sich alle ständig, und wenn mal Nachschub geordert wird, dann wird auch das Zauberwort benutzt und nicht dumm rumgepöbelt.

Ich schiebe mir noch eine Fischrolle in den Mund, dann geselle ich mich wieder zu meinen Jungs und den Mitgliedern der anderen Bands, die heute auf der Metalbühne spielen. Auch wenn man nicht gerade von epischen Auftritten sprechen kann, eher von öffentlichen Proben, ist die Stimmung prächtig. Bei Frankie schon fast zu prächtig. Er läuft immer noch wie unter Hochspannung, zumindest so lange, wie er etwas zu tun hat oder im Gespräch mit jemandem ist. Beachtet ihn gerade niemand, sackt er in sich zusammen und sieht aus wie sediert. Nach dem Videodreh ist er so schnell im Bus eingeschlafen, dass ich erst mal seinen Puls gefühlt habe, um sicherzugehen, dass er nicht einfach weggestorben ist.

Auch wenn ich Gerald irgendwann mal dafür eine langen sollte, dass er Frankie so einem Risiko aussetzt, will sich momentan keiner davon die Laune vermiesen lassen, mich eingeschlossen.

Eine der Wirtinnen, eine etwa sechzigjährige Wuchtbrumme, die uns mit Alkohol versorgt und uns inzwischen ins Herz geschlossen hat, kommt mit einigen Flaschen mit buntem Inhalt ins Backstage.

»Jetzt haben wir ganz was Feines für euch!«, verkündet sie und stellt die Schnapsflaschen auf den langen Biertisch, um den wir sitzen. »Das ist eine regionale Spezialität!«

Einige rufen »Wuhu!«, ein paar gucken leicht misstrauisch auf die verschiedenfarbigen Inhalte der Flaschen und die Prozentangaben auf den Etiketten, die als Wahlergebnis jedem Politiker einen Orgasmus bescheren würden, hier aber eher nach Alkoholvergiftung und drohender Erblindung klingen. Eigentlich bin ich ein Schnapsverächter, aber als Pintchen rumgegeben werden, schnappe ich mir auch eins. Heute ist Party, da soll man nicht so zimperlich sein.

Die erste Runde kommt aus einer Flasche mit rotem Inhalt.

»Auf unsere Gastgeber!«, brüllt ein Typ von einer Viking-Metal-Band gehört, die heute den Abschluss bilden soll. Sein Bart ist länger als mein Haupthaar

Wir kippen den Schnaps, für einen Moment habe ich das Gefühl, flüssigen Stickstoff getrunken zu haben. Von einem Moment auf den anderen ist meine gesamte Mundhöhle taub. Dann explodiert der Geschmack von Johannisbeeren. Dann die Schärfe des Alkohols. Dann kippt jemand Lava in meinen Magen.

»Huaaaa ...«, ächze ich.

»Boah, geil!«, brüllt Jens.

»Noch 'ne Runde!«, befiehlt Lara. Sofort wird die nächste Flasche geöffnet, diesmal ein Klarer.

Das Spiel wiederholt sich, mein Mund und Hals und die Speiseröhre fühlen sich an wie das Set eines Roland-Emmerich-Films nach der ersten Alien-Angriffswelle.

Mit leicht tränenden Augen schaue ich zu Murat, der mir gegenüber sitzt.

»Holladiewaldfee«, stoße ich hervor.

»Krasses Zeug«, sagt er und nickt fröhlich. Die nächste Runde wird bereits ausgegeben.

»Prost«, sagt er. Wir stoßen an und kippen.

»Alter, ich hoffe, das Zeug haut nicht zu sehr rein«, stöhne ich.

»Spürste schon was?«

Ich schüttele den Kopf. »Ich merke überhaupt ...

... Ich liege auf dem Rücken, jemand lacht und reicht mir einen Schnaps ...

... Stu und Tom-Tom brüllen eine Death-Metal-Version von »Time of my life«. Irgendwer spielt Trompete dazu ...

... Ich liege auf dem Rücken. Voll albern, wie ich finde. Sollte mal wieder aufstehen ...

... Mir wird ein Schnaps gereicht ...

... Lara steht über mir und macht Fotos. Ich sollte mich mal langsam wieder auf die Bierbank setzen, der Boden ist viel zu kühl zum Rumliegen ...

... Frankie reicht mir ein Bier. »Da isser ja wieder«, sagt er. Ich sitze. Gefällt mir ...

... Murat und die Wirtin lecken herum ...

... Stu und der Wikinger fechten mit ihren Penissen ...

... Murat ist noch da, aber die Wirtin ist weg. Ach nee, doch nicht, ihr Kopf ist nur unter der Tischplatte und bewegt sich rhythmisch auf und ab ...

... »Üärghs!«, denke ich. Aber Murat scheint ganz zufrieden zu sein ...

... Wir spielen Flunkyball auf dem Dorfplatz. Das Fest scheint ansonsten vorbei zu sein ...

... Wir schwimmen nackt. Im Dorfbrunnen. Auch die Wirtin. Jemand reicht mir eine Schnapsflasche ... »Ich kann alleine gehen!« ...

... »Ja, klar. Sieht man.« ...

... »Neee, echt jetzt, ich kann galleine nehen ... nee, gehen!« ...

... »Er hat mich *gebissen*!« ...

***

»Wir sollten mal los«, sagt Einfach Schröder mit einer Stimme, die keinen Widerspruch duldet, und tritt mich. Ich öffne die Augen. Er steht über mir, ich liege auf dem Boden. In meine Koje habe ich es augenscheinlich nicht geschafft, aber immerhin auf den Fußboden davor.

»Hölle und Teufel«, ächze ich und richte mich auf. Einfach Schröder hält mir eine Tasse Kaffee hin, die ich dankbar annehme. Dann reicht er mir eine Aspirin. Der Mann weiß, was gut ist.

»Wir müssen in zehn Minuten los, wenn wir im Zeitplan bleiben wollen«, informiert er mich.

»Mhm, ist okay. Klingt prima.«

»Du solltest vielleicht sicherstellen, dass dann auch alle an Bord sind.«

Ich sehe ihn fragend an und dann mich um: Die meisten Kojen sind leer.

»Ach, Scheiße!«, fluche ich und kämpfe mich auf die Füße. Einfach Schröder geht wortlos zum Führerhaus, ich durchforste den Bus. Lara, Stu und Costa liegen komatös in der Lounge, umgeben von Leergut. Auf dem Tisch liegt noch eine Scheckkarte und Reste von zerbröseltem Pulver. Ich hoffe nur, dass Frankie die Finger vom Koks gelassen hat, in seinem Körper sind schon genug Substanzen, die da nicht hingehören. Zu meiner Beruhigung ist er der Einzige, der in seinem Bett liegt. Lemmy schnarcht in meinem. Jens ist auf dem Klo eingeschlafen, ohne die Tür zu schließen, Tom-Tom liegt halb im Bus, halb im Freien in der offenen Tür.

Nur Murat finde ich nirgendwo. Ich wecke die anderen. Keiner weiß, wo unser Gitarrist steckt.

Ich suche draußen um den Bus herum, aber da ist er nicht.

»Scheiße, wo ist der Penner?«, flucht Stu.

»Aber er ist doch nicht im Ort geblieben, oder? Wir sind doch alle zusammen zum Bus gegangen?«, frage ich.

»Weißt du das nicht mehr?«, fragt Tom-Tom belustigt.

»Nicht wirklich ...«

»Ah«, sagt Stu. »Dann weißt du auch nicht mehr, dass du mich gebissen hast, was?«

»Nein. Wirklich?«

»Ja.«

»Tut mir leid.«

»Schon gut. Lass uns lieber Murat finden. Meinst du, der ist irgendwohin zum Pissen gegangen und dort eingepennt? Wäre nicht das erste Mal ...«

Ich blicke mich um. »Nein, das glaube ich nicht.« Das Gelände ist übersichtlich, auf der anderen Seite vom Bus geht es eine Böschung herab, auf der dichte, dornige Brombeersträucher wuchern. Da geht niemand zum Pinkeln durch, egal wie besoffen er ist.

»MURAT!«, brülle ich. Die anderen stimmen ein. »MUUU-RAAAT!«

»Haltet die Fresse, ich will schlafen«, hört man ihn leise meckern.

Wir sehen uns ratlos um.

»Wo kam das her?«, fragt Frankie. Wir lauschen angestrengt, können aber nichts hören.

»MURAT!«, brülle ich noch mal.

»Maul«, hören wir wieder seine Stimme. Wir richten langsam unseren Blick nach oben.

»Liegt der etwa auf dem verdammten Busdach?«, fragt Stu.

»Wie ist der denn da raufgekommen?«, staunt Lara.

Das ist mir gerade egal. Wütend klopfe ich mit der flachen Hand auf den Bus. »MURAT! KOMM DA RUNTER, VER-FLUCHT NOCH EINS.«

»Ja, is' ja schon gut. Ich komm ja schoUUUAAAA!«, brüllt er, gefolgt von einem dumpfen Aufprall auf der anderen Seite des Busses.

»Scheiße, der ist runtergefallen!«, ächzt Jens. Wir rennen um den Bus herum. Vor uns ist nur Gesträuch zu sehen, dann entdecken wir zwei hochgereckte Hände und hören Murat stöhnen.

»Au, Scheiße«, jault er kläglich.

»Murat«, rufe ich. »Hast du dir was gebrochen?«

»Glaub nicht. Aber diese ganzen scheiß Dornen. Aua.«

»Wir helfen dir!«

Tom-Tom beugt sich über die Sträucher hinweg und zerrt Murat mit seinen absurd langen Armen aus den Sträuchern.

»Aua, Scheiße, aua«, jammert Murat. Er sieht furchtbar aus. Sein ganzer Körper ist verschrammt und zerkratzt. Er sieht aus, als wäre er das Opfer einer Horde grobmotorischer Akupunkteure mit Nebenberuf Domina. Mit einer Ausnahme.

»Was ist mit meinen Händen?«, fragt Murat, der die ganze Zeit die Augen zugekniffen hat. »Scheiße, SIND MEINE HÄNDE OKAY? ICH BRAUCH MEINE HÄNDE, ICH MUSS GITARRE SPIELEN. WAS IST MIT MEINEN HÄNDEN?«

Stu inspiziert sie kurz. »Alles in Ordnung mit deinen Händen«, beruhigt er ihn.

Murat öffnet ganz langsam seine Augen, was nicht ganz einfach ist, weil sie gerade von den ganzen Kratzern und Stichen zuschwellen. Dann atmet er erleichtert aus.

»Oh fuck, ich bin so froh! Ich hätte es nicht ertragen, wenn euch was passiert wäre«, schmachtet er seine Hände an und knutscht sie ab.

»Das ist, glaube ich, das Kaputteste, was ich je gesehen habe«, stößt Costa schon fast mit Ehrfurcht hervor, während wir halb entgeistert, halb fasziniert zusehen, wie Murat seine Griffel liebkost wie ein Zoophiler kleine Kätzchen. Ich fasse ihn an der Schulter. Er zuckt leicht zusammen, denn es ist gerade unmöglich, ihn zu berühren, ohne irgendeine Wunde zu treffen.

»Komm«, sage ich. »Wir müssen los. Im Bus können wir dich verarzten.«

»Das wird ein Spaß«, ächzt Stu.

»Yo, ich brauch auch langsam mal meine Tabletten.« Dass Frankie klingt, als würde er sich regelrecht darauf freuen, eine weitere Ladung Medikamente zu schlucken, bemerke ich nicht ohne Sorge.

»Langsam ist dieser Bus ein rollendes Lazarett«, lästert Lara.

»Verarztest *du* mich?«, fragt Murat hoffnungsvoll.

»Vergiss es.«

»Ich mach das«, sagt Tom-Tom. »Wir müssten Jod dabeihaben.« In seiner Stimme schwingt Vorfreude mit, Murat jammert leise und schleppt sich dann in den Bus.

Ich weiß jetzt schon, dass er heut Abend auf der Bühne seine Wunden nur allzu freudig dem Publikum präsentieren wird. Vielleicht kann man daraus eine Pressemeldung zusammenflunkern: »*Clothelines*-Gitarrist von Groupies zerfleischt«. Das würde ihm vermutlich gefallen, und Gerald erst recht.

»Na endlich«, kommentiert Einfach Schröder finster, als wir endlich losfahren können. »Sind schon eine Viertelstunde über der Zeit.«

Ich koche uns erst mal Kaffee. Tom-Tom verarztet Murat, der nackt bis auf die Unterhose in der Lounge hockt, jammert und greint. Der Anblick ist eigentlich nichts für ein gemütliches Frühstück, aber auf Tour haben wir uns alle schon in den ungünstigsten Situationen gesehen, da legt man sich ein dickes Fell und einen ständigen optischen Filter zu. Lara gesellt sich zu mir, die anderen verziehen sich noch mal in ihre Kojen und versuchen, ihre Kater wegzupennen.

Wir fahren nach Berlin für ein Radiointerview und eine Show im Rahmen eines Indoor-Festivals. Gestern Dorf, heute Hauptstadt, aber irgendwie macht das keinen Unterschied mehr. Bühne ist Bühne, und Halle ist Halle. Sogar die Leute sehen alle gleich aus. Ich bin müde.

Als Tom-Tom mit Murat fertig ist, sind keine Pflaster mehr in der Reiseapotheke, und unser Gitarrist sieht aus wie ein modernes Kunstwerk.

»Danke«, sagt er schwach und macht sich auf den Weg in seine Koje.

Tom-Tom klappt zufrieden lächelnd den Verbandskasten zu. »Das hat Spaß gemacht«, sagt er glücklich. »Ich hau mich auch noch mal ein Stündchen hin.«

»Mach das«, sage ich.

Lara und ich bleiben alleine zurück. Eine Weile schlürfen wir schweigend unseren Kaffee.

»Ich muss auf jeden Fall heute Fotos von Murat machen. Geiles Motiv.«

Ich lache leise. »Ja, das ist er.«

»Wie geht es dir?«, fragt sie unvermittelt, und ich weiß, dass sie nicht meinen brummenden Schädel meint.

»Na ja«, sage ich. »Beschissen wäre geprahlt. Ich hab keinen Bock mehr auf die Tour, und ich vermisse Lucy. Aber wenn ich nach Hause komme, erwartet mich nur eine leere Wohnung. Wie ich's also mache, ist es scheiße. Bleibe ich im Bus, bin ich permanent genervt, fahre ich nach Hause, bin ich arbeitslos, geschieden und allein.«

»Du hast immer noch Lemmy.«

»Ja schon, aber der Sex ist scheiße.«

Wir lachen beide.

»Weißt du, Lara, ich habe ja eingesehen, dass ich Mist gebaut habe.«

»Kapitalen Mist!«

»Ich würde sogar sagen, einen epischen Scheißhaufen Mist. Aber es ist passiert, und damit muss ich leben. Es ist nur seltsam, dass Lucy und ich nicht mehr zusammen sind, aber trotzdem ein Kind haben werden. Das heißt, ich muss mich immer wieder mit ihr auseinandersetzen und mit dem, was ich ihr angetan habe. Das ist heftig. Und dann ist da noch dieser Typ ...«

»Welcher Typ?«

»Na, ihr Neuer. Kennst du den Kerl?«

Lara zuckt mit den Schultern. »Nicht wirklich«, sagt sie und versucht, meinem Blick auszuweichen, indem sie aus dem Heckfenster starrt und an ihrer Kaffeetasse nuckelt.

»Wie auch immer«, sage ich. »Mir ist schon klar, dass Strafe sein muss, aber wenn wir uns ständig sehen, weil wir ein Kind zusammen großziehen, und ich mir dann immer ansehen muss, wie sie mit einem anderen Kerl rumknutscht, dann könnte ich kotzen. Schon bei dem Gedanken daran habe ich das dringende Bedürfnis, meinen Kopf gegen die Wand zu schlagen.«

Lara sieht mich kritisch an. »Dann weißt du ja, wie Lucy sich gefühlt hat, als du die dämliche Ische gebumst hast.«

Einen Moment überlege ich, mich zu verteidigen, dass man

das nicht miteinander vergleichen kann, aber mir ist klar: Das wäre Schwachsinn.

»Ich weiß«, sage ich stattdessen und höre selbst, wie meine Stimme brüchig wird. Jetzt bloß nicht in Tränen ausbrechen. Würden das die Jungs mitkriegen, wäre ich für den Rest der Tour die Heulsuse. Scheiß Männlichkeitsgedöns. »Und ich kann dem nicht ausweichen, denn auch wenn das aus meinem Mund komisch klingen mag: Ich freue mich auf das Kind.« Lara sieht mich aufrichtig erstaunt an. »Ja, ja, ist schon so: Ich kann Kinder nicht ab. Aber das wird das von Lucy und mir. Das ist was anderes.«

»Oh, meine Güte«, ächzt Lara. »Du bist schon co-schwanger!«

»Ach, Quatsch.«

Sie lacht mich leise aus. »Dass *du* mal erwachsen wirst, Torben ...«

Ich zucke mit den Schultern. »Nur theoretisch. Ich hab mir die Chance selbst verbaut, mit der Frau meiner Träume eine Familie zu gründen. Jetzt wo es zu spät ist, weiß ich, dass ich das gerne gemacht hätte. Ich hasse es, dass ich mir mal wieder selbst im Weg gestanden habe mit meinem Schwanz und meiner Blödheit.« Jetzt muss ich mich ernsthaft beherrschen, nicht loszuheulen. Die Worte fallen regelrecht aus mir heraus, eine Sekunde später schlägt die Erkenntnis ein, wie wahr sie sind. Ich habe es richtig und endgültig verbockt. Jetzt werde ich wohl für immer ein Tourbegleiter bleiben, ohne feste Adresse, mit einer furzenden Bulldogge, die nicht auf mich hört, und ohne Frau. So lange, bis ich wie Einfach Schröder werde. Einsam Torben wird man mich nennen. Fuck.

Lara setzt sich neben mich und nimmt mich wortlos in den Arm, was vermutlich etwas seltsam aussieht, weil sie anderthalb Köpfe kleiner ist, aber ich bin ihr trotzdem dankbar. Wenigstens habe ich noch Freunde. Das ist ja auch was wert.

»Sag ihr das«, flüstert Lara.

Ich schüttle langsam den Kopf. »Der Zug ist abgefahren.«

Sie atmet tief durch. »Tu es einfach.«

Ich antworte ihr nicht. Vielleicht sollte ich es tun. Vielleicht sollte ich den Tourbus verlassen, zu Lucy gehen und um sie kämpfen. Aber wozu? Sie ist schon weitergezogen zu einem anderen. Ich würde gerne behaupten, dass ich nur bei den Jungs bleibe, weil sie mich brauchen, aber ich glaube, andersrum wird ein Schuh daraus. Die Maschine läuft, ich unterschreibe nur noch Quittungen. Ich brauche diese Tour, damit ich nicht nach Hause muss, aber die Tour braucht mich nicht mehr.

Lara fängt leise an zu schnarchen. Ich merke, dass ich auch noch weit davon entfernt bin, ausgeschlafen zu sein. Der Fußboden eines Busses war erstaunlich wenig geeignet, erholsamen Schlaf zu finden. Mit Lara im Arm dämmere ich noch mal weg.

Ich werde wach, als der Bus stoppt und der Motor ausgeht. Tom-Tom sitzt mit uns am Tisch und stopft sich gerade den letzten Bissen einer Stulle in den Mund. Lara schläft noch, und auch der Rest der Besatzung scheint weiter im Reich der Träume zu weilen.

»Was los?«, nuschele ich leise.

»Nix«, sagt Stu. »Ich hab Einfach Schröder gebeten, an einer Apotheke zu halten. Wir werden Murat noch ein paar Mal neu verbinden müssen. Ich muss den Verbandskasten auffüllen.«

»Gute Idee.«

»Penn ruhig weiter.« Er steht auf und verlässt den Bus.

Ich will gerade wieder die Augen schließen, da fällt mein Blick aus dem Fenster. Neben der Apotheke ist ein Supermarkt. Und ich könnte nach dem gestrigen Saufgelage eine Ladung Vitamine gut gebrauchen. Obst und Gemüse ist im Bus eh Mangelware und wird, wenn mal vorhanden, vornehmlich als Wurfgeschoss verwendet. Langsam schäle ich mich aus Laras Umarmung. Sie grunzt kurz, und ein Sabberfaden läuft ihr aus dem Mundwinkel, aber sie schläft weiter. Ich schleiche mich zwischen den Kojen hindurch. Mit einem dumpfen Plumpsen hüpft Lemmy aus meinem Bett und guckt mich vorwurfsvoll an.

»Du kannst liegen bleiben«, flüstere ich.

Er niest nur kurz und trottet mir dann hinterher.

Der Supermarkt ist ekelig von Neonlicht erleuchtet und laut und kalt. Ich schnappe mir ein Netz überteuerter Orangen, zwei Äpfel und ein paar Bananen, dann gehe ich zum Kühlregal. Würstchen haben bestimmt auch Vitamine. Sven sitzt zwischen dem Aufschnitt und grinst mich an.

»Kater?«, fragt er fröhlich.

»Nee, das ist 'ne Englische Bulldogge«, sage ich und deute auf Lemmy.

Sven lacht. »Blödmann. Du solltest dir Grünkohl besorgen, das hilft.«

»Mag sein, aber ich hab keinen Bock, im Bus zu kochen. Mettenden sollten auch helfen.«

»Hauptsache Elektrolyte.«

»Du sagst es.«

Ich packe Mettenden und M&Ms in meinen Korb, bezahle den ganzen Kram und verlasse den Laden. Sven trabt auf der einen Seite neben mir her, Lemmy auf der anderen. Als ich aus der Tür trete, blendet mich die Sonne. Ich blinzele kurz, dann kann ich wieder sehen.

»Kacke!«, entfährt es mir. Ich starre auf den Parkplatz.

»Hups«, sagt Sven.

»Da fick mich doch, und nenn mich Alice Cooper«, sage ich und lasse einen weiteren Blick über den Parkplatz schweifen, der nichtsdestotrotz weiterhin komplett busfrei bleibt. »Die Penner sind einfach ohne mich gefahren!«

AND THE STORY ENDS

Sven lacht mich aus, aber ich finde das überhaupt nicht witzig.

»Hör auf zu lachen«, motze ich ihn an.

»'tschuldige, aber das ist echt so ein Klassiker. Das ist Slapstick in Vollendung. Man geht nur mal kurz einkaufen, zack, ist der Bus weg.« Er wischt sich ätherische Lachtränen aus den Augen.

»Nicht! Witzig!«

»Doch«, schnauft er. »Und wenn du mal drüber nachdenkst, ist das vielleicht der Wink mit dem Zaunpfahl, den du dir klammheimlich gewünscht hast.«

»Hä? Wie meinst du das denn jetzt?«

Er legt mir seinen Arm um die Schulter, was ungefähr die Wirkung hat, als würde jemand versuchen, mich mit einer Flaumfeder zu schlagen.

»Na ja, du hast dich doch sowieso schon gefragt, was du noch auf dieser Tour machst. Jetzt hast du eine Antwort. Du musst dich nur entscheiden, was du damit machst. Du kannst jetzt dein Handy zücken und Einfach Schröder Bescheid sagen, dass er umdrehen und dich einsammeln soll, oder ... «

»... ich lass es.« Ich drehe mich zu Sven um. »Manchmal bist du geradezu erschreckend weise«, staune ich.

»Tja«, sagt er, hält sich die Nase zu und pustet die Backen auf. Ein Furz ertönt, und weg ist Sven.

»Ich nehme alles zurück«, sage ich zu mir selbst. Unschlüssig blicke ich noch einmal über den Parkplatz. Dann hole ich mein Smartphone aus der Hosentasche, öffne die Kontaktliste und scrolle runter bis »Einfach Schröder«. Einen Moment schwebt mein Daumen darüber. Dann rutscht er runter, und ich drücke. Der Bildschirm wird schwarz. Ich nehme den Daumen wieder vom Power-Schalter und stecke das Telefon wieder ein.

»Na, so was«, sage ich zu Lemmy. »Da war wohl zu allem Überfluss auch noch mein Akku alle, so ein Pech!«

Lemmy legt den Kopf schief. Vermutlich fragt er sich, ob ich irgendwas über Essen gesagt habe.

Ich überdenke meine Möglichkeiten. Meine Geldbörse habe ich dabei, meine Schlüssel ebenfalls. Es ist Sommer, also komme ich mit den Klamotten, die ich anhabe, gut aus. Der Ort ist nicht groß, aber auch kein kleines Dorf, es sollte also einen Bahnhof geben. Ich bin irgendwo in Ostdeutschland, das heißt, ich fahre locker sechs, sieben Stunden bis nach Hause, aber ich stehe vor einem Supermarkt, also sind Proviant und Reiselektüre organisierbar. Sven hat recht, das ist ein Wink mit dem Zaunpfahl.

»Lemmy, mein Alter, was hältst du von einer Fahrt mit der Bahn?«

Die Bulldogge guckt mich ratlos an, dann bellt sie fröhlich. Ich nehme das als Zustimmung.

»Alles klar«, sage ich. »Wir fahren nach Hause.«

***

Zu Hause riecht es komisch. Ein bisschen abgestanden, nach Staub und Menschenleere. Es ist komisch, in die Wohnung zu kommen. Ich war wochenlang weg und bin fast in Versuchung, erst mal »Hallo« zu rufen, falls jemand da ist und ich gar nicht mehr hier wohne. Lemmy scheint sich derlei Gedanken nicht zu machen. Er trottet ins Wohnzimmer, klettert ohne Umschweife umständlich aufs Sofa und schläft sofort ein. Vermutlich muss er sich vom vielen Schlafen im Zug erholen. Letzten Endes hat die Fahrt acht Stunden gedauert, allesamt in kleinen Regionalbahnen, die an jeder Milchkanne gehalten haben. Abwechslung gab es nur bei den fünf Umstiegen. Ich gebe zu, mir steckt die Fahrt ebenfalls in den Knochen. Am liebsten würde ich mich Lemmy anschließen und gleich hinlegen. Aber erstens ist es gerade mal sieben Uhr abends, und zweitens sollte ich den anderen vielleicht mal mitteilen, dass ich noch lebe.

Ich schalte mein Smartphone an, und es vibriert wie ein Dildo-Gangbang. Achtzehn Anrufe, elf Nachrichten.

Ich rufe als Erstes Lara an.

»SCHEISSE, BIN ICH FROH, DASS DU ANRUFST«, brüllt sie mir freudig ins Ohr.

»Ja, sorry, ihr seid einfach ohne mich weitergefahren, und mein Akku war alle ...«, sage ich.

»Aha«, macht sie. »Du weißt aber schon, dass du ein unfassbar miserabler Lügner bist?«

»Echt? Ich dachte, ich wäre so eine Art Hardrock-Münchhausen.«

»Nein, echt nicht. Du hast immer einen ganz bestimmten Tonfall drauf, wenn du lügst. So ein bisschen weinerlich.«

»Weinerlich? Das höre ich aber gar nicht gern.«

»Wie auch immer. Ich bin froh, dass es dir gut geht.«

Aus dem Off ertönt Murats Stimme: »Ist das Torben? EY, TORBEN! KANNST DU MICH HÖREN? Mensch, Lara, mach doch mal auf Lautsprecher!«

Die Geräuschkulisse ändert sich.

»Hey, Murat«, sage ich.

»Mensch, Torben, wo bist du denn abgeblieben? Plötzlich warst du weg.«

»Ich war nicht plötzlich weg, ihr Arschnasen habt mich an einem verfickten Supermarkt einfach vergessen.«

»Boah, echt jetzt?«

»Ja, echt jetzt.«

»Na, da können wir aber nichts für. Du solltest Einfach Schröder richtig zusammenfalten, wenn du wieder zu uns stößt. Wo bist du jetzt überhaupt?«

»Zu Hause.«

»Was? Zu Hause? Aber wann kommst du denn wieder in den Bus?«

»Ich komme nicht wieder.«

Kurze Stille am anderen Ende der Leitung. »Wieso nicht?«

Ich denke kurz nach, dann sage ich: »Es wird Zeit, dass ihr einen richtigen Tourmanager bekommt. Die Band wächst und gedeiht, mir wächst das alles über den Kopf.«

»Hm, da hast du vielleicht recht. Aber auf jeden Fall danke, für alles, was du für uns getan hast. Ohne dich wird es nur halb so viel Spaß machen. Wenn du mal wieder mit unterwegs sein willst, wir halten dir 'ne Koje frei.«

»Danke, das weiß ich zu schätzen. Ich wünsche euch eine geile Show heute.«

»Ja, die wird bestimmt geil. Wir hatten gerade Shootings für ein paar Musikmagazine, die Fotografen lieben meine ganzen Kratzer und Wunden. Die denken, ich wäre so ein sich selbst zerfleischender Künstler. Ich sollte öfter mal vom Busdach fallen.«

»Tu mir einen Gefallen: Mach es nicht.«

»Ja, schon klar. Ich muss mich jetzt warm spielen. Ciao.«

»Ciao, Murat. Grüß den Rest der Jungs.«

»Mach ich.«

Lara meldet sich zurück. »So, jetzt darf ich mein Handy auch mal wieder benutzen. Also du willst dich wirklich absetzen?«

»Ja, will ich«, sage ich. »Genau genommen habe ich es schon getan.«

»Na super, gerade wo ich dazugestoßen bin.«

Ich lache. »Du kommst schon klar, denke ich.«

»Auf jeden. Die Jungs sind toll. Aber es ist trotzdem schade. Aber du machst das nicht wirklich, weil du meinst, dass *Clothelines* zu groß geworden sind?«

»Auch. Aber vor allem muss ich hier zu Hause mal ein paar Dinge ordnen.«

»Ich verstehe.«

»Das bezweifele ich. Bis bald, Lara.«

»Bis bald.«

Sie legt auf. Ich wähle direkt die nächste Nummer.

»Hi, Gerald.«

»Ach, guck mal an. Der verlorene Sohn.«

»Hey, tut mir leid, dass ich mich einfach abgeseilt habe.«

Er atmet tief durch. »Ist schon okay. Ehrlich gesagt hat mir das die Mühe erspart, dich zu feuern.«

»Was bitte?« Ich glaube, ich hab mich verhört.

Gerald lacht wiehernd. »Nein, das hörte sich jetzt scheiße an. Aber Tatsache ist, dass ich dich sowieso in den nächsten Tagen von der Tour abziehen wollte. *Clothelines* haben sich prächtig entwickelt, was wir natürlich auch deiner Arbeit zu verdanken haben. Wenn sie es nicht vermasseln, entwickeln sie sich in Kürze zu einem richtig dicken Ding. Sie könnten locker eins der Flaggschiffe unseres Labels werden.«

»Ja, das glaube ich auch«, stimme ich ihm zu.

»Du hast wirklich tolle Arbeit geleistet, aber du musst auch zugeben, dass du noch unerfahren in dem Business bist. Und deswegen wird Holger die *Clothelines* übernehmen. Der hat Erfahrungen mit Bands in der Größenordnung. Vor allem, weil es bald viel ins Ausland geht, da muss man sich schon ein bisschen auskennen.«

Ich denke an die Erlebnisse, die wir auf unserem kurzen Trip jenseits der Grenzen unseres kuscheligen, kleinen Landes hatten, und kann das wiederum nur bestätigen.

»Ich bin bloß froh, dass du nicht sauer bist«, sage ich.

»Ach wo. Du hast mehr gemacht, als eigentlich geplant war. Normalerweise hätte dieser Prozess sehr viel länger gedauert, aber wir hatten nun mal einen gewissen Medienhype, das hat geholfen.«

»Du meinst, dass Murat sich vor laufenden Fernsehkameras eingeschissen hat, hat geholfen.«

Wieder bricht er in schallendes Lachen aus. »Ja, genau das.«

»Also war es das dann?«, frage ich vage. Ich möchte nicht konkret fragen, ob ich wieder arbeitslos bin. Die Antwort könnte mich deprimieren.

»Nein, Quatsch. Bleib mal ganz entspannt. Aber wir schicken dich in nächster Zeit nur mit kleinen Bands auf Tour. Du hast das großartig gemacht, aber du brauchst Erfahrung, bevor wir dir einen großen Act anvertrauen. Drei oder vier Jahre Tingeltouren, dann sehen wir weiter.«

»Hm, ich muss zugeben, das klingt, als wäre es langweilig, nervtötend und anstrengend. Finde ich prima.«

»Und das Beste ist: Wir zahlen dir ein Festgehalt. Wenn mal keine Tour ansteht, kannst du im Büro arbeiten.«

»Dann kann sich meine Leber zwischendurch entspannen.«

»Ja, genau«, sagt Gerald und kichert.

»Pass mal auf«, sage ich und werde ernst. »Die Sache mit Frankie fand ich trotzdem ziemlich beschissen. Ich mache mir Sorgen, was diese ominösen Medikamente mit ihm anstellen. Auf einer Packung habe ich ein Symbol für Schweine erkannt. Ich glaube, das meiste von dem Zeug ist nicht mal für Menschen gedacht. Ich hab Schiss, dass er auf dem Mist hängen bleibt, oder auf Schlimmerem.«

Er seufzt. »Du musst eines über Musiker wissen: Die sind besessen. Es gibt natürlich genug, denen eine Karriere scheißegal ist und die nur ein bisschen Party machen, saufen und auftreten wollen. Aber so Typen wie Frankie üben sich jahrelang den Arsch ab, probieren es immer wieder mit neuen Bands und Musikern, und wenn sie dann die richtige Kombi gefunden haben, kann man sie nur noch mit einem Fangschuss stoppen. Mit der Unterbrechung der Tour hättest du ihn kaputtgemacht.«

»Das übernimmt jetzt der Pharmadreck, den er schluckt.«

»Ich bin kein Idiot, Torben. Ich weiß, das sind fiese, kleine

Dreckspillen. Direkt nachdem ich euch den Arzt organisiert habe, rief ich bei einer sehr guten Klinik an. Wenn die Jungs in die Tourpause gehen, wird Frankie dort sofort zur Entgiftung eingewiesen. Das ist bestimmt nicht lustig, aber glaub mir, jemand wie er nimmt so was in Kauf, solange die Band nur läuft ...«

»Hm«, mache ich.

»So läuft das nun mal. Das Leben ist kein Ponyhof.«

»Eher ein Schweinestall«, sage ich.

»Kommst du damit klar?«, fragt Gerald.

»Ja, aber ich werde mir wohl ein dickeres Fell angedeihen lassen müssen.«

»Das hast du aber schön gesagt. Solange du der Torben bleibst, den ich kenne, ist das in Ordnung. Nur kein Arschloch werden.«

»Ich versuch's.«

»Alles klar. Freut mich. Ich melde mich die Tage mal, wenn ich was Neues für dich habe. Bis denne.«

»Ja, ciao.«

Kein Arschloch werden. Das sagt sich so leicht. Wenn man Lucy fragte, würde sie wohl sagen, dass es dafür ein bisschen zu spät ist. Ich will gar nicht der Torben bleiben, der ich bin. Ich möchte ein Torben sein, der nicht ständig Mist baut.

Im Wohnzimmer schmeiße ich die Anlage an. *Obituary* verkünden in ohrenbetäubender Lautstärke das Ende der Welt. Jetzt wo ich wieder zu Hause bin, in dieser Wohnung mit den halb leer geräumten Regalen und Schränken, wird mir wieder klar, dass ich meinen eigenen, kleinen Weltuntergang erlebe.

Allerdings gibt es auch einen Neuanfang: Ich werde Vater. Und absurderweise macht mir dieser Gedanke keine Angst. Wenn ich tatsächlich regelmäßig mit mehr oder weniger aufstrebenden Bands und Vollhonks unterwegs bin, wird es mir guttun, einen Anker zu haben und eine Verantwortung. Ich freue mich richtiggehend auf diese Aufgabe. Und ich bin wild entschlossen, die Wohnung zu halten, immerhin kann ich hier ein Kinderzimmer einrichten. Der Wurm soll sein eigenes Reich haben, selbst wenn es nur für zwei, drei Wochenenden im Monat ist.

Die Aussicht, nur ein Teilzeitvater zu sein, zieht mich runter. Aber besser, als überhaupt kein Teil vom Leben meines Kindes zu sein. Bei dem Gedanken, dass es Lucys neuen Macker eher als Vaterfigur ansehen könnte, wird mir ein wenig schlecht. Immerhin kann ich zwei sehr coole Großeltern vorweisen, das könnte mir einen Pluspunkt verschaffen.

»Ach, verdammt«, entfährt es mir. »Die wissen ja noch gar nichts von ihrem Glück. Na, die werden dumm gucken.«

Lemmy schaut mich mit schief gelegtem Kopf an.

»Hast du Lust auf einen Ausflug, mein Alter?«, frage ich ihn und streichele seinen Kopf. Lemmy bellt und leckt mir durch das Gesicht. Ich nehme das als ein Ja. Aber wahrscheinlich denkt er, ich hätte gefragt, ob er was zu fressen möchte.

***

»Kuckuck«, sage ich. Mama starrt mich nur an.

»Sohn«, sagt sie schließlich. »Lange nicht gesehen.« Es klingt weniger vorwurfsvoll, als ich befürchtet habe. »Komm rein, Schatz.«

»Nenn mich nicht ›Schatz‹«, nöle ich, obwohl ich weiß, dass ich genauso gut die Erde anschnauzen könnte, mit dieser ständigen Rotiererei aufzuhören, weil mir davon schwindlig wird. Ich trete ein, und sie drückt mich fest an sich. Lemmy huscht an uns vorbei und rennt in Richtung Wohnzimmer. Er kennt das Haus und die Orte mit der höchsten Dichte an potenziellen Leckerlis.

»Lemmy«, höre ich meinen Vater erfreut rufen.

Ich hänge meine Jacke auf, und wir folgen dem Hund.

»Wie geht es Paps? Ich meine wegen Ommas Tod«, erkundige ich mich.

Wir betreten das Wohnzimmer. Lemmy und mein Dad rollen über den Teppich in einem absurden, interspeziesistischen

Ringkampf. Vater kitzelt den Hund, der versucht, sich mit Lecken und Sabbern zu wehren. Und er probiert, ob man meinen Vater totwedeln kann.

»Ich glaube, er kommt klar«, sagt Mutter kopfschüttelnd. Wir beobachten das Treiben kurz, dann fragt sie: »Möchtest du ein Bier?«

Ich nicke.

»Für mich auch bitte«, stöhnt mein Vater. Er und Lemmy haben sich wohl auf ein Remis geeinigt, beide sitzen keuchend auf dem Teppich.

»Du wäschst dir aber erst den Hundesabber aus dem Gesicht«, sagt Mutter.

»Dein Wort ist mir Befehl«, sagt er und kämpft sich ächzend in die Senkrechte. »Schön, dass du da bist.« Er nimmt mich in den Arm und verschwindet dann ins Bad.

Zehn Minuten später stehen Bier und Schnittchen auf dem Esstisch. Unter dem Tisch fällt Lemmy geräuschvoll über einen Kauknochen her, den Vater immer für den Fall eines Besuches auf Lager hat.

»Also?«, sagt Vater.

»Was also?«, frage ich.

»Na ja, dich wird wohl kaum die Sehnsucht nach Mama und Papa hergetrieben haben. Du kommst nur, wenn es einen Grund gibt. Also?«

Ich atme tief durch. »Ihr werdet Großeltern«, sage ich.

Vater verschluckt sich und hustet Pumpernickelkrümel über den Tisch. Mutter friert einfach ein. Hirnschlag, vermute ich mal. Beide starren mich an, als hätte ich gerade einen abgetrennten Pferdekopf auf die Tafel geknallt. Dann aber verändert sich Vaters Gesichtsausdruck, und er fängt an zu strahlen.

»Glückwunsch, mein Junge. Das ist ja toll.« Über den Tisch hinweg klopft er mir auf die Schulter. Glückwunsch, mein Sohn, du hast hervorragend gebumst. Dein Samen wird sich in der ganzen Welt verteilen, heißt das wohl in der unausgesprochenen Sprache des Höhlenmenschenerbes. Mutter verdreht die Augen.

»Oh Gott, ich werde eine Oma sein! Ich bin doch noch viel zu jung.« Dann lächelt sie. »Aber ich freue mich auch!«

»Danke«, sage ich. Ich bin ein bisschen erleichtert, dass sie es locker nehmen.

»Ist es Lucy, die schwanger ist?«, fragt Mutter.

»Ja, natürlich, wer denn sonst?«, antworte ich eine Spur zu gereizt.

Sie zieht die Augenbrauen hoch. »Na, bei dir weiß man ja nie so genau.«

Ich erwidere darauf nichts, sondern stopfe mir eine Salamistulle in den Mund.

»Und seid ihr jetzt wieder zusammen?«, fragt Vater vorsichtig.

Ich seufze. »Nein. Aber wir wollen das Kind, und wir werden es gemeinsam aufziehen. Irgendwie kriegen wir das schon hin.«

»Hm«, macht Mutter, sagt aber ansonsten nichts.

»Ich verstehe«, sagt Vater. »Gut finde ich das zwar nicht, aber wenn du Hilfe oder Unterstützung brauchst, dann sag Bescheid.«

»Das mache ich. Danke. Es könnte sein, dass ich ab und zu etwas Kohle brauche. Nur geliehen natürlich. Ich hab jetzt einen festen Job bei *Atomic Blast*, aber es könnte hier und da mal knapp werden.«

Meine Eltern sehen sich an. »Ach, stimmt ja, er weiß ja noch gar nichts«, sagt Mutter. »Das hätten wir fast vergessen.«

Ich runzele die Stirn. »Was hättet ihr fast vergessen? Habe ich was verpasst?«

Vater grinst und steht auf. »Das könnte man so sagen.« Er geht aufreizend langsam und gemütlich zum Wohnzimmerschrank, holt etwas aus einer Schublade und kommt zurückgeschlendert.

»Du warst ja auf Tour mit deinen Kumpels, deswegen haben wir uns nicht gemeldet. Es ging um die Testamentseröffnung deiner Großmutter. Wir dachten, das wäre eine kleine Formalität, und hatten dir deswegen nicht extra Bescheid gegeben.«

»Aha«, mache ich.

»Na ja, sie hat dir auch etwas hinterlassen«, sagt er völlig beiläufig und reicht mir ein kleines Blatt Papier. Es ist ein Scheck, ausgestellt auf meinen Namen. Und rechts unten steht eine Ziffer, die ich im ersten Moment gar nicht richtig begreife:

EUR 95,000

Ich sehe meine Mutter an. Ich sehe meinen Vater an. Dann sehe ich wieder den Scheck an. Ich träume nicht. Das ist echtes Papier, mit echter Tinte beschrieben.

»Wie sich herausstellte, hat das alte Mädchen seit dem Tod meines Vaters recht bescheiden gehaushaltet und ziemlich viel beiseitegelegt. Und dir hat sie die Hälfte zugedacht.«

Mein Mund steht sperrangelweit auf.

»Fünfundneunzigtausend Euro?«, frage ich schwach.

Vater nickt und grinst. »Sicher, mein Sohn, das ist kein Vermögen. Aber es ist ein guter Grundstock. Vor allem jetzt, wo du Nachwuchs erwartest.«

»Ähä ...«, wispere ich. Bilder erscheinen vor meinem inneren Auge. Ein Auto. Festivaltickets. Die streng limitierte Vinylbox mit den ersten fünf *Metallica*-Alben in einer edlen Schachtel aus Nussbaumholz. Eine High-End-Anlage. Jedes T-Shirt, das ich haben will. Tonnen von CDs. Ein Kinderzimmer.

Ich stutze. Ein Kinderzimmer?

Wieder sehe ich den Scheck an und die Summe. Ich seufze. Vater hat recht. Klar kann ich mir ein bisschen was davon gönnen, aber wichtiger ist, dass ich die Wohnung behalten kann, ein Kinderzimmer einrichte und etwas in der Hinterhand habe, damit mein Kind nicht in Lumpen herumlaufen muss.

»Danke«, sage ich leise.

Vater zuckt mit den Schultern. »Dank lieber Omma, dafür

dass sie so geizig war. Wir können uns jetzt ein neues Dach leisten.«

»Wie wär's, wenn du dich als kleines Dankeschön das nächste Jahr um das Grab deiner Großmutter kümmerst?«

Ich nicke. »Geht klar.«

Es gibt halt nichts umsonst im Leben. Nicht mal fünfundneunzigtausend Euro.

***

Das einzige Geräusch ist Lemmys gleichmäßiges Schnarchen. Ab und zu mal ein vorbeifahrendes Auto. Ansonsten ist es völlig still. Wie soll ein Mensch so schlafen können? Abgesehen von der fehlenden Soundkulisse aus Motorenbrummen, furzenden und schnarchenden Musikern und eventuell Party in der Buslounge irritiert mich der stationäre Charakter meines Bettes. Es fährt nicht über irgendeine nächtliche Autobahn, sondern steht einfach nur in meiner Wohnung herum. Das Einzige, was sich bewegt, bin ich, weil ich mich schlaflos hin- und herwälze. Vermutlich fühlen sich Seemänner auf Landgang ähnlich. So sehr einen die beengten Verhältnisse in einem Tourbus nerven, so schnell gewöhnt man sich daran. Das Bett kommt mir absurd riesig vor. Ich weiß gar nicht, wo ich mich hinlegen soll. Wäre Lucy da, hätte ich wenigstens einen Orientierungspunkt. Ich überlege, ob es eine CD mit atmosphärischen Tourbusgeräuschen gibt:

Track 1: Das Anlassgeräusch eines Busmotors (01:34)
Track 2: Das Zischen und Klappern sich schließender
Bustüren (00:32)
Track 3: Jemand brüllt: »Aufm Busklo wird nicht gekackt!« (00:14)
Track 4: Fingerübungen auf einer unverstärkten E-Gitarre (12:67)
Track 5: Das Zischen von Bierflaschen, die geöffnet werden (01:02)
Track 6: Dummes Gelaber (59:45)

Track 7: Schnarchen und Furzen. Leise Wichsgeräusche (05:49:01)
Track 8: Sexgeräusche mit gelegentlichem Rummsen eines Kopfes
an die Kojendecke sowie unterdrücktem Gekicher (07:01)
Track 9: Streit, Auflösung der Band (04:51)
Track 10: Versöhnung und Verbrüderung (06:06:06)
und so weiter

Also ich würde die CD sofort kaufen!

Ich schalte den Fernseher an. Nach etwas Gezappe lande ich bei einem Regionalsender, der sein Nachtprogramm mit Fahrstandsvideos aus den Zügen der Welt auffüllt. Keine Busgeräusche, aber immerhin.

Zehn Minuten später schlafe ich ein.

***

Es ist seltsam, alleine zu schlafen, alleine aufzuwachen und alleine zu frühstücken. Ich habe mich echt daran gewöhnt, permanent von Menschen umgeben zu sein und mit Fragen und Problemen vollgeblubbt zu werden, noch bevor ich meinen ersten Schluck Kaffee getrunken habe. Ich schalte ein Hörbuch ein, damit wenigstens einer was sagt, während ich frühstücke. Zum Glück habe ich dran gedacht, mir am Bahnhof Brot zu holen, sonst hätte ich überhaupt nichts mehr zu essen gehabt, außer einer Dose Wirsingeintopf, und die verträgt sich vermutlich schlecht mit einer morgendlichen Tasse Kaffee. Also steht als Erstes Einkaufen auf dem Plan.

Ich habe ganz vergessen, wie öde das sein kann, wenn man keinen Sack Flöhe dabeihat. Niemand startet ein Einkaufswagenrennen, kein Murat torkelt mit tonnenweise Gaffatape im Gesicht herum und singt dabei »Schaut her, hier kommt die Panzertapemumie«, nicht ein einziger Kunde versucht, sich komplett besoffen in der Kühltruhe schlafen zu legen. Es ist total öde.

Ich stehe in der kürzesten, aber langsamsten Kassenschlange.

Ob die Jungs gerade auch im Stau stehen? Falls ja, spielen sie hinter der Leitplanke bestimmt eine Runde Flunkyball.

Vor mir unterhalten sich zwei Jogginghosenmodels über typische Ü40er-Probleme.

»Ja, nee, die Gitte, die hat es ja auch mit der Hüfte, die kann jetzt nicht mehr so gut laufen.«

»Laufen muss die ja auch nicht können. Aufm Rücken liegen und die Beine breit machen, das kriegt die auch so noch hin.«

»Was meinste denn, wobei die sich die Hüfte kaputt gemacht hat?«

»Die lässt aber auch jeden drauf, kein Wunder, dass die Hüfte kaputt ist.«

»Nur gut, dass sie ihr die Gebärmutter schon rausgeholt haben, sonst wär' die doch dauernd schwanger.«

»Nee, verhüten kann die nicht, da ist die doch zu doof zu.«

Ich stopfe mir Kopfhörer in die Ohren und drehe den Player meines Smartphones auf Maximum. Hilft nur bedingt, denn ich muss die Schabracken noch sehen.

Nach dem Einkaufen gehe ich zur Bank und löse den Scheck ein, das ist schon deutlich erfreulicher. Ich lasse die Summe auf mein Konto gutschreiben. Der Bankangestellte am Schalter guckt ein bisschen dumm, dass ein langhaariger Bombenleger wie ich so eine Summe einzahlt. Danach sehe ich mir meinen Kontostand am Geldautomaten an und kichere irre, als die Zahl erscheint. Schade, dass ich es für was Vernünftiges ausgeben will. Aber ein kleiner Urlaub sollte drin sein. Ich wollte schon immer mal nach Norwegen, in die Hochburg des schwarzen Metals. Das könnte ich nächstes Jahr mal angehen. Dann bin ich schon Vater. Verrückt. Dann muss ich im Frühling mit den ganzen anderen Bekloppten mit einem Bollerwagen in den Park juckeln, dummes Zeug labern, saufen und grillen. Oder ich lasse es einfach bleiben. Ich beabsichtige, ein cooler Vater zu werden.

Ich gehe mit Lemmy noch etwas spazieren. Im *Loch* hat sich

jetzt eine Pizzeria angesiedelt. Na super, davon gibt es ja viel zu wenige.

Zu Hause wasche ich Wäsche und wische einmal lustlos mit Feuchttüchern durch die Wohnung, um zumindest den Eindruck von zivilisiertem Hausen zu erwecken. Anschließend riecht die ganze Bude nach künstlichem Zitrusaroma.

Dann versacke ich vor dem Fernseher. Das Nachmittagsprogramm besteht aus Leuten, die sich vor Gericht anschreien, die sich vor Polizisten anschreien oder sich einfach grundlos anschreien, wenn sie nicht gerade ihre Kinder anschreien, dass die nicht so schreien sollen. Scripted reality nennt sich das, aber scripted oder nicht, in so einer Realität möchte ich nicht leben. Ich muss schon drei oder vier dieser gehirnausdörrenden Sendungen geguckt haben, als ich einen Blick auf die Uhr werfe: Es ist erst kurz nach vier. Ich hatte auf mindestens sieben oder acht Uhr getippt. Und ich dachte, die Zeit on the road vergehe im Schildkrötentempo.

Ich zocke auf meinem Laptop ein bisschen *Anno 1701*, dabei vergeht die Zeit immer ganz schnell. Als ein Gegner meine Siedlung komplett in Grund und Boden zermörsert, gebe ich auf. Halb sechs sagt die Uhr. Himmel, wie soll ich denn bitte die Tage bis zur nächsten Tour rumkriegen? Es hilft nichts, ich brauche ganz dringend Abwechslung, am liebsten in Gesellschaft.

Ich logge mich bei Facebook ein und verkünde meinem virtuellen Freundeskreis, dass man mich am Kanal findet und ich mich über Gesellschaft freuen würde. Mal gucken, ob jemand kommt.

»Komm, Lemmy«, sage ich und mache mich auf den Weg. Die Bulldogge folgt mir eher halb begeistert. Ihrer Meinung nach haben wir uns heute schon ausreichend bewegt.

Ich besorge mir am Kiosk ein Sixpack und spaziere zu unserem Stammplatz am Kanal. Als ich ankomme, bin ich alleine.

Ich setze mich ins Gras, während Lemmy die Mülleimer am Grillplatz inspiziert, und mache mir ein Bier auf.

»Dass du mal einen Job vermissen könntest, hättest du auch nicht für möglich gehalten, was?«, fragt Sven.

Ich schüttele den Kopf. »Nee, echt nicht.«

»Tja, da hast du wohl endlich etwas gefunden, das du gut kannst und dir Spaß macht.«

»Ja, dem ist wohl so.«

»Freut mich für dich. Freut mich wirklich.«

»Danke. Aber eins verstehe ich nicht.«

»Was denn?«

»Der Job nervt hardcore. Die Musiker gehen einem auf den Sack, das ständige Warten kotzt einen an, die Crews vor Ort hassen jeden, der ihr Territorium betritt, und die Booker sind die Pest. Ständig läuft irgendwas schief, und am liebsten möchte man permanent jemandem die Fresse polieren.«

»Und?«

»Warum zur Hölle finde ich so was gut?«

Sven lacht leise. »Na ja, vielleicht macht es Spaß, das Chaos zu beherrschen. Vielleicht ist es cool, allabendlich zu sehen, wofür man den ganzen Mist mitmacht. Vielleicht magst du es aber auch einfach nur, gebraucht zu werden.«

Ich denke darüber nach. »Wahrscheinlich ist es die Kombination aus allem.«

»Ganz abgesehen davon, dass man was zu sehen kriegt. Bei einem Bürojob hast du immer den gleichen Scheiß zu tun. Auch wenn Tourmanagement die meiste Zeit nervt, monotone Routine wird es nie.«

Ich nicke. »Vortrefflich analysiert, mein Freund.«

»Tja, so bin ich. Tot, aber klug.«

»Blödmann.«

»Ein kluger Blödmann«, stellt er richtig. »Oh, du kriegst Besuch.«

Ich schaue mich um. Matze und Katharina winken mir zu. Matze schiebt einen Kinderwagen, was irgendwie lustig aussieht, weil er seine Jeanskutte und Tarnhosen anhat, was in derbem Kontrast zum himmelblauen Kinderwagen steht, in dem der kleine Ronnie sitzt und ein Winnie-Puuh-Stofftier knuddelt.

»Hey«, sage ich und stehe auf. »Cool, dass ihr gekommen seid.« Ich nehme Katharina fest in den Arm. Sie scheint nicht mehr allzu sauer auf mich zu sein, denn sie drückt mich ebenso fest zurück. »Ich hatte voll den Budenkoller und brauche mal normale Leute um mich herum. Mann, tut das gut, euch zu sehen.« Ich entlasse Katharina aus meiner Umarmung und will Matze abklatschen, aber der reißt mich auch in seine Arme. Wir klopfen uns die Rücken, dass es nur so staubt. Es ist schön, wenn man merkt, dass man vermisst wurde.

Die beiden setzen sich zu mir, den Kleinen vertrauen sie Lemmy an, der die kleinkindlichen Liebesbezeugungen in Form von Ohren- und Lefzenziehen und grobmotorischem Gepatsche auf den Kopf mit stoischer Geduld über sich ergehen lässt. Gut, dass er mit Kindern kann, denke ich. Das wird er noch brauchen.

»Na, ihr Rabauken! Ich hab gehört, hier geht 'ne Party ab?«, dröhnt es hinter uns.

Ich drehe mich erstaunt um. »Pelle! Lange nicht gesehen, Großer.«

Pelle, einst Betreiber der begrenzt erfolgreichen Webseite *Hammer'n'Steel* grinst breit. Unter seinem Arm eingeklemmt trägt er einen Zehn-Kilo-Sack Grillkohle.

»Zu lange, mein Bester«, sagt er und lässt den Sack auf den Boden plumpsen. »Ich hab jede Menge Fleisch im Auto.« Spricht's, dreht auf dem Absatz um und stapft Richtung Parkplatz, Fleisch holen.

»Jetzt fehlt eigentlich nur noch Musik«, will ich gerade sagen, da dröhnt der unverwechselbare Knatterbass von *Motörhead* vom Fußweg rüber. Gonzo und Daumen ziehen einen selbst konstruierten Bollerwagen hinter sich her, auf dem ein Kasten Bier, eine Autobatterie und eine Anlage installiert sind.

Wir begrüßen uns alle. Pelle hat inzwischen die Grillstelle okkupiert und bemüht sich um die Erschaffung eines Großbrandes. Währenddessen trifft Attila ein. Als erfahrener Gastgeber legendärer Partys weiß er, was zu einer ordentlichen Festivität gehört, und hat drei hübsche Mädels im Schlepptau. Gonzo will sich sofort an eine besonders schön böse aussehende Metalbraut ranmachen, muss dabei allerdings ständig von Daumen gestützt werden, weil er wohl schon gut vorgetankt hat.

Inzwischen tauchen immer mehr langhaarige Figuren auf, die meisten kenne ich nur vom Sehen von meinen Partys im *Ruby*. Eine von Attilas Schnitten kommt zu mir rüber und will anscheinend anbandeln, weil sie gehört hat, dass ich was mit *Clothelines from Hell* zu tun habe, von denen sie ein »Superduperfan« sei. Früher hätte ich es sofort drauf angelegt, sie flachzulegen, aber ich habe kein Interesse und schaffe es, sie an Pelle abzugeben, da dieser immerhin Herausgeber vom *Hammer'n'Steel* war und außerdem der Herr des Feuers und Master of Fleisch ist.

Mein Smartphone verkündet den Empfang einer SMS von Lara. »Alles gut bei dir?«, fragt sie. Ich mache ein Foto von der Kanalgesellschaft und schicke es ihr als Antwort. Sie schickt einen zwinkernden Smiley zurück.

»Und bei euch so?«, frage ich.

Es dauert einen Moment, dann kommt ein Foto. Murat mit freiem Oberkörper am Posen. Auf seiner Brust zwischen ein paar Brombeernarben prangt ein rot gerändertes, frisches Tattoo: »LIVE TO DY«.

»Sehr hübsch«, schreibe ich zurück.

»Grüß alle«, schreibt Lara, dann packe ich das Telefon wieder in die Hosentasche.

»LARA LÄSST GRÜSSEN«, brülle ich pflichtbewusst, aber das dürfte den meisten Anwesenden ziemlich egal sein.

Jemand hat ein Bierfass mit Minizapfanlage angeschleppt, Matze drückt mir einen Plastikbecher mit halb Bier, halb Schaum in die Hand.

»Prost«, sage ich.

»Prost«, sagt Matze, und wir stoßen geräuschlos an. Nachdem

ich durch die Schaumkrone hindurch tatsächlich einen Schluck erwischt habe, betrachte ich den Becher.

»Wieso sind unsere Plastikbecher eigentlich immer weiß und die bei den Amis immer rot?«

Matze zieht die Stirn in Falten. »Echt jetzt?«

»Ja, ist dir das noch nie aufgefallen? Guck dir mal irgendeine Collegekomödie an. Auf den Partys haben die immer rote Becher.«

»Hm«, macht Matze. »Vielleicht ist rotes Plastik bei denen billiger. Könnte irgendwas in der Luft da drüben sein.«

»In der Luft?«

»Ach, was weiß ich.«

Katharina stößt zu uns. »Und was diskutiert ihr hier so fleißig?«

»Philosophische Fragen. Nichts, was Frauen verstehen würden«, lasse ich sie wissen. Sie boxt mir auf den Oberarm.

»Chauvinist«, schimpft sie ebenso ernst, wie ich meinen Kommentar meinte.

»Wo hast du deine Brut gelassen?«

»Ach, der Kleine ist versorgt. Lemmy kümmert sich um ihn.«

Sie zeigt mit dem Daumen auf eine Decke, auf der Lemmy und Ronnie liegen und schlafen. Ronnie hat einen Schnullerersatz gefunden und nuckelt an Lemmys linkem Ohr herum. Die Decke ist in sicherem Abstand zum Kanalufer ausgebreitet, bemerke ich mit meinen langsam erwachenden Vaterinstinkten.

»Sollen wir es ihm sagen?«, fragt Katharina Matze. Er überlegt kurz.

»Was sagen?«, frage ich.

Matze nickt.

»Wir werden heiraten!«, verkündet Katharina.

»Wow, was für eine Überraschung«, sage ich unüberrascht. Die beiden haben nun wahrlich einen noch längeren Eiertanz hingelegt als Lucy und ich. »Glückwunsch.«

»Danke. Ich hoffe, du legst auf unserer Hochzeit auf.«

»Mache ich.«

»DIE ERSTEN WÜRSTCHEN SIND FERTIG!«, brüllt Pelle vom Grill herüber.

»Oh gut, ich hab Kohldampf«, freut sich Katharina und zieht Matze hinter sich her.

Tja, die zwei werden es vermutlich besser machen als ich und Lucy. Na ja, eigentlich besser als ich. Lucy hat nichts falsch gemacht.

»Moin moin«, ertönt eine Stimme von hinten und unten. Ich drehe mich um.

»Hey. 08/15! wie geht's, wie steht's?«

»Es rollt, es rollt.«

»Ups. Sorry.«

Er winkt ab. »Ach, kein Problem. Das passt schon. Meine Wirbelsäule ist im Eimer, aber mein Humor ist noch intakt.«

»Das hört man gerne. Was treibst du gerade? Genießt du deinen Ruhestand?«

Er guckt mich an und lacht dreckig. »Ruhestand? Am Arsch. Nein, ich hab mal ein ernstes Wörtchen mit meiner Bank gesprochen und mache bald einen neuen Laden auf, nur drei Straßen vom *Loch* entfernt.«

»Aha. Das ist ja geil! Wie soll die Hütte denn heißen?«

»*Loch* 2.«

»Aha. Klingt logisch. Ist irgendwie … konsequent.«

Er nickt. »Das will ich meinen. Wir reden später noch«, sagt er und rollt weiter, vermutlich um die frohe Kunde unter seinen Stammgästen zu verbreiten. Kopfschüttelnd und lächelnd sehe ich ihm nach. Ich lasse meinen Blick schweifen. Unter einer Brücke, etwas abseits der Partygesellschaft, sehe ich Sven. Er winkt mich zu ihm rüber.

»Was gibt es?«, frage ich ihn.

»Ich geh dann mal«, sagt er.

»Ja, ist gut. Sehen wir uns morgen?«

»Nein«, sagt er und sieht mich mit einem Ausdruck milder Nachsicht an. »Ich meine: Ich gehe jetzt.«

Mir wird schlagartig kalt. »Wohin?«, frage ich mit trockenem Mund.

Er zuckt mit den Schultern. »Weg.«

»Für immer?«

Er nickt und lächelt traurig. »Du brauchst mich nicht mehr.«

Ich sehe ihn fassungslos an. »Tickst du? Ich hab dich nie mehr gebraucht als jetzt. Du kannst mich doch nicht einfach allein lassen.«

Er deutet rüber zur Partygesellschaft. »Du bist nicht allein. Sieh sie dir doch nur mal an.«

Ich schüttele den Kopf. »Das heißt doch nichts. Die sind nur hier, weil sie saufen wollen.«

Sven legt mir die Hand auf die Schulter. Seltsamerweise spüre ich sie. »Die sind da, weil du nach Gesellschaft gefragt hast. Weil sie für dich da sein wollen. Sie sind vielleicht nicht alle enge Freunde, aber sie sind eine Art Familie mit Brüdern und Schwestern. Na ja, und ein paar komischen Cousins, die man nur alle Jubeljahre auf siebzigsten Geburtstagen zu Gesicht bekommt. Sie sind da, weil sie dich gern haben und dich respektieren. Du bist alles andere als alleine. Du musst nur zulassen, dass sie bei dir sind.«

Ich betrachte die Meute. Sie labern, ein paar headbangen am Bollerwagen, manche essen, fast alle trinken. Und jeder lacht.

Ich nicke.

»Du hast recht«, sage ich leise.

»Natürlich habe ich recht. Ich bin der Sven-Man.«

»Du wirst mir so fehlen«, sage ich, und meine Stimme bricht mir fast weg.

»Hey«, sagt er. »Echte Metalbrothers heulen nicht.«

»Dann bin ich wohl kein echter Metalbrother«, sage ich und fühle, wie Wasser meine Augen verlässt.

»Doch«, sagt Sven. Auch sein Gesicht wird ein bisschen nass. »Das bist du. Wir sind beide Metalbrothers.«

»Mein Bruder.«

Er nickt. »Freunde. Und Brüder.«

Wir fallen uns in die Arme und halten die Schnauze. Dann lösen wir unsere Umarmung. Sven schnieft. »Und pass mir gut auf meinen Hund auf, okay?«

»Mache ich.«

»Und auf Lucy und euer Kind.«

Ich nicke.

Er sieht über den Kanal und atmet tief durch. »Okay. Mach es gut«, sagt er und geht zum Ufer. Er hüpft die Uferkante runter und läuft über den Kanal. Ich sehe ihm nach.

Plötzlich bleibt er stehen und dreht sich noch mal zu mir um. Sein trauriges Gesicht erhellt sich, und das altbekannte Sven-Grinsen kommt zum Vorschein.

»Hey, Torben«, ruft er. »Guck her.« Er fängt an, total bescheuert zu tanzen. »Ich laufe auf dem Wasser! Ich bin JESUS, JESUS, SHALALA!«, brüllsingt er und reckt die Pommesgabel.

Das sieht so bescheuert aus, dass ich nicht anders kann, als in schallendes Gelächter auszubrechen. Ich krümme mich vor Lachen. Als mein Lachflash abflaut, richte ich mich wieder auf und schaue zum Kanal. Sven ist fort.

Mein Lachen erstirbt. Ich atme tief durch.

»Mach es gut, mein Bruder«, sage ich leise. »Mach es gut.«

Eine Weile sehe ich auf das Wasser, dann schlendere ich wieder zurück zur Party. Sven hat recht. Das ist meine Familie. Ich liebe diesen Haufen.

Gonzo ist splitterfasernackt und versucht, die schwarzhaarige Schönheit zu überreden, mit ihm schwimmen zu gehen. Als sie sich beharrlich weigert, brüllt er: »Dann gehe ich halt alleine«, und springt ins Wasser. Und verschwindet augenblicklich unter der Wasseroberfläche. »Och, nee«, stöhnt Daumen. »Der Idiot kann doch überhaupt nicht schwimmen.« Er verdreht genervt die Augen und zieht seine Schuhe aus. »Immer das Gleiche«, brummt er und springt hinterher.

Gespannt beobachten wir, wie er abtaucht ins dunkle Wasser.

Ein paar Blasen steigen auf, dann taucht er ein paar Meter weiter wieder auf und klettert eine der fest installierten Leitern an der Kanalwand hoch, den nackten Gonzo über die Schulter geworfen wie ein nasses Handtuch.

»Büäh«, zetert der. »Ich hab Wasser geschluckt. Wasser. Da ist doch überhaupt kein Alkohol drin. Scheiße, ich hab 'ne Wasservergiftung.«

»Ja, ja«, sagt Daumen nur und legt ihn im Gras ab.

»Aaah, ich glaub, ich muss sterben«, greint Gonzo. Seine Angebetete schüttelt belustigt den Kopf, hockt sich zu ihm und küsst ihn lange und mit Zunge. Mit sehr viel Zunge. Es sieht ein bisschen so aus, als versuche sie, ihm das Wasser aus dem Bauch zu lutschen. »Ich leeebe«, grölt Gonzo in einer kurzen Leckpause, dann wird wild weitergezüngelt. Da sag noch mal einer, es gäbe keine Romantik in der Welt.

Ich hole mir einen neuen Becher Bier und setze mich neben Lemmy und Ronnie. Ich kraule das Ohr des Hundes, an dem das Kind nicht nuckelt.

»Ist bei dir noch frei?«

Ich sehe hoch und erschrecke mich fast ein bisschen. Lucy steht vor mir. Ich grinse dämlich.

»Klar«, sage ich, und sie setzt sich zu mir. Ich versuche, mein bescheuertes Grinsen unter Kontrolle zu kriegen, was wirklich nicht leicht ist.

»Und, wie geht es dir?«, frage ich, weil mir nichts anderes einfällt.

»Ganz gut. Ein bisschen schwanger.«

»Aha.«

»Tja.«

»Ich hab geerbt.«

»Ach, echt? Von deiner Omma?«

»Jepp. Fünfundneunzigtausend Ocken.«

»Oh, wow«, sagt sie. »Und was willst du mit deinem neuen Reichtum anstellen?«

Ich zucke mit den Schultern. »Nicht viel. Vielleicht mache ich eine Reise nach Norwegen. Den Rest packe ich auf ein Sparbuch, und ... ich denke, ich richte ein Kinderzimmer ein.« Ich deute auf ihren Bauch, der langsam runder wird. Zumindest für mich sieht er runder aus.

»Das klingt ja richtig verantwortungsvoll.«

»Ja, manchmal kann ich das auch. Hab dazugelernt in letzter Zeit.« Ich sehe sie an. »Sag mal ...«

»Was denn?«

»Wäre es okay, wenn wir es Sven nennen, falls es ein Junge wird?«

Sie sieht mich an. Dann lächelt sie und nickt langsam. »Ja, das könnte mir gefallen.«

»Cool.«

»Und Svenja, wenn es ein Mädchen wird.«

»Ja«, sage ich. »So machen wir es.«

Wir schweigen eine Weile.

»Ich vermisse ihn«, sage ich.

»Ich vermisse ihn auch. Sehr sogar«, sagt Lucy. »Bildest du dir eigentlich immer noch ein, mit seinem Geist zu reden?«

Ich sehe hinüber zur Brücke. »Nein«, antworte ich. »Davon habe ich mich verabschiedet.«

»Gut. Ich weiß ja, dass es für dich dazugehörte, um mit seinem Tod klarzukommen, aber es war schon ein bisschen spooky.«

»Tut mir leid. Keine Geister mehr, versprochen. Ich konzentriere mich jetzt ganz darauf, erwachsen und Vater zu werden.«

»Das höre ich gerne.«

Ich wende mich ihr zu. »Hör mal, ich möchte wirklich Teil des Lebens unseres Kindes werden. Ich werde mich nicht vor der Verantwortung drücken. Eigentlich freue ich mich sogar ein bisschen drauf. Klingt komisch, wenn ich das sage, weiß ich, aber es ist so.«

»Das finde ich gut.«

»Schließ mich nur bitte nicht aus. Das ist alles, worum ich

dich bitte. Ich weiß, es wird hart, dich ständig zu sehen, vor allem mit deinem neuen Typen.«

Sie schürzt die Lippen. Dann sagt sie: »Es gibt keinen Neuen.«

Zuerst habe ich das Gefühl, mich verhört zu haben. »Wie bitte? Ist schon wieder Schluss bei euch?«

Sie schüttelt den Kopf. »Nein, du Depp, es gab nie einen Neuen.«

»Ja, aber ...«

»Das habe ich nur erzählt, damit du mal merkst, wie das ist, wenn einem so wehgetan wird.«

»Und die anderen waren eingeweiht?«

»Jepp.«

»Wow.«

»Tja.«

»Das war ganz schön fies.«

»Ja, das war es.«

»Respekt«, sage ich in aufrichtiger Anerkennung.

»Danke«, sagt sie und lächelt. Dieses Lächeln fand ich schon immer toll.

<flashback> Wir waren fünfzehn oder sechzehn Jahre alt und auf einer Party, die irgendein Halbbekannter in einem überdimensionierten Gartenhaus gefeiert hat. Die Nacht war ziemlich feucht und fröhlich gewesen, und diverse Trinkspiele hatten mir den Rest gegeben. Die Sonne ging schon auf, Lucy saß auf der Hüttenveranda auf einer Bank, und ich lag rotzbesoffen auf ihrem Schoß. Sie streichelte meine Haare. Ich sah zu ihr hoch, und sie lächelte mich an.

»Irgendwann heirate ich dich«, lallte ich. Sie lachte mich aus. »Nee, ehrlich. Und dann lasse ich dich niiie wieder los.« Ich schloss die Augen und hörte ihr schönes Lachen.

Darüber bin ich eingepennt. </flashback>

Wir sitzen nebeneinander und betrachten das Treiben am Ufer. Gonzo hat sich zum Glück wieder angezogen, dafür ziehen ein paar andere blank und springen zum Schwimmen und Fummeln in den Kanal.

Ich sehe Lucy an, und obwohl mir die Frage schwer wie Pflastersteine über die Lippen kommt, muss ich sie aussprechen: »Und, hast du die Scheidungspapiere schon unterschrieben?«, frage ich. Die Worte tun mir beinahe physisch im Hals weh.

Lucy sieht mich an, dann wendet sie wieder den Blick über den Kanal. Am Horizont versinkt die Sonne und erzeugt spektakuläre Farben am Himmel. In der Ferne schlagen meterhohe Flammen aus der Verpuffungsanlage einer Raffinerie in den Abendhimmel. Vielleicht ist es auch der Proberaum von *Rammstein* oder *KISS*, aber es sieht so oder so sehr cool aus. Lucy atmet tief ein.

»Nein«, sagt sie und nimmt meine Hand.

ENDE?

JA! ENDE!

BONUSTRACKS

5 ausgewählte »Jungsmusik«-Kolumnen
aus dem *Legacy*-Magazin

100 ZEICHEN,
DASS DU ZU VIEL METAL HÖRST

I. Bei Regen rosten deine Ohren.

2. Du beschwerst dich bei deinem Buchhändler, dass es das neue Fantasy-Epos deines Lieblingsautoren nicht auf limitiertem rotem Vinyl gibt.

3. Du bestellst bei jeder Gelegenheit ein neues Getränk, auch bei Geschäftsessen oder dem Leichenschmaus nach der Beerdigung der Lieblingstante, indem du die ausgetrunkene Flasche hochhältst und mit voller Inbrunst krakeelst: »SLEER!«

4. Bei jedem Streik der metallverarbeitenden Industrie stehst du als Erster mit Trillerpfeife, Protestbanner und einer Thermoskanne Kaffee auf der Matte von Thyssen-Krupp. Dabei arbeitest du eigentlich bei REWE an der Kasse.

5. Deine Standardantwort auf die Frage nach deiner Lieblingsmusik lautet: »METÖÖÖÖÖL!« Allerdings bekommt man diese Antwort auch, wenn man dich nach deiner Lieblingsfarbe, einem guten Zahnarzt oder der Uhrzeit fragt.

6. Du bezweifelst die Evolutionstheorie. Ebenso die Schöpfungsgeschichte. Dafür glaubst du an *Motörhead*.

7. Du hast deinen Hochzeitstag vergessen, den Geburtstag deines Erstgeborenen, und du bist dir nicht immer sicher, wann man noch gleich Silvester feiert. Aber den Tag, als du deine erste Metalscheibe gekauft hast, den weißt du, bis du tot umfällst.

8. Frisöre fangen bei deinem Anblick an zu weinen.

9. Du sprichst mit deiner Kutte.

10. Die Kutte antwortet dir.

11. Dv bist vnfähig, ein »v« zv schreiben, stattdessen schreibst dv immer nvr »v«. Trve story.

12. Du gibst deiner Erstgeborenen den Namen »Angela Dorothea Painkiller Gorgoroth«.

13. Du hast zwei Regale bis oben hin voll nur mit *Iron Maiden*-Bootlegs. In der Dusche.

14. Du kannst durch Headbangen kleinere Waldbrände ausklopfen.

15. Du hast in mehreren Supermärkten Hausverbot, weil du vehement darauf bestehst, deine Einkäufe in Etappen à 6,66 Euro zu bezahlen.

16. Du stehst vor einem Elektroherd und hast keine Ahnung, wie man mit so etwas eine Dose Ravioli aufwärmen soll.

17. Die Vereinigung deutscher Bierbrauer hat dich für das Bundesverdienstkreuz vorgeschlagen.

18. Du reckst so oft die Pommesgabel in die Höhe, dass deine Ring- und Mittelfinger und die Daumen eine akute Verkrümmung aufweisen. Außerdem kannst du die kleinen und Zeigefinger nicht mehr beugen.

19. Du hast einen Tennisarm vom Air-Guitar-Spielen.

20. Deine T-Shirt-Sammlung entspricht einer Jahresproduktion Baumwolle der kompletten US-amerikanischen Südstaaten.

21. Kinder und alte Leute wechseln bei deinem Anblick die Straßenseite. Erwachsene Männer wechseln die Straßenseite. Die Straßenseite wechselt die Straßenseite.

22. Deine Blutgruppe ist *Type O Negative*, scheißegal was dir der Notarzt während deiner Notoperation erzählen will.

23. Du boykottierst die Olympischen Spiele, solange Flunkyball nicht als Disziplin anerkannt wird.

24. Deine Ziele fürs Leben: ein Zelt aufbauen, einen Mettbaum pflanzen und einen Gitarristen zeugen.

25. Du kriegst keinen Job, weil du stets darauf beharrst, dir

den Arm aufzusäbeln und den Arbeitsvertrag mit deinem Blut zu unterzeichnen.

26. Du wunderst dich, dass *Six Feet Under* eine eigene Fernsehserie haben, *Cannibal Corpse* hingegen nicht.

27. Du meldest dich als freiwilliger Gefangener in Guantanamo, weil du gehört hast, dass in den Zellen ständig Metal läuft. Geil!

28. Du nimmst Tauchunterricht, weil du wissen willst, wie ein Unterwasserriff klingt.

29. Du hast in deinem Garten ein eigenes Dixi-Klo stehen. Mit normalen Toiletten kommst du nicht mehr zurecht.

30. Wenn du schwitzt, musst du dich mit Wasserenthärter einreiben, damit der Schweiß nicht einfach von deiner Haut runterbröselt.

31. »In etwa so, als ob man zwei Meter neben einem laufenden Presslufthammer steht« ist deine Definition von »Zimmerlautstärke«.

32. Du hältst den Marvel-Film *Thor* für eine Dokumentation.

33. Wenn dich deine Frau auffordert, den Müll rauszubringen, bestehst du darauf, dass es »Mhüll« heißt und nicht »Müll«.

34. Du hast das Wortspiel in Punkt 33 verstanden.

35. Du ziehst an der Losbude auf der Kirmes immer nur Killernieten.

36. Beim Anblick von Fledermäusen kriegst du Hunger. Deswegen hast du noch keinen einzigen *Batman*-Film zu Ende geguckt.

37. Das deutsche Wahlrecht sagt dir nichts, aber mit der 5,0%-Hürde kannst du was anfangen.

38. Niemand will mit dir Poker spielen, weil du sofort anfängst, »Ace of Spades« zu grölen, sobald du ein Pik-Ass auf die Hand kriegst.

39. Wenn du studierst, dann nicht auf Bachelor, sondern auf »MASTER! MASTER! MASTER OF PUPPETS!«.

40. Du gehst ins Gotteshaus und fragst dort nach der Rob-Halford-Abteilung.

41. Du gibst deinen Erstgeborenen zur Adoption frei, weil er sich zum zehnten Geburtstag ein Keyboard gewünscht hat.

42. Wenn du vor einem kaputten Maschendrahtzaun stehst, erkennst du in den Mustern lauter neue Schriftzüge für Black-Metal-Bands. Kein Wunder, neulich hast du einen Haufen Brennholz für ein Festivalplakat gehalten.

43. An einem langen Wochenende machst du einen Ausflug nach *Saxon*-Anhalt.

44. Deine Plattensammlung hat eine eigene Gravitation entwickelt und wird von drei Monden umkreist. Einer der Monde trägt Glatze und kann sprechen. Er sagt so Sachen wie: »Boah, geil die gelbe Vinyl von *Avatar*. Und eine signierte *Devil's Blood*!« Es könnte sich um Götz Kühnemund handeln.

45. Wenn du Kreuzworträtsel löst, drehst du sie vorher um 180 Grad.

46. Deine Kinder bauen im Winter keinen Schneemann, sondern einen Schneeamp.

47. Dein Jüngster schafft es nicht, seinen Namen in den Schnee zu pinkeln. Aber den *Metallica*-Schriftzug hat er 1A drauf.

48. Deine Tochter macht keine Schneeengel, sie macht Schnee-Eddies.

49. Bei Schneeballschlachten stürmt dein Nachwuchs mit laut gegröltem »Primo Victoria« auf die verschreckten Restkinder los.

50. Du glaubst, »Fucked with a Knife« ist ein Liebeslied, und verstehst nicht, warum der Standesbeamte sich weigert, den Song während deiner Trauung laufen zu lassen.

51. Wenn du auf der Autobahn liegen bleibst, versuchst du, den ACDC zu erreichen.

52. Du betest das »Vader unser«.

53. Du warst auf dem allerletzten Konzert von *KISS*. Jedes Mal.

54. Deine Karre wurde vom TÜV stillgelegt. Deine »Wheels of Steel« sehen zwar rattenscharf aus, aber machen einen Höllenlärm.

55. Da können die Lehrer noch so sehr meckern, am 6.6. ist Welt-*Slayer*-Tag, und das heißt schulfrei für deine Kinder. Ende der Diskussion.

56. Bei McDonald's bestellst du immer einen Dimmu Burger.

57. Und bei Burger King einen Big King Diamond.

58. Zu Hause hingegen schmierst du dir eine Endstulle. Dazu trinkst du eine Dionade.

59. Nach einem Selbstmordattentat erwarten dich als Belohnung 72 eiserne Jungfrauen.

60. Deiner Meinung nach war der Atombombenabwurf auf Hiroshima 'ne Promoaktion von *Nuclear Assault*.

61. Du betreibst eine eigene Abbruchfirma, nur weil *Destruction* deine Lieblingsband ist.

62. Du bist Kreationist, weil du glaubst, es handelt sich dabei um einen Fanclub von *Kreator*.

63. Deine Ex hat dich an den Altmetallhändler verkauft.

64. Du bist für Krieg, damit *Sabaton* die Songtextideen nicht ausgehen.

65. Dein verspätetes Kommen zur Arbeit oder Schule entschuldigst du stets damit, dass *Dream Theater* so verdammt lange Songs schreiben, die du erst mal zu Ende hören musstest.

66. Du wurdest mit Tempo 70 in einer 30er-Zone geblitzt. In einem Panzer.

67. Andere Leute öffnen ihre Bierflaschen an deiner Nackenmuskulatur.

68. Das Absperrgitter am Fotograben in deiner Lieblingskonzertlocation hat eine Delle in Form deiner aufgestützten Unterarme.

69. Du hast eine Hodenfraktur, weil du »Balls to the Wall« ein bisschen zu wörtlich genommen hast.

70. Du bist der Meinung, Zuckerwürfel, die sich im Tee aufgelöst haben, geben früher oder später bei einer Pressekonferenz ihre Reunion bekannt.

71. Deine Frau hast du bei *metalflirt.de* kennengelernt. Jetzt suchst du nach *metaladopt.de*, weil ihr euch Kinder wünscht.

72. Du hattest drei Wochen lang heftigen Hautausschlag und Atemnot, weil du aus Versehen eine Justin-Bieber-CD berührt hast.

73. Deinen Job als DJ hast du verloren, weil du darauf bestanden hast, alle Songs rückwärts abzuspielen, weil sie nur so trve sind.

74. Neben einer erklecklichen Auswahl an Metalmagazinen hast du auch stets die aktuelle Ausgabe der *Bravo* auf dem Klo liegen. Mit irgendwas muss man sich schließlich den Arsch abwischen.

75. Die Ernährungspyramide besteht deiner Meinung nach aus Mett und Met.

76. Deinen Ausbildungsplatz als Metzger hast du verloren, weil du darauf bestanden hast, mit einer Kettensäge zur Arbeit zu kommen.

77. Scheißegal ob dein Nachname Bertolini, Sedlmayer oder Matthieu lautet: Du bist 'n Wikinger!

78. Von Mai bis September hast du dein Zeitungsabo abbestellt, die Post wird beim Nachbarn abgeliefert, und Muttern kümmert sich um deine Katze Litaford, denn es ist Festival.

79. Deine Lieblingsstädte sind Sodom, Metropolis und Linz (weil Stahlstadt).

80. Bei der letzten Führung durch ein Burgverlies bist du zur Verwunderung der restlichen Reisegruppe vor der eisernen Jungfrau auf die Knie gefallen und hast irgendwas von »unwürdig« gefaselt.

81. Auf der AIDA wurdest du in deine Kabine eingesperrt, weil du rumgepöbelt hast, wo man auf dem Dreckskahn die Hauptbühne versteckt hat.

82. Du fütterst deinen Hund mit Batterien, weil du dir einen Powerwolf züchten willst.

83. Du hast eine Versicherung über 250.000 Euro abgeschlossen. Für deine Haare.

84. Du hast so viele Bandlogos eintätowiert, dass man dich für die lebende Offline-Version der Encyclopedia Metalium hält.

85. Deine letzte Freundin hat dich verlassen, weil du beim Sex statt ihres Namens oder anständigem Dirty Talk ständig Songtitel von *Manowar* gestöhnt hast.

86. Du hast deinem Hausarzt eine gelatzt, als er behauptet hat, du würdest unter Eisenmangel leiden.

87. Du fragst dich, warum es eine Osterinsel und eine Weihnachtsinsel gibt, aber keine Wackeninsel.

88. Modische Accessoires für deine Freundin kaufst du nicht im Schmuckladen, sondern im Baumarkt.

89. Die deutsche Wiedervereinigung hat für dich erst stattgefunden, wenn Udo Dirkschneider wieder bei *Accept* singt.

90. Dein monatlicher Finanzplan sieht so aus: 25 % Miete, 25 % Miete für die Zweitwohnung (für deine Plattensammlung), 20% neue Platten, 15 % Konzerte, 10 % Bier, 5 % Essen (hauptsächlich Fleischwaren).

91. Du bist aus einer Praxis für Schönheitschirurgie rausgeflogen, nachdem du auf die Frage, wie du denn nach einer Gesichts-OP aussehen möchtest, das Cover von *Iron Maidens* »Killers« hochgehalten hast.

92. Dich irritiert schon, dass im Louvre in Paris die Mona Lisa hängt, aber nirgendwo das Artwork von *Judas Priests* »Painkiller« zu finden ist.

93. Im Zoo gucken dich alle dumm an, weil du beim Anblick einer Wildkatze anfängst, »YEAH, GEIL, *PANTERA*!« zu brüllen.

94. Dein Aquarium ist einfach nur ein Bottich mit Wasser, weil es zwar Gold-, aber keine Metallfische gibt.

95. Bei einer Fernsehquizshow bist du in der ersten Runde gescheitert, weil du auf die Frage nach den vier Himmelsrichtungen »Gesang, Gitarre, Schlagzeug und Bass« geantwortet hast.

96. Du bist der Ansicht, deine verstorbene Lieblingsoma sei nicht einfach nur tot, sondern megatoth.

97. Du stirbst an einer Schwermetallvergiftung.

98. Deine letzten Worte sind: »Mehr Laut.«

99. Wenn jemand von dir wissen will, ob man überhaupt zu viel Metal hören kann, antwortest du mit einem glasklaren: »Hä? Ich verstehe die Frage nicht.«

100. Und du hast natürlich vollkommen recht damit!

ROY BLACKMETAL

Etwas ist geschehen. Etwas Entsetzliches.

»Hallihallo, liebe Hörer, hier ist wieder euer DJ Stoffelscheißer auf Radiowelle Fun 66,6. Wir spielen das Böseste aus den 8oern, 9oern und von heute. Und wie immer an dieser Stelle präsentiere ich euch die Wochencharts: Auf Platz 5 der ewige Dauerbrenner von DJ Ötzi: ›Ein Todesstern, der deinen Namen trägt‹. Neueinstieg auf Platz 4: der DJ-Pestbam-Remix des Klassikers ›Ganz in Schwarz‹ vom unvergessenen Roy Blackmetal. Rest in peace, Schlagerbrother. Helene Fischer auf der Drei mit ihrer Single ›Erwürgt‹, die noch mal einen richtigen Schub bekommen hat dank des YouTube-Videos zweier fröhlicher Polizisten, die diesen Song beim Gefangenen-Foltern schmettern. Wer es noch nicht gesehen hat, zieht es euch rein, es ist wirklich zum Schreien komisch. Auf der Zwei der Wendler mit seinem Hit ›Sie killt den DJ‹. Und auf der Pole Position konnte sich Andrea Berg die Führung zurückerobern mit ihrem Kracher ›Du hast mich 666-mal belogen‹. Das sind eure Hits der Woche. Jetzt folgt etwas Werbung, danach geht es weiter mit den schönsten Liebesliedern über Serienkiller.«

Es ist etwas geschehen. Etwas Entsetzliches. Kälte bemächtigt sich meiner Glieder. Was ist passiert? Und wie ist es passiert? Irgendwann an einem Punkt der Popgeschichte gab es anscheinend einen Knick, eine fürchterliche Raum-Zeit-Verwerfung, die nicht mal Mutti wieder ausbügeln könnte. An einem Punkt ist etwas schwer durcheinandergeraten, und all die Pop- und Schlagerfuzzis haben beschlossen, ihren vertonten Kartoffel- salat mit Texten über Krieg, Tod und Zerstörung zu garnieren. Und Metalbands fanden, dass nichts besser zu bratenden Gi- tarren passt als Geschichten über Liebe, Landschaft und Hei- matgefühle. An meiner Zimmerwand hängt immer noch das *Slayer*-Poster, immer noch an derselben Stelle. Aber nun zeigt es nicht mehr Kerry King, mit Eisenketten behangen, auf seiner Flying V schreddernd. Es zeigt Kerry König, mit Goldkettchen geschmückt, ein v-förmiges Keyboard am Gurt tragend. Auf sei- nem linken Arm ein einziges Tattoo: »Mama«. Mit Herzchen. Das Poster erschien in der Bravo, anlässlich des größten Hits der Band: »Südlich des Himmels«. Wobei: Inzwischen würden die meisten behaupten, dass »Jahreszeiten in der Tiefe« der bes- te Song ist, seit das Lied in *Findet Nemo* als Soundtrack diente.

Etwas ist geschehen: Ich bin in einem verdammten Paral- leluniversum gelandet. Mein Mitbewohner hat seine Anlage voll aufgedreht – Rox Gildo singt »Hassa! Hassa! Fiesta Skandinavia!« – und sitzt dazu in seinem Sessel, grinst selig und mampft einen Mettigel. Auf seinem Shirt steht »Black Schlager ist Krieg!«. Ich schüttele den Kopf und gehe aufs Klo. Die aktuelle Ausgabe vom *Rock Soft* liegt als Lektüre bereit. Wenigstens *Manowar* sind noch dieselben, denke ich. »Ich würde für Metal sterben«, schimpft Joey. Nun gut, sie heißen in dieser Welt *Manopeace,* und ihr Klas- siker »Hail and cuddle« klingt auch ein bisschen anders als ge- wohnt, aber immerhin. Immer noch besser als Dave Mustaine und seine Band *Megalife. Watain* übergießen sich auf der Bühne mit Schweinesperma – als Feier des Lebens und der Fruchtbar- keit, und ihre Fans aus der Maikäfer-Krabbelgruppe freuen sich über die Pyroshow, die aus eintausend rosa Wunderkerzen und jeder Menge Tischfeuerwerk besteht. Wegen des Tischfeuer- werks gab's auch schon mal Ärger mit einem Veranstalter, weil seine Tochter von einer herumfliegenden *My little Pony*-Figur an der Zahnspange getroffen wurde. *Watain* polarisieren halt.

Auf den Haushaltsseiten des *Metal Soft* gibt es Tipps, wie man auch hartnäckigste Rotweinflecken aus der Kutte bekommt und wo man sportliche Jacketts in Tarnoptik erstehen kann. In dieser Welt ist Klatsch und Tratsch nur in den Metalmagazinen präsent. Gaahl und Vargs Freki heiraten, natürlich ganz in Weiß und kirchlich. Wenigstens ist die Hochzeit im Schwarzwald, und der heißt auch noch so, denke ich. Abbath gibt Schminktipps, und Tobias Sammet, neuer Moderator beim wiederauferstandenen *Wetten dass..?* zeigt die coolsten Modetrends in Kuhfelloptik. Auf den Konzertseiten wird über das diesjährige Wacken berichtet, das größte Bierzelt-Indoor-Festival der Welt, und man diskutiert über den fragwürdigen Trend, Metalfestivals mehrtägig und open air durchzuziehen, wie es *Schlager am Ring* und Florian Silberstahl mit seinem *Musikantenschlachterl* so erfolgreich vormachen. Für die Metalheads ist das aber nichts, schließlich kann man in Zelten und bei eventuell schlechtem Wetter doch nicht angemessen feiern. Außerdem könnten Kutte und Boots nass und fleckig werden. Nein, zu einem anständigenm Metalfestival gehören bequeme Bierbänke und ein Dach über dem Kopf, da sind sich alle einig. Und länger als bis 22 Uhr will sowieso niemand feiern, schließlich machen Babysitter auch nicht ewig, und am nächsten Morgen muss man ja auch wieder zeitig ins Büro.

Ich halt's im Kopf nicht aus! Ich brauche Ablenkung und gehe ins Wohnzimmer, Fernsehen gucken. Die ARD sendet ein Konzert von *Sabaton* in der Ostwestfalenhalle Verl-Kaunitz. Frenetisch klatschen die Fans im Vierviertellakt und singen jede Zeile mit. »Primo Victoria«, ihre Liebeserklärung an Victoria Beckham, »47/11«, »Panzerschildkröte«, das Publikum kennt sie alle. Seltsam, bis auf die Texte ist die Band in diesem Universum irgendwie exakt die gleiche geblieben. Ich schalte um. ZDFneo zeigt Hipster-Schlager von *Massenmordfreunde Stiller* und *Mettcar*. Auf KiKa wiederholen sie wieder mal die olle Zeichentrickserie mit der Biene. Dazu singt Karel Satan die Titelmelodie: »Und diese Biene, die ich meine, nennt sich Mörda, kleine, miese, böse Mörda. Mörda metzelt durch die Welt, zeigt uns das, was ihr gefällt. Wir treffen heute unsere Feindin Mörda. Diese kleine, miese, böse Mörda, Mörda, alle hassen Mörda, Mööörda, verschone uns vor dir.«

Mein Mitbewohner dreht inzwischen komplett am Rad und seine Anlage auf 2. Roberto Blacko mit »Ein bisschen Hass muss sein«, Klaus und Klaus mit »An der Mordseeküste«, und Rudi Carrell fragt: »Wann wird's mal wieder richtig Winter?«

Ich ertrag's nicht mehr, ich schreie.

Ich wache auf.

Nichts ist geschehen. Außer dass ich gelernt habe, dass Whisky, Captain Morgan und Hansa-Pils einfach keine gute Cocktailmischung ergeben. Nie wieder! Ab jetzt nur noch Oettinger mit Äppelwoi und einem Spritzer Frittenfett. Ich schalte die Anlage an. *Hammerfall* singen »Hearts on fire, hearts on fire, burning, burning with desire«.

Scheiße, denke ich. Der Albtraum endet nie.

FIGHT FOR YOUR RIGHT TO PARTEI

Allerorten erhebt sich immer wieder ein mächtiges Gegreine ob diverser Wahlergebnisse in deutschen Landen. Wie es denn sein kann, dass die Rechten und die noch Rechteren so viele Stimmen bekommen können! Das ginge ja gar nicht an und überhaupt und bla bla bla.

Natürlich ist das zutiefst beunruhigend, und ich möchte ganz bestimmt nicht in einer Welt des Sieg-Heil-Petry-Patriotismus leben, in der man Flüchtlinge, die gerade dem Wegballern entkommen sind, wegballert und Andersdenkende (Philosophen, Freidenker, Metalfans) wegsperrt oder verschwinden lässt, weil das eine angeblich deutsche Tradition ist.

Nein, gut finde ich das wirklich nicht.

Aber es wundert mich auch nicht. Die traditionellen Parteien haben mit ihren Programmen in etwa das gemacht, was Budweiser mit seinem Bier angestellt hat: Das schmeckt auch nach nix, hat keine Farbe und kein Profil, aber dafür kann es niemandem schlecht schmecken. Den Politikern geht es nicht (mehr) darum, etwas zu bewegen oder zu verändern, es geht schlicht darum, möglichst wenigen Leuten auf die Füße zu latschen, um später die Ministerrente mittels gemütlicher Vorstandsposten aufzubessern.

Es wird Zeit, die politische Landschaft, die momentan eine gewisse Ähnlichkeit mit einem Parkplatz hat, ein bisschen aufzumischen. So lasst uns eine neue Partei gründen! Eine Partei, die mal so richtig was hermacht und mühelos die 66,6%-Hürde überspringt: eine Metalpartei.

Im Vorstand sitzt als Frauenbeauftragte und Kanzler- beziehungsweise Metalqueenkandidatin Doro. Zu ihrer Linken sitzt Bildungsminister und Gorekeeper Thomas Gurrath, zu ihrer Rechten Kultusminister Mille Petrozza. Neben Mille sitzt der neue Arbeitsminister Tom Angelripper, der als erste Amtshandlung das ungeliebte Hartz IV durch Onkel 5 ersetzt, was unter anderem einen staatlich garantierten monatlichen Kasten Bier beinhaltet. Seine Beliebtheitswerte beim aktuellen Politbarometer liegen seither sogar noch über denen von Helmut Schmidt vor seiner letzten Zigarette. Gerre ist der neue Wirtschaftsminister, allerdings kam es bei seiner Ernennung zu einem Eklat, als man ihm erklären musste, dass er nun keineswegs Chef von allen Kneipen sei und auch nicht überall Freibier bekäme. Udo Dirkschneider tritt sein Amt als Verteidigungsminister an und bestellt erst mal hundert neue Panzer. Schmier wird Minister für Ernährung und Kettensägen, Ralf Scheerpers Sportminister und Attila Dorn zentraler Friedhofswärter.

Es wird ein Rock durch Deutschland gehen! So viel steht fest. Als Erstes werden der Euro abgeschafft und durch Pfandmarken ersetzt, sämtliche religiösen Feiertage gestrichen und neue eingeführt. Fortan feiert man am 6.6. den Welt-*Slayer*-Tag, am 28.12. Motörday, am 13.2. ist der schwarze Sabbat zu achten, und immer am ersten Augustwochenende ist schulfrei und Kinderkirmes. Arbeitslosigkeit wird für »nicht metal« erklärt, wer keinen Job hat, soll eine Band gründen oder eine Kneipe aufmachen. Die Bundeswehr wird abgeschafft und durch eine *KISS*-Army ersetzt. Die GEZ-Gebühr wird auf 666 Euro erhöht, ARD und ZDF und die anderen Rentnersender werden abgewickelt, dafür MTV verstaatlicht und mit üppigen Geldern ausgestattet, allerdings unter der Auflage, 24 Stunden täglich »Headbanger's Ballroom« zu senden. Radiosender müssen ihren Einheitspamp gegen Hardrock und Metal austauschen. Versucht einer der Moderatoren, witzig zu sein, wird er ohne Gerichtsverfahren zu zehn Jahren Flaschenpfandsortieren bei *Tankard* verurteilt. Religion bleibt erlaubt, allerdings mit der Auflage, zukünftig die Stiefel ruhig zu halten und nicht mehr so rumzustressen. Banken und Großkonzerne werden aufgelöst. Die großen Einkaufszentren mit ihren Primark-, H&M-, Douglas- und Bijou-Brigitte-Ramschläden werden abgerissen und durch Plattenläden ersetzt. Kundschaft dafür generiert man durch den freundlichen Hinweis, dass der Rentenanspruch verfällt, sollte man weniger als tausend CDs oder Schallplatten sein Eigen nennen.

Die Bildungsreform sieht vor, die Unterteilung in Haupt-, Realschulen und Gymnasien abzuschaffen. Fortan gibt es nur noch die School of Rock und die Hip-Hop-Academy für die Lernschwachen. In den Universitäten werden Langweilerstudiengänge wie BWL und Jura aus dem Lehrplan gekegelt und durch sinnreichere Fächer wie Gitarristik, Bassistik, Schlagwerkkunde, GSS (»Growlen, Singen, Screamen«) oder Satanismus auf Lehramt ersetzt.

Auch in der Außenpolitik weht fortan ein anderer Wind of Change. Rudolf Schenker, im ersten Amt Minister für Immergutdraufsein und Yoga, tourt gemeinsam mit Klaus Meine durch die Welt (»Ein allerallerletztes Mal«) und verteilt Konzertkarten, Gratis-CDs von *Desaster, Gamma Ray* und *Accept* sowie Freibier und Antichriststollen. Kurz darauf werden UNO und NATO aufgelöst und durch die AOTBSHOTMHOPE ersetzt (»Alliance of the Brother- and Sisterhood of Trve Metalheads on Planet Earth«) ersetzt. Konflikte werden nicht mehr militärisch, sondern bei gepflegten Flunkyball- und Bandbattles ausgefochten, ansonsten ist man sich weitgehend einig. Die letzten paar Schurkenstaaten, die noch rumzicken, kriegen dafür weltweit Lokalverbot.

Der Ausstieg aus der Kernenergie ist beschlossene Sache, die Abklingbecken für Brennstäbe in den AKWs werden in Bällebäder für juvenile Thrashfans umgewandelt. Dixi-Klos auf Festivals werden mit Biogasanlagen gekoppelt und versorgen so 90

Prozent der deutschen Haushalte mit Strom. Frauen und Männer sind fortan in allen Belangen gleichgestellt, es sei denn, sie haben mal bei *Nightwish* oder im Musikantenstadl gesungen. Es gibt schließlich für alles Grenzen. Flüchtlinge werden mit offenen Armen und erhobener Pommesgabel begrüßt. Nazis werden zu »nicht metal« erklärt und müssen eingetrocknete Kaugummis von den Gehwegen lutschen und ansonsten das Maul halten.

Es wird eine gute und güldene Zeit. Erheben wir unsere Gläser und Hörner darauf und stimmen gemeinsam die neue Nationalhymne an: »Leck er mir den Arsch recht schön fein sauber« von Metalbrother Wolfgang Amadeus Mozart.

METAL IS DAD

Ich sitze am Bettchen meines Kindes. Sanft streichele ich seinen kleinen Kopf und singe es in den Schlaf: »Guten Abend, gute Nacht, mit Rosen bedacht, mit Näglein besteckt, schlupf unter die Deck'. Morgen früh, WENN SATAN WILL, ABER AUCH NUR DANN, wirst du wieder geweckt, morgen früh, WENN SATAN WILL, ABER ICH WÜRDE NICHT DRAUF WETTEN, wirst du wieder geweckt ...«

Zack, ist die Brut wieder glockenwach und schreit und kreischt unfröhlich vor sich hin. Dass ich mich dabei mit gereckter Pommesgabel vor die Krippe stelle und brülle: »Yeah, scream for me, Bielefeld!«, macht es auch nicht besser.

Ungefähr so stelle ich es mir vor, falls ich mich aus Versehen mal fortpflanzen sollte.

Es ist nicht gerade einfach, Kinder true zu erziehen. Inzwischen gibt es zwar eine erkleckliche Auswahl an hartmetallischen Babystramplern und Kindershirts, aber versucht mal, ordentliche 14-Loch-Doc-Marten's für ein dreijähriges Mädchen aufzutreiben! Und trotz hartnäckiger Petitionen weigern sich die meisten Konzert- und Festivalveranstalter, den Bühnengraben zu einem Bällebad umzuwandeln. Angeblich stünde zu befürchten, dass die Musiker dann keine Songs mehr spielen, aber dafür »Bazinga«.

Im Kindergarten wird man von den Verzieherinnen dumm

angeguckt, wenn man es wagt, das untalentierte Geschmiere der anderen Kinder von den Wänden zu rupfen und durch schicke Bandposter und -flaggen zu ersetzen. Und der Vorschlag, statt »Alle meine Entchen« lieber das fröhliche »All my Friends Are Dead« von *Turbonegro* zu schmettern, wird ebenso ignoriert. Natürlich würde der stolze Papabär am liebsten eine eigene Band heranzüchten, allerdings ist die frühkindliche Musikerziehung an Gitarre und Bass mit den wurstfingerigen Minigrobmotorikern kaum zu schaffen, und egal wie unsterblich diese Songs sind: »Breaking the Law« oder »Princess of the Night« sind kaum zu ertragen, wenn sie auf Xylofon und Blockflöte gespielt werden.

Außerdem sind da auch noch die notwendigen Geburtshelferinnen, auch Mütter genannt. Man hat Jahre zuvor eine Frau kennengelernt, die eine umfassendere Sammlung an Splatterfilmen als man selbst besitzt, die einen locker-flockig unter den Tisch säuft, die bei Konzerten vom *Cannibal Corpse*-Sänger gebeten wird, nicht mehr mitzubrüllen, weil ihn sonst keiner mehr hört, und die bei einer Autopanne nicht panisch beim ADAC anruft, sondern den Zwei-Tonnen-Jeep die letzten fünfzehn Kilometer selbst nach Hause schiebt, um sich dann sofort eigenhändig an die Reparatur zu machen, kurz: eine Frau, die man lieben muss. Aber kaum hat sie sich einen neuwertigen Menschen aus dem Leib gepresst, schon verwandelt sich der unglaubliche Hulk in Mary Poppins. Plötzlich darf man nirgendwo mehr seinen Morgenstern in der Wohnung rumliegen lassen, weil es ja sein könnte, dass sich der Zögling daran verschluckt. Und die Anlage darf man auch nicht mehr komplett aufdrehen, damit die kleinen Öhrchen nicht geschädigt werden. Dabei ist es genau diese Anlage, die das Studium des Nachwuchses finanziert, seitdem man Prämien von einer Versicherung bekommt. Dank eines leicht getunten Verstärkers lebt man schließlich in der einzigen Wohnsiedlung in NRW, in der jeder zweite Haushalt eine Erdbebenversicherung besitzt.

Und obwohl das Baby im Mutterleib neun Monate lang von Muttis Blut genährt wurde, was es zu einer Art Unterwasservampir macht, was irgendwie schon ziemlich cool ist, interveniert sie, nur weil man der Meinung ist, mit dreieinhalb Monaten könnte man die Ernährung doch mal langsam von Muttermilch auf Steak halb durch umstellen.

Kinder sind nicht besonders schlau. Wer es nicht glaubt, kann ja mal versuchen, mit einer Truppe Kleinstblagen im Laufstall einen Circle-Pit zu starten. Es ist ein Trauerspiel.

Man kann sein Kind ja auch nicht ständig beschützen. Man bringt ein geistig gesundes Kind zur Schule und bekommt einen bockigen Klugscheißer zurück, der der Meinung ist, Lady Gaga mache auch ganz dufte Mucke, und T-Shirts gebe es gerüchteweise nicht nur in Schwarz. Und dann kommt die rebellische Phase: Sie fangen an, die Haare kurz zu tragen, sie räumen auf, ohne dass man was sagt, sie bringen gute Noten nach Hause und vertreten den Standpunkt, dass es nicht lustig ist, in drei Fächern auf Sechs zu stehen, weil man dann ein Metalzeugnis hat. Sie lungern in Bibliotheken herum, fahren mit dem Fahrrad statt einem aufs Kriminellste getunten Mofa und kommen abends nie besoffen nach Hause. Sie bringen mit 16 ihren ersten Freund respektive ihre erste Freundin mit und faseln unverständliches Zeug von keinem Sex vor der Ehe und Bausparverträgen, und in diesem Moment weiß man als Vater, dass man sie verloren hat. Was bleibt, ist Loslassen.

Aber eines Tages, so nach drei, vier Wochen, stehen sie dann wieder vor der Tür, nass geregnet und zitternd, weil sich die Erkenntnis durchgesetzt hat, dass man ohne seine Eltern doch irgendwie nicht leben kann und dass es keinen Warzengott neben Lemmy gibt. Oder weil das Geld alle ist. Dankbar nehmen sie ein Bier entgegen, man nimmt sie in den Arm, führt sie ins Wohnzimmer vor das Plattenregal und erklärt ihnen: »Das, mein Kind, wird eines Tages alles dir gehören.«

Mit leuchtenden Augen fragen sie dann: »Wirklich, Vater?«

Und man sieht sie an und lächelt und fängt an, hemmungslos zu lachen: »Tickst du? Kauf dir deine eigenen Platten, das sind meine!«

Aber weil man ja nicht so ist, drückt man ihnen zumindest ein Album von *Slayer* in die Hand, und in ihnen steigt die Erinnerung wieder auf, wie Papa sie einst abends mit »Angel of Death« in den Schlaf gesungen hat. Dann gehen sie in ihr altes Zimmer, nicht ohne vorher auffällig unauffällig eine Pulle Jack Daniel's aus dem elterlichen Schnapsschrank zu klauen.

Man selbst setzt sich in seinen Sessel und hört, wie eine Tür zugeknallt und eine Anlage viel zu laut aufgedreht wird. Man vernimmt das Zersplittern einer Fichte-Dekor-Schranktür und irgendwann ein hektisches Rennen Richtung Klo, gefolgt von dem unverwechselbaren Klang eines sich restlos auskotzenden Teenagers. Dann lehnt man sich zurück und lächelt stolz, denn man weiß: Ich habe alles richtig gemacht.

SOLITUDE

Er hat sie alle gesehen. Gesehen, gehört und erlebt. Von *Black Sabbath* erzählt er besonders gerne. Wie er sie in Berlin live on stage gesehen hat. »Berlin-West, nicht Berlin-Hauptstadt«, sagt er dann und lacht über mein verständnisloses Gesicht. Spannende Zeiten waren das. Da war Berlin das Zentrum des Andersdenkens. Berlin-West, versteht sich. Wo sich Chaoten, Hippies und Künstler trafen und natürlich diejenigen, die nicht zur Bundeswehr wollten. Ein brodelnder Pool von Linken und Querdenkern, von Machern und Versagern. Und ständig war irgendwas los. Und dann sind sie den einen Abend in dem Laden gelandet, wie-hieß-er-noch-gleich-na-egal, und da spielten *Black Sabbath* auf ihrer ersten Tour durch Deutschland. Vor vierhundert Nasen. Er und seine Kumpels haben sich dann vorne auf die Bühne gesetzt, Joints gebaut und selbst gemachten Schnaps gekippt. Ein paar futterten Paper, um mittels LSD-Trip das Konzerterlebnis zu intensivieren, aber er blieb lieber beim Kiffen. Passte auch besser zum donnernden, tiefen Sound der Band. Richtig die Magengegend hat der massiert, sagt er, und das bei den beschissenen Anlagen, die man damals benutzte. Heute würde man sich so was vielleicht in 'nen Proberaum stellen. Ozzy kam alle naselang zum Bühnenrand getrollt und klaute sich Joints, die er nach ein paar Zügen wieder zurück in die Menge reichte. Kein Problem damals. Teilen war angesagt. Drogen, Alkohol, hier und da auch Mädels. Die Stadt war eine Kommune. »Ozzy war damals schon komplett durch den Wind«, sagt er, »aber ein toller und cooler Typ.« Ach ja, *Sabbath* noch mal in Originalbesetzung sehen, das wär' schon was gewesen, sagt er und seufzt leise.

Ich sitze am Bett meines Großvaters im Krankenhaus und leiste ihm Gesellschaft. Er stirbt gerade, aber es wirkt eher, als würde er irgendwo in einer Kneipe bei einem Bierchen in Erinnerungen schwelgen, bevor es weitergeht zum nächsten Konzert. Er sieht mich an, seine Augen leuchten. »*Sabbath* waren geil«, sagt er, »aber Hendrix war ein verdammter Gott.«

Opa hatte schon damals kein Problem, einfach zu den Muckern zu gehen, um ihnen auf die Schultern zu klopfen, Löcher in den Bauch zu fragen oder einfach zu quatschen. Manche übernachteten bei ihm, oder er campierte bei ihnen, je nachdem. Aber Jimi, den wollte er nicht anquatschen. Der war ihm zu weit draußen, und da sollte er gefälligst bleiben. Jimi sollte ein Gott im Gitarrenolymp bleiben und nicht Kumpel werden. Trotzdem reiste Opa ihm hinterher, und um seine Ausflüge zu finanzieren, jobbte er als Jimis Roadie, wobei er stets drauf achtete, seinem Helden nicht zu nahe zu kommen, die Aura nicht zu verletzen. Aber mit einem anderen Roadie hat er sich dicke angefreundet. Lemmy nannte der sich. »Der Junge hat sich später auch ganz gut gemacht«, sagt Opa und lächelt stolz und bringt mich zum Lachen. Aber dass Jimi starb, war traurig. Es passte allerdings auch irgendwie. Sie alle brannten damals so hell, sagt Opa, kein Wunder, dass manche verglüht sind. Diesen Hunger vermisst er manchmal. Das Geschäft ist heute wichtiger geworden als alles andere. Ein Jammer. *Priest* und den anderen neuen Bands damals zuzusehen, war nicht nur musikalisch eine Offenbarung, es war auch ein menschlicher Triumph. »Wie sie auf der Bühne kämpften um jedes Paar Ohren, wie sie jeden Augenblick auf diesen Bühnen genossen, das hätte man mit keinem scheiß iPhone der Welt filmen können«, sagt er und verzieht das Gesicht. »Das musste man fühlen.« Und Bock auf Neues hatten die damals. Wie das Schlag auf Schlag ging, eine Innovation nach der anderen. Kaum hattest du dich an Heavy Metal gewöhnt, schon zerstörten *Venom* und *Slayer* alles, woran du in Sachen Geballer geglaubt hattest. Und auch wenn's mit den Kindern nicht einfacher wurde, den Metal hat er nie aus den Augen verloren. Meinen Dad hat er schon mit fünf zu seinem ersten Konzert mitgenommen. »Kein Wunder, dass der nur Country hört, wie sollte er sonst gegen seinen alten Herrn rebellieren«, sagt Opa und kichert. Aber wenigstens der Enkel sei ja richtig geraten. Ich lache. »Schade, dass du deine Oma nie kennengelernt hast.« Er vermisst sie noch immer jeden Tag. Als er Stagehand in der Hamburger *Markthalle* war und während eines Konzerts eine Lichttraverse runterzukommen drohte, musste Opa die während des laufenden Konzerts möglichst unauffällig wieder festmachen. Heute würden die Muschis deswegen wahrscheinlich den Saal räumen, weil ja was passieren könnte, sagt er. Und da guckte er runter in die bangende Menge, und zwischen all den verschwitzten Burschis in ihren Jeanskutten und selbst bemalten T-Shirts, den engen Jeans und weißen Turnschuhen, da stand sie: das einzige Mädel, das sich nach vorne getraut hatte, mit großen Augen und langem, schwarzem Haar. Und sie und Opa starrten sich an, während die Musiker und die Fans tobten, die Dezibel durch den Saal peitschten und Opa sich langsam, aber sicher die Hände an den Lampen verbrühte, die er festschrauben sollte. Er lächelt. »Ich würde gerne behaupten, wir hätten es langsam angehen lassen, aber, na ja, neun Monate später kam dein Vater, also was soll's. Damals war Überholspur angesagt.« In den Achtzigern dann wieder nicht mehr. »Plötzlich gab's Aids, und wir alle waren der festen Überzeugung, dass uns die Russen nuklear rösten würden. Kein Wunder, dass dann so was wie Thrash Metal kam. Endzeit war angesagt. Das war geil.« Als Roadie konnte er nur noch gelegentlich arbeiten, bei den ganzen Ruhrpottbands. »Die schlimmsten Frisuren der Welt«, sagt er, »aber ein großartiger Enthusiasmus und große Klappen. Und als Oma dann starb ...« Er stockt, und ich nehme seine Hand. Da hat ihm sein Sohn Kraft gegeben. Sein Sohn und die Musik. Die Musik, die auch sie so geliebt hat. Und irgendwann rang er sich zu der Erkenntnis durch, dass das Leben weitergeht. Und es blieb ja auch spannend. *Nirvana* haben alle gehasst, aber er fand's gut. Die haben eigentlich nur mal feucht durchgewischt, sagt er. Vor allem das Ende der Haarspraytuckigkeit kam ihm gelegen. Die Bands wurden wieder geerdet. »Die Neunziger werden oft unterschätzt«, sagt Opa. Generell wird so viel unterschätzt. Metal ist tot, haben sie gekräht, aber der Metal hat davon zum Glück nix mitgekriegt. »Metal ist wie Paul McCartney«, sagt Opa und lacht. Klar, er war kein junger Hüpfer mehr und guckte sich die Konzerte inzwischen lieber mit ein paar Kumpels von hinten an, aber er war da. Und entdeckte immer noch neue Dinge. Die ganzen Festivals, die hätte er damals auch gerne gehabt. »Die sind immer wie ein sehr lauter Kurzurlaub«, sagt er. Und dort kann man sehen, wie sie immer noch beieinanderstehen, die jungen, verschwitzten Burschis in ihren Jeanskutten. Die T-Shirts bemalen sie sich vielleicht nicht mehr selbst, und weiße Turnschuhe sind selten geworden, aber der Geist ist noch da, sagt er. Nur dass inzwischen halt ein paar Grauhaarige mitbangen. »Die Szene ist jetzt eine Familie«, sagt er. Drei Generationen unter einem Dach. Oder unter freiem Himmel. »Die Musik hat mir Kraft gegeben«, sagt er. »Eine tolle Sache. Nur *Sabbath* hätte ich gerne noch mal live gesehen«, sagt er. Dann grinst er und faltet die Hände zufrieden über seinem Bauch, als hätte er soeben das beste Steak aller Zeiten verdrückt, und schließt die Augen und hört auf zu atmen. Der Herzmonitor verfällt in ein langes Piepen. Ich mache die Minianlage am Bett etwas lauter. Sollen sich die Schwestern doch aufregen. Ich drücke meinem Großvater noch einmal die Hand, dann gehe ich. Mein Großvater, der tolle Typ, ist tot, aber er hat recht: Mir bleibt immer noch die ganz große Familie.

DANKE

Ich danke allen, die es mir erlaubt haben, dieses für mich riesige Projekt *Jungsmusik* zu stemmen.

Zunächst mal danke an Björn Thorsten Jaschinski und die anderen Rabauken und Räubertöchter beim *Legacy* dafür, dass die fiktive Kolumne eine reale wurde.

Ein Pommesgabelgruß geht raus an all die BookerInnen und VeranstalterInnen, die es mir ermöglicht haben, *Jungsmusik* auf die Bühnen von Kneipen, Clubs und Festivals zu bringen.

Hail and cuddle an meine ZuhörerInnen und LeserInnen, vor allem die, die so lange auf den Abschluss der Trilogie warten mussten. 'tschuldi!

Danke an den Aufbau-Taschenbuchverlag für die Paperback-Ausgabe von *Jungsmusik*.

Und last but definitely not least danke ich meinem Verleger Volker Surmann, der nicht nur ein super Typ und toller Verleger ist, sondern auch Nerven wie Stahlseile hat (STAHL, YEAH!). *Jungsmusik* wäre ohne dich nicht möglich gewesen, mein Freund.

Danke für eure Aufmerksamkeit! Und denkt immer daran: Hauptsache TRVE!

Micha
Essen im November 2016

INHALT

Micha-El Goehre, westfälischer Geschichtenerzähler und Metal-Kolumnist, versammelt hier seine besten Lesebühnen- und Slam-texte: bodenständiger Humor, bodenlose Albern- und Gemeinheiten sowie überraschend wehmütige Short Storys.

Ob er von Glückskeksmomenten, »Pärchenscheiße« oder Pubertäts-katastrophen berichtet, ob er am Strand von Badalona seine Hose verliert oder 112 Wege ersinnt, seine Exfreundin zu töten: Goehre schreibt schnörkellos, mit eingängigem Witz und gelegentlich melancholischen Untertönen. Eine Textsammlung zwischen Kalau und Poesie und immer nah am Leben.

Inklusive dem »Tagebuch eines Black-Metal-Fans« in seiner vollen, furchterregenden Länge!

Micha-El Goehre
Wenn das Leben kein Ponyhof ist,
warum liegt dann Stroh in der Ecke? (Geschichten)
Broschiert, 160 S., 11,90€, ISBN: 978-3-944035-39-0